암호화폐전쟁

CRYPTO WARS

에리카 스탠퍼드 지음 ｜ 임영신 옮김

암호화폐 전쟁

투자인가? 투기인가? 암호화폐의 거짓과 진실

BOOK
AGIT

서
문

오리 실험

'오리 실험(다중 계정 사용자를 적발하는 방법 중 하나 - 편집자)'에 따르면 "오리처럼 생긴 것이 오리처럼 헤엄치고 오리처럼 꽥꽥거리면, 이것은 보통 오리이다. 아니면 적어도 오리를 닮은 어떤 동물일 것이다"라는 결론에 도달한다.

디지털화폐라는 생태계를 이루며 가치가 최대 1조 8000억 달러까지 치솟았던 암호화폐는 무법천지와도 같았다. 그도 그럴 것이, 암호화폐에 대한 규제는 기술 혁신의 속도를 따라잡지 못했고, 적어도 최근 몇 년 동안은 규제가 거의 전무하다시피 했다. 아이러니하게도 그덕분에 마피아, 범죄 조직, 스파이, 해커, 기회주의자, 사기꾼이 한데 뒤섞인 악의 소굴이 대중에게 낱낱이 드러났다. 프로젝트 팀은 조달한 자금을 쉽게 가로챘고, 다단계 금융 사기인 폰지 사기Ponzi Scheme가 수십억 달러 규모로 심심찮게 일어났으며, 각종 사기와 해킹, 절도, 납치, 갈취, 실종 사건이 잇따랐다.

안타깝게도 대부분의 다른 산업보다 사기가 많았던 암호화폐 산업에서는 귀납적 논증법인 오리 실험의 결과가 다소 다르게 나타났다. 라이트코인Litecoin 창립자이자 암호화폐 업계의 유력인사인 찰리 리Charlie Lee가 트위터에 남긴 유명한 말-이 글 서두에 언급했던 '오리 실험'에 관한-처럼 암호화폐 세계에서는 오리처럼 생긴 것이 오리처럼 헤엄치고 오리처럼 꽥꽥거리면, 그것은 사기꾼이다. 그런데 그 사기 행각은 계속되고 있다.[1]

사모임에서 오고 간 이야기

2019년 12월, 나는 암호화폐 커리 클럽Crypto Curry Club 회원들의 크리스마스 점심 식사 모임에 연구원이자 조사관이며 영국 BBC 방송국 화제의 팟캐스트 〈사라진 암호화폐여왕The Missing Cryptoqueen〉 진행자인 제이미 바틀릿Jamie Bartlett을 초대했다. 당시는 이 팟캐스트 시리즈의 인기가 한창일 때로, 40억~150억 달러 규모의 폰지 사기를 벌인 후 사라진 원코인OneCoin 창립자 루자 이그나토바Ruja Ignatova의 행방을 쫓는 최신 에피소드를 들으려고 전 세계가 팟캐스트를 켰다. FBI가 루자를 찾고 있었지만, 2년째 행방이 묘연한 상태였다.

루자는 일방적인 연애와 범죄 조직, 염탐 등이 얽히고설킨 상황에서 자신이 FBI의 수배자 명단에 오른 것을 들었는지, 자취를 감췄다. 하지만 추정상 본인 명의로 최소 5억 달러를 갖고 있고 성형수술을 좋아했기 때문에 어디든지 숨을 수 있었을 것이다. 이 이야기는 '그녀는 어디에?'라는 현대판 실시간 추리물이었고, 제이미가 이야기하는 동안은 방 안의 기류가 몸으로 느껴질 정도였다. 제이미는 채텀하우스 규칙(채텀하우스는 영국 싱크탱크인 영국왕립국제문제연구소의 별칭이며, 채텀하우스 규칙은 발언자를 비롯한 회의 참석자들의 익명성을 보장하는 규칙을 말한다. - 옮긴이)에 따라 질문에 답하며 모든 이야기를 들려줬다. 그 방에서 오고 간 이야기는 밖에서 발설할 수 없기에 우리는 자유롭게 대화를 나눴다. 제이미는 몇 시간 동안 알고 있는 것을 공유하며, 조사팀이 찾아낸 암울한 이야기들을 하나하나 전해줬다.

모임이 끝난 후, 다른 범죄나 사기 이야기들이 나오기 시작했다. 커리 클럽 회원들은 암호화폐와 관련된 각양각색의 전문가들이었고, 그들 중에는 공개적으로 밝힌 적 없는 거대 암호화폐 사기들을 알고 있는 이가 많았다. 이 중 일부는 없어졌지만, 대부분은 여전히 우리가 매일 사용하는 검색엔진과 소셜미디어에 암호화폐를 홍보하면서 일반인을 상대로 수십억 달러 규모의 사기를 일삼고 있었다.

나는 회원들과 대화를 나누며 더 많은 것을 알게 됐다. 많은 회원들이 암호화폐 업계에서 수년간 일하고 조사하면서 이런 절망적인 사기 사건에 대해 사기당한 당사자보다 더 많은 사실을 알고 있었다. 몇몇은 살해 위협을 받기도 했으며, 어떤 사실을 안다는 이유로 혹은 조사를 하고 있다는 이유로 온라인상에서 수차례씩 협박을 받는 일이 잦았다. 이들이 더 이상은 이런 위험을 감수하면서까지 공개적으로 관련된 이야기를 하지 않겠지만, 이날만큼은 거대 사기극을 벌이는 암호화폐의 말만 번지르르한 마케팅과는 달리 그 배후에서 실제로 벌어지고 있는 일 중 빙산의 일각을 공유해줬다. 덕분에 나는 실제 어떤 일이 벌어지는지 보기 위해 전 세계인을 상대로, 또 서로를 상대로 여전히 활발하게 사기 행각을 벌이는 단체 및 관련 채팅방에 들어가 일부 사기 사건들을 더욱 깊이 조사할 수 있었다.

1조 8000억 달러의 버블 생성

비트코인 이후로 수천 개의 암호화폐가 갑자기 생겨났다. 암호화폐를 만드는 것은 너무나도 쉬웠다. 조금만 노력하면 혹은 약간의 돈으로도 완전히 새로운 암호화폐를 만들 수 있었다. 신규 암호화폐를 발행해 사업 자금을 조달하는 방식인 암호화폐공개ICO, Initial Coin Offering로 프로젝트가 줄줄이 출시됐고, 지저스코인부터 섹스코인, 팟코인, 트럼프코인, 캣코인까지 말 그대로 온갖 이름을 갖다 붙였다.

빠르게 부자가 될 수 있다는 과장 광고와 그렇게 믿는 사람들의 희망을 연료 삼아 최대 1조 8000억 달러 이상의 버블을 만들어냈고, 수천 개의 암호화폐 프로젝트가 생겨났다. ICO로 공개된 대부분의 암호화폐는 실제 가치나 용도가 전혀 없었다.

하지만 닷컴 버블을 비롯해 과거에 발생한 모든 버블과 마찬가지로 위험하고 변덕스러운 암호화폐 시장에서는 막대한 수익이 났고 대부분의 수익은 완전히 비상식적이었다. 사람들은 비트코인 등 최초 암호화폐의 초기 투자자들이 벌어들인 돈을 보고 그 돈을 나눠 가지길 원했다. 지천에 깔린 돈과 해킹, 사기, 터무니없는 주장과 결코 지켜지지 않을 약속이 난무한 광란의 시간이었다. 이윽고 ICO 프로젝트의 98퍼센트 이상이 법적으로 사기로 분류되거나, 실패한 프로젝트 혹은 투자자들의 돈을 날린 프로젝트로 여겨졌다.[2] 얼마 후, 이 프로젝트들 대부분은 구분하기가 모호해지더니 2018년까지 수년 동안 암호화폐 버블을 만들어냈던 과대 열기 속으로 사라졌다.

돈방석의 꿈

이 프로젝트들이 전부 다 잊히지는 않을 것이다. 특히 눈에 띄었던 몇몇 프로젝트들은 아주 흥미로워 보였다. 프로젝트 운영자들은 떠들썩한 파티를 열어 전 세계 사람들을 화려한 행사장으로 실어 날랐고, 호화로운 전용 요트를 빌려 투자자들을 태웠다. 이러한 프로젝트들은 뜬금없이 생겨났는데도 각각 수십억 달러 규모의 사상 최다 자금을 조달했고 가장 많은 추종자를 확보했다.

이런 프로젝트를 만든 사람들이 꼭 똑똑하거나, 외모나 언변이 뛰어나거나, 매력이 있는 것은 아니었다. 혹은 사람들을 끌 만한 대단한 자질을 반드시 갖춘 것도 아니었다. 사실 여러 사기 사건의 공통적인 특징이기도 한데, 일부 프로젝트들은 운영자가 드러난 적이 없고 완전히 베일에 싸여 있었다. 그런데도 사람들은 그들에게 자신을 갖다 바치고 가진 것을 다 내어줬다. 사람들은 그들의 일부가 되고 싶어 했다.

이 책에 나오는 사기 사건들은 전 세계 수백만 명의 삶에 영향을 끼쳤다. 수백만 명이 사기꾼에게 속아 넘어갔고, 그 피해액은 수십억 달러 이상이었다. 집과 전 재산을 잃고 가족이나 연인이 평생 모은 돈까지 날린 사람들, 황혼의 나이에 다시 일자리를 구해야 하는 사람들 혹은 자살하거나 인생이 망가진 사람들까지 끔찍한 이야기가 셀 수 없이 많다. 반대로 이런 사기 프로젝트를 홍보하고 운영했던 사람들은 다이아몬드, 자동차, 요트, 별장이라는 단어로 치장된 백만장자의 화려한 삶을 즐겼다.

다음 먹잇감은 누구?

이런 사기는 오늘날에도 계속되고 있다. 대부분 이 책에서 언급하는 사기들과 판에 박은 듯 비슷하며, 일부는 동일 인물이 벌인 사기였다. 사기 단체들은 지금도 인터넷 브라우저나 소셜미디어에서 활개치고 있으며, 거대 암호화폐 사기판에서 실제로 일어나는 일은 그 일이 사실이라는 점만 빼면 거의 믿을 수 없을 정도이다.

암호화폐 사기는 결코 투자자들만 피해를 입는 것이 아니다. 사기꾼들은 전 세계의 평범한 사람들에게서 수십억 달러를 쓸어 담고 있으며, 당신도 피해자가 될 수 있다. 사기는 언뜻 봐서는 알아채기 어렵다. 물론 치밀하지 못한 사기는 누가 봐도 알겠지만, 뛰어난 마케팅 수완과 세련된 웹사이트, 화술이 좋은 최고의 영업사원들로 무장한 사기도 있다. 이런 사기에는 무서울 만치 쉽게 속아 넘어갈 수 있다.

이 책을 통해 암호화폐 세계에서뿐 아니라 현대 역사에서 모든 국가와 지역사회를 뒤흔들었던 대형 사기 사건들을 간접적으로 경험해 볼 것이다. 사기는 어떻게 이뤄지며, 사람들은 어떻게 이런 사기의 늪에 깊이 빠졌는지, 또 모든 것이 한순간에 무너지기 전에 어떻게 적시에 빠져나올 수 있었는지 등 사기에 대해 깊이 파헤쳐보겠다.

책을 다 읽고 나서는 다음 질문에 스스로 대답할 수 있을 것이다.

- 유난히 규모가 커지는 사기들은 어떻게 그렇게 될 수 있는가?
- 그냥 좋은 것과 사실이라고 믿기에는 너무 좋은 것을 어떻게 알 수 있는가? 이 둘을 구분하는 기준은 무엇인가?
- 사람들은 왜 이런 사기에 당하는가?
- 돈으로 할 수 있는 일이 많고 많은데도 사람들이 전 재산을 갖다 바칠 정도로 신뢰하는 사기는 어떤 사기인가?
- 사람들은 어째서 사기임이 드러나기 직전까지도 사기인 줄 몰랐는가? 심지어 사기가 밝혀져 기소되고 나서도 이런 사기에 지속적으로 투자하고 지지하는 이유는 무엇인가? 이런 사기는 사람들의 마음에 어떻게 이토록 깊숙이 파고드는가?
- 소수의 사람들은 어떻게 프로젝트에 대해 듣자마자 사기임을 본능적으로 아는가?

- 어떻게 해야 사기를 즉시 간파하고 속지 않을 수 있는가?

수많은 명암의 단계

나는 이 책이 단순히 사기만을 다루지는 않으며, "암호화폐 세계는 전부 사기이냐 아니냐"와 같은 흑백 논리로 말할 수 없다는 것을 확실히 해두고 싶다. 간혹 기존의 금융 산업은 합법적일 수 있는 암호화폐 기업이 은행의 역할이나 혹은 원하는 기능을 하기 어렵게 비상한 노력을 한 듯하다. 그 결과 여러 암호화폐 기업이 기존의 금융 산업이나 통제 불가능한 요소 때문에 피해를 봤다. 또한 암호화폐 업계는 변화의 속도가 너무 빨라 비트코인의 가격과 암호화폐에 대한 수요가 폭·등락했을 때, 작은 스타트업에서 막 일을 시작한 일부 사람들은 이런 상황을 감당해내지 못했다.

이 책의 몇몇 장에서는 명백한 사기나 사기성 프로젝트 혹은 애초부터 노골적이었던 폰지 사기들을 보여준다. 일부 프로젝트는 사기라고 하기에는 애매하지만, 상황이나 목적이 바뀌었는지 프로젝트의 정당성이나 취지가 시간이 갈수록 흐릿해졌다. 그 외에는 전혀 사기가 아니거나, 적어도 의도한 바는 아니었다고 생각한다. 어쩌면 안타까운 일과 잘못된 결정이, 아니, 매우 잘못된 결정과 실수들이 연속으로 일어난 결과이지 않았을까 싶다. 일부 암호화폐 프로젝트는 고의성이 다분한 범죄이면서도 명확한 합의가 없어 기존 금융권에 편입될 수 없었던 희생양이기도 했던 듯하다.

그래도 희망은 있다!

마케팅에 능하고, 거창한 약속을 하며, 고수익을 내준다는 사기는 암호화폐 산업뿐 아니라 지구상의 거의 모든 산업에 존재한다. 이 책을 통해 단 한 명이라도 이런 사기에 속아 돈을 잃는 것을 막을 수 있다면 그것으로 충분하다.

긍정적인 면에서 암호화폐는 그야말로 수십억 명의 삶을 바꿀 수 있는 영향력을 지닌 혁신 기술이다. 암호화폐의 힘은 놀라울 정도이며, 이런 사기 사건들이 그 역사의 자그마한 부분에 불과하게 될 만큼 오래 지속될 것이다. 마지막 장, '사람들을 위한 암호화폐'에서는 기존 금융 시스템에 완전히 등한시되고 착취까지 당했던 전 세계 수십억 명의 극빈층을 경제적으로 해방시켜줄 뿐 아니라 더욱 많은 이들에게 정치적 자유를 줄 암호화폐의 대단한 잠재력에 대해 작은 희망을 제시할 것이다.

암호화폐 세계가 빠르게 변한다는 사실은 말할 필요도 없지만, 책을 편집하는 데는 많은 노력이 들고 오랜 시간이 걸린다. 여러분이 이 책을 읽을 때는 바뀐 사실들도 분명 있겠지만, 이 책은 집필 당시의 최신 정보를 바탕으로 썼다.

그럼 재미있게 읽기 바란다.

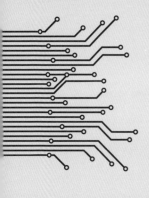

2장

암호화폐 '먹튀' 사기

3장

원코인:
사라진 암호화폐여왕

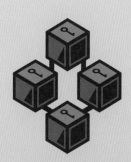

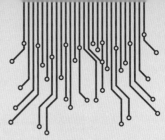

4장

비트커넥트: 알 수 없는 최상의 거래 시스템과 2차 폰지 사기

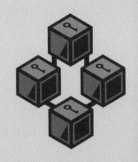

7장

마운트곡스: 해킹, 수십억 달러 유출, 무허가 거래 프로그램

8장

암호화폐 채굴:
무(無)에서 무(無) 창조

9장

시장 조작: 암호화폐
'펌프앤드덤프' 사기

10장

사람들을 위한 암호화폐

CRYPTO
WARS

1장

무법천지

수백만 달러를
모금한
장난성 프로젝트와
사기 프로젝트

쓸모없는 카피캣
디지털 토큰들

초기 암호화폐들은 진정한 기술 혁신을 일으키며 가치가 천정부지로 치솟았다. 비트코인과 이더리움같이 초기에 나왔던 암호화폐들은 다른 때라면 불가능했거나 상상조차 할 수 없는 최대 수십만 퍼센트의 수익을 투자자들에게 안겨줬다.

최초의 암호화폐이자 '암호화폐의 왕'인 비트코인은 굴곡이 있기는 했지만 대체적으로 그 가치와 쓰임새가 수년간 늘어나고 있다. 2009년 출시 당시 1센트에도 미치지 못했던 가치는 2017년 초까지 1000달러 이상으로 높아졌다.[1] 비트코인 투자자들이 유례없는 부를 이루는 것을 목격한 사람들은 자신들도 그들처럼 벌고 싶었다.

쉽게 돈을 벌 수 있다는 유혹은 늘 강렬했고 빠르게 부자가 될 가능성은 컸다. 수천 명의 사람들은 이미 존재하는 암호화폐에 투자하는 것으로는 만족할 수 없었다. 많은 이들이 암호화폐를 새로 만드는 것이 돈을 가장 빠르게 버는 방법이라 생각했고 이 시기에는 그러지 못하도록 막는 장애물도 없었다.

2016년 당시 새로운 암호화폐를 출시하는 일은 너무나 쉬웠다. 유능한 개발자들이 암호화폐의 동작 기반인 블록체인 프로토콜을 열심히 만들어놓은 덕택이지만, 이 오픈 소스 코드 외에도 일을 맡길 수 있는 유사 전문가들을 쉽게 고용할 수 있었다. 즉, 자체 암호화폐를 출시해 과장 광고를 통해 이윤을 얻고자 했던 프로젝트들은 암호화폐에 대해 혹은 그 기반 기술의 동작 방식에 대해 눈곱만큼도 알 필요가 없었다. 온라인 프리랜서 사이트에서 사람을 구해 외주를 맡기고 몇 푼 쥐여주면 끝이었다.

혁신을 일으키기 위해서가 아니라 단지 가지기 위해서 새로운 암호화폐를 만든다면 사실 기존의 코드를 복사해서 살짝만 고치면 되지만 이 약간의 수정조차 하지 않기도 했다. 많은 프로젝트가 다른 회사의 코드와 백서, 웹사이트 내용을 그대로 베꼈고, 오로지 마케팅에 쓸 회사 이름만 달리했다.[2]

새로운 암호화폐들이 해마다 수천 개씩 갑자기 생겨났고, 저마다 이전에 나온 암호화폐보다 더 좋고 더 크게 성장할 것이라 약속했다. 오늘날 전 세계에서 '암호화폐의 왕'으로 군림하는 비트코인은 개념을 정하고 코드를 작성하는 데 끝없이 고심하며 수많은 시험을 거쳐 만들어진 반면, 2016년부터 나타나기 시작한 신규 암호화폐들은 대부분 쓰임새나 가치 혹은 그 어떤 혁신도 없이 만들어졌다. 이 암호화폐들은 막 부풀어 오르기 시작했던 암호화폐 버블에 기여한 것 말고는 전혀 쓸모가 없었다. 아니, 암호화폐나 디지털화폐라고 부르는 것조차 가당찮다. 대부분 결제 수단으로 절대 사용되지 않겠지만, 그럼에도 프로젝트들은 그렇게 될 것이라고 토큰을 광고했다. 신규 프로젝트 대부분은 암호화폐가 프로젝트의 중요한 요소라거나 결제 수단으로 필요해서 만든 것이 아니라, 새 암호화폐를 출시하는 것이 창립자에게는 단기간에 '묻지 마'식의 자금을 조달하는 쉬운 방식이었기 때문이다. 최신 유행어인 '암호화폐공개ICO'를 둘러싼 버블은 막 팽창하고 있었다.

기적의
기술

2017년 초, 블록체인 기술에 대한 이야기가 처음으로 많은 사람들의 귀에 들리기 시작했다. 데이터를 저장하고 정보와 돈을 전송하는 데 더욱 안전하고 탈중앙화된 방식인 블록체인은 비트코인이 발명된 때부터 존재했던 기술이고, 유사한 개념은 그보다도 한참 전에 등장했다. 하지만 기업들은 이제야 이 기술을 사용하기 시작했거나, 적어도 이 기술의 필요성과 사용 방법을 연구하기 시작했다.

블록체인은 완전히 새로운 차원의 투명성과 책임감을 제공하며 전 세계 산업의 판도를 바꾸고 있지만 여전히 급속도로 발전 중인 새로운 기술이다. 하지만 2017년과 2018년에는 이 기술이 약간 부풀려지면서 단지 하나의 기술로서가 아니라 모든 문제를 해결해줄 만병통치약으로 각광받았다. 블록체인이 기존의 모든 산업에 지각 변동을 일으키면서 수 세기 동안 존재해왔고 수조 달러의 가치를 지닌 산업과 시장이 무너질 것 같았다. 은행은 붕괴되고 상업부터 종교, 부동산, 치의학, 포르노, 연애까지 모든 산업이 블록체인 기술을 토대로 새롭게 형성될 것 같았다. 블록체인 기반의 스타트업 기업들이 실제로 블록체인 기술을 사용하는지는 모르겠지만 어쨌든 블록체인을 사용한다는 이유만으로 그들은 세상을 바꿀 것이라 약속했고, 많은 사람들은 이런 기업들이 이베이, 아마존, 구글과 같은 기존의 거대 기업들을 대체할 것이라는 주장을 그대로 믿었다.

이런 환경 속에서 ICO는 암호화폐 기업 창립자의 허황된 꿈 이상으로 부풀려지며 인기를 끌었다. ICO를 통해 거의 1인 기업에 가까웠던 스타트업들은 전체 산업을 블록체인 기술로 돌아가도록 바꿀 것이며, 이미 완벽하고 쉬운 기존의 결제 수단이 있든 말든 암호화폐로 모든 결제가 이뤄질 것이라 주장했다. 사람들은 이런 주장을 곧이곧대로 믿었고 다시는 돌려받지 못할 돈을 이런 프로젝트에 어마어마하게 쏟아부었다.

거대
버블

_____

2017년, 이미 극도로 불안하던 암호화폐 시장에서 부풀 대로 부푼 거대 버블이 터졌다. 해킹과 절도, 돈세탁으로 악명 높던 암호화폐 시장은 수십억을 모금하며 시장 전체를 장악해버린 수천 개의 장난성 프로젝트 및 폰지 사기가 횡행하는 등 시장 구조가 변질되면서 무법천지로 전락했다.

이 버블의 팽창은 주로 ICO가 이끌었는데, ICO는 암호화폐를 통한 비교적 새로운 방식의 자금 조달 방법이었다. ICO 덕분에 기업들은 주식을 발행하는 대신 느닷없이 토큰을 만들어 팔았다. 기업들로서는 아주 좋은 방법이었다. 지분을 주거나 여러 가지 규칙과 형식을 지킬 필요 없이 무엇을 해도 상관없는 무규제 시장에서 편리하게 자금을 조달할 수 있었다. ICO는 신생 기업이 먼저 상품을 만들거나 다른 누군가에게 어떠한 의무를 지지 않고도 아무런 규제 없이 엄청난 규모의 자금을 조달하는 효과적인 방법이었다. 기업은 프리랜서 사이트에서 사람을 고용해 웹사이트를 만들고 몇 안 되는 암호화폐 거래소에 토큰을 등록하는 것 외에는 별로 할 일도 없었다.

ICO는 말 그대로 '눈먼 돈'을 조달했다. 정상적인 상황이라면 스타트업은 자금을 조달하는 데 애를 먹을 것이고, 그렇게 되면 시장은 그다지 좋지 않은 사업에서 일어날 투자 손실이나 필연적 파산을 모면할 수 있다. 모금을 많이 할수록 더 많은 지분을 내어줘야 하기 때문에 아주 우수한 스타트업조차 운영비 등의 필요 비용을 파악한 후 한 두 해 정도 견딜 수 있는 몇십만 달러가량의 돈만 모금한다. 하지만 ICO에는 이런 제한이 없었다. 프로젝트들은 수백만 달러를 모금했고, 그다음에는 수천만, 수억, 수십억 달러를 조달하기도 했다. 이런 엄청난 양의 돈을 끌어모은 프로젝트들 대다수는 이후 아무런 성과가 없었는데, 그중 많은 수가 명백한 사기였다.

자금을 조달하는
새로운 방법

모든 ICO가 사기는 아니었다. ICO를 통해 혁신적인 기업이 나오기도 했다. 2017년 5월, 아주 괜찮은 신생 인터넷 브라우저 기업이 ICO에 나섰고, 이 브레이브**Brave** 브라우저의 신규 암호화폐는 무려 30초 만에 매진됐다. 브레이브 브라우저는 3500만 달러의 자금을 조달하여[3] 훌륭한 성과를 내고 있다. 2017년 상반기까지 신규 프로젝트에 모금된 이 금액은 암호화폐 업계에서는 결코 놀랄 일이 아니었다. ICO를 진행하는 신규 프로젝트 수천 개가 우후죽순처럼 생겨났고, 이 프로젝트들은 몇 분 혹은 몇 시간 만에 수백만, 수천만 달러를 모금했다. 브레이브 브라우저는 그저 평균보다 빨랐을 뿐이었다. 그다음 달에는 신생 스타트업이 갑자기 나타나 1억 5300만 달러를 세 시간 만에 모금했다. 현재 법적 문제에 연루되어 있는 이 ICO의 주인공, 뱅코르Bancor 코인은 이후 가치가 폭락했으나 뱅코르코인의 모금액도 이례적이지는 않았다.[4] 2017년 6월부터 2018년 6월까지 당시 무명의 블록체인 회사가 ICO를 통해 40억 달러를 조달했지만, 지금까지 그 많은 돈으로 무엇을 했는지 정확히 아는 사람은 없다.[5]

어렵지 않게 돈을 벌 수 있는 시기였고, ICO는 자금을 조달하는 새로운 방법이 됐다. 암호화폐의 초기 지지자들이 제3의 기관에 의존하거나 제한받지 않고 자금을 조달하기 위해 만든 ICO는 순수한 자금 조달 방법으로 시작했으나 어느새 걷잡을 수 없을 정도로 변질됐다. 기업공개IPO, Initial Public Offerings와는 다르게 암호화폐공개ICO는 변호사가 필요 없거나 필요한지도 몰랐으며, 초기에는 규제와 관련하여 어떠한 승인도 받을 필요가 없었다. 더 정확하게 말하자면 ICO를 진행한 많은 사업자들이 규제를 무시하고 피하는 방법을 찾으려 했고, 이는 현재 그들의 발목을 잡고 있다.

은행이든, 대부업체나 스타트업 액셀러레이터든 혹은 친구나 가족, 벤처캐피털, 투자자든 이들에게서 자금을 얻어내려면 사업 아이디어가 훌륭하고 사업성이 좋다는 것을 증명해 보여야 하며 팀을 꾸리고 사업을 끝까지 진행하는 실행력이 필요하다. 즉, 지인이나 해당 분야의 전문가들을 설득해서 돈을 투자하도록 해야 하고, 그다음에는 계약이나 규제와 관련된 문제를 해결하기 위해 노력을 많이 해야 한다. 하지만 ICO는 이 모든 것을 건너뛰었다. ICO의 자금 조달 방법은 크라우드 펀딩에 가까웠고, 어떤 조사나 공식적인 절차도 없었다. 자금은 보통 대다수 암호화폐의 기반 블록체인 플랫폼에서 가상화폐로 쓰이는 이더리움으로 조달됐다. ICO의 시대는 눈먼 돈과 희망, 흥분이 가득한 무규제의 세계에 수천 개의 기회성 프로젝트들이 뜬금없이 생겨나는 무법천지였고, 비현실적이고 터무니없는 약속들과 해킹, 사기가 오히려 정상처럼 보였다.

ICO는 실제로 몇몇에게, 이론상으로는 더 많은 이들에게 일확천금의 기회였고, 그 창립자들에게는 암호화폐 초기 투자자들이 번 돈에 맞먹는 수익을 낼 잠재적 기회가 됐다. 일부는 정말 오로지 돈 때문에 암호화폐를 만들었다. 한 유명 창립자는 발행 토큰의 98퍼센트를 계속 보유하며 자신이 만든 시장을 말도 안 되게 독과점했다. 하지만 이에 대해 투자자들은 크게 의문을 품지 않은 듯하다. 사람들은 심하게 부풀려졌던 이 문제의 ICO, 베리타시움Veritaseum을 창립자의 독과점에도 불구하고 막대한 양을 광적으로 매수했고, ICO 모금액 1500만 달러였던 베리타시움의 시가 총액은 최대 3억 8100만 달러를 기록했다.[6] 이후 베리타시움의 창립자는 불법 ICO 진행 혐의로 미국 준사법기관인 증권거래위원회와 벌금 합의를 봐야 했다.[7]

정상적인 상황이라면 사람들은 아마 돈을 투자해도 될 만큼 안전한 곳이 맞는지 궁금해했겠지만, 2017년과 2018년의 암호화폐 세계는 그야말로 무법천지였다. 무슨 짓을 해도 괜찮았고, 돈은 한동안 끊임없이 밀려들었다.

ICO는 새로운 추세였다. 스타트업 기업들이 다른 방법으로는 결코 모을 수 없었던 금액 그 이상을 마련하게 해주는 새롭고 쉬운 자금 조달 방법이었고, 곧 암호화폐 세계에서 ICO가 판을 치기 시작했다. 암호화폐 창립자는 ICO를 통해 수십억 달러를 조달했다. 2016년부터 2018년 초까지 암호화폐 시장은 그 가치가 8000억 달러 이상이 될 때까지 기록적인 속도로 성장하다가 어느 순간 성장이 멈추더니 가치가 급락하기 시작했다. 이는 시장 붕괴로 이어져 약 6000억 달러를 없애버렸고, 사기가 줄줄이 발각되면서 창립자들은 체포됐으며, 규제가 도입됐다. ICO 버블이 시작된 지 2년도 채 되지 않아 ICO의 81퍼센트가 사기로 밝혀졌고, 92퍼센트는 투자자들의 돈을 거의 전부 날렸다.[8]

창조적
고용

ICO의 문제점은 신규 암호화폐를 적은 돈으로도 매우 쉽게 만들 수 있다는 것이었다. 기술이나 사업에 대해 전혀 모르거나, 심지어 기초 상식을 알려주는 등의 도움을 줄 사람이 주변에 아무도 없어도 누구든지 암호화폐를 출시할 수 있었다. 창립자가 파이버닷컴fiverr.com과 같은 긱 경제Gig Economy(노동자를 필요할 때만 일시적으로 고용하는 경제 - 옮긴이) 웹사이트에 등록된 프리랜서를 고용했는지, 아니면 갑자기 생겨난 ICO 전문 마케팅 에이전시에 높은 수수료를 지불했는지에 따라 몇백 달러에서 몇천 달러 정도면 신규 암호화폐를 만들 수 있었다. 거의 아무에게나 아웃소싱할 수 있거나 그대로 베껴올 수 있는 몇 가지 단계만 간단히 거치면 가능한 일이었다. 즉, 출시를 위한 출시는 쉬웠다. 프리랜서 한두 명에게 약간의 수정 사항을 맡긴 뒤 발행 주체는 토큰을 얼마나 만들어서 얼마에 팔 것인지를 결정하고 웹사이트 템플릿을 사용해 신규 암호화폐 사이트를 간단하게 개설한 후 여러 암호화폐 거래소 중 하나에 토큰을 등록하기만 하면 사람들이 스스로 돈을 갖다 바치는 돈 제조기를 가질 수 있었다.

링크드인, 프리랜서 사이트, 긱 경제 사이트에는 딱히 전문적이지도 않지만 기꺼이 프로젝트의 팀원이 되려 하는 ICO 전문가들과 프리랜서들이 넘쳐났다. 이렇게 새로 생겨난 소위 ICO 전문가들 중 상당수는 프로젝트 토큰의 가치가 수직 상승할 것이라는 터무니없는 희망을 품고 명목화폐인 국가 공식 화폐보다 프로젝트 토큰으로 보수를 지급받고 싶어 했다.

누구든 몇십에서 몇백 달러만 있으면 신규 암호화폐 웹사이트와 로고를 만들고, 프로젝트의 하는 일을 설명한 백서를 발행하고, 수익 및 기술 모델처럼 다소 중요한 요소여야 하는 토크노믹스를 설계하고, 소셜미디어 광고를 할 수 있었다. 어떤 ICO들은 조금 더 나아가 프리랜서에게 5달러에서 10달러를 주고 훌륭한 프로젝트에 만족스러워하는 고객 행세를 시키며 영상을 찍거나 가짜 후기 및 추천서를 작성하게 했다. 심지어 더 창의적인 프로젝트들은 마케팅이라는 미명하에 사람을 고용해 몸에 해당 암호화폐의 이름을 새기거나[9] 가짜 팀원 프로필을 구하도록 했다.

물론 원칙이 지켜지는 세계에서는 당연히 프로젝트 팀이 수익 모델을 만들고 프로젝트를 설명하는 기술 백서를 작성할 뿐만 아니라 웹사이트에 게시하는 내용도 직접 적어야 한다. 원칙적으로 팀은 실제로 프로젝트를 위해 노력하는 진짜 사람들이어야지, 암호화폐가 무엇인지도 모르거나 혹은 본인들이 그런 암호화폐 프로젝트에 갑자기 얽이게 된 것도 모르는 사람들의 사진과 이름, 링크드인 프로필로 꾸며낸 사람이어서는 안 된다. 하지만 ICO 열기 속에 많은 프로젝트가 준비 시간이나 금전적 투자를 최소화하면서 빠르게 수익을 낸다는 명목으로 원대한 포부를 갖는 것은 건너뛰었다.

순진하고 희망 가득한 투자자들을 속이기 위한 목적이라면 프로젝트 팀은 일사천리로 만들어질 수 있었다. 프로젝트들은 누구를 고용하는지 혹은 이 사람이 진짜 해당 분야의 전문가인지는 고사하고 실존하는 사람의 이름과 사진인지조차 신경 쓰지 않았다. 2017년, 한 프로젝트에서 내게 대략 2500달러어치의 토큰을 줄 테니 법률 담당이 되어줄 수 있는지 링크드인을 통해 물어왔다. 나는 법에 대해 전혀 모른다고 말했지만, 그들은 단지 웹사이트에 넣을 링크드인 프로필이 더 필요했기에 신경도 쓰지 않았다. 아마 누군가가 수락해주길 바라며 프로필상 암호화폐에 관심 있어 보이는 사람들에게 닥치는 대로 메시지를 보내고 있었을 것이다. 나는 거절했다. 그래도 나는 최소한 실존 인물이었지만 많은 프로젝트들이 궁여지책을 썼다. 한 아시아계 프로젝트는 굉장히 매력적인 팀원의 사진을 내걸고 프로젝트 내 역할을 '독자성과 일러스트 전문, 경력 그래픽디자이너'로 적어놨다. 아마 이 프로젝트 팀은 배우 라이언 고슬링의 사진을 팀원으로 소개하면 사람들이 눈살을 찌푸릴 수도 있음을 깨닫지 못한 것으로 보아 그가 얼마나 유명한지 몰랐던 듯하다. 하지만 이 문제의 프로젝트 역시 380명의 투자자에게서 83만 달러를 모금했다.[10] 연예인이나 모르는 사람의 사진을 사용하는 노력조차 기울이지 않는 프로젝트들도 있었다. 어떤 프로젝트들은 실제 팀원들의 이름일지 날조했을지 모를 이름과 만화 캐릭터 사진을 게시해놓고 팀에 대한 상세 정보를 밝히지 않았다.[11]

여러 가지 유형의 ICO 사기

　몇몇 ICO 프로젝트들은 처음부터 명백한 사기였다. 심지어 프로젝트 이름에서 사기라고 말하기까지 했다. 그렇게 노골적으로 드러냈던 프로젝트들 중 폰지코인PonziCoin은 그럼에도 25만 달러를 모금했으며, 스캠코인ScamCoin은[12] "유일하게 믿을 수 있는 코인! 투자금 100퍼센트 중 0퍼센트 회수 보장!"을 약속했다. 이런 희귀하고도 비교적 정직한 프로젝트들은 심지어 해당 코인이 무가치하며 사기이니 투자해서는 안 된다고 웹사이트 곳곳에서 경고했지만, 그럼에도 불구하고 사람들은 여기에 돈을 갖다 바쳤다.

　한 프로젝트의 개발자는 토큰의 기반 블록체인 프로토콜인 이더리움의 이름을 따서 '무용지물 이더리움 토큰Useless Ethereum Token'이라 짓고는 모금한 돈으로 평면 TV 등 개인 전자제품을 사는 것 외에는 아무

것도 하지 않는다고 웹사이트에 밝혀놓았다. '무용지물 이더리움 토큰'은 "세계 최초 100퍼센트 정직한 이더리움 토큰"이라고 주장했는데, 아마 주장하는 바와 완전히 일치했던 최초의 프로젝트일 것이다. 개발자는 프로젝트가 투자자에게 제공하는 가치는 솔직히 없다거나, 회계감사는 당연히 받지 않으며, 스마트 계약 프로그램도 깃허브 **GitHub**(컴퓨터 프로그램 소스를 공유하고 협업할 수 있도록 도와주는 서비스 - 옮긴이)에서 베껴왔다고 명확하게 알렸다. 이 개발자는 다음과 같이 분명히 밝히기도 했다. "온라인상에서 이름도 모르는 사람에게 돈을 주는 행위입니다. 돈을 받은 사람은 그 돈으로 필요한 것을 사죠. 솔직히 말하면 아마 전자제품, 그중에서도 대형 TV를 구매할 것 같네요. 그러니 이 토큰을 절대 사지 마십시오."[13] 그러나 사람들은 이 프로젝트에 자신들의 돈, 4만 달러를 내어줬다.[14]

이런 프로젝트들과는 달리 정반대의 길을 간 프로젝트들도 있었는데, 그들은 이름을 약간 더 교묘하게 지어서 예비 투자자들의 돈을 가로채려 했다. 이 프로젝트들은 '리얼', '리치', '골드' 같은 단어로 이름을 짓고 투자자들이 곧이곧대로 믿기를 바랐다. 아니나 다를까 사람들은 이를 그대로 믿었고, 이 프로젝트들 역시 자금을 조달했다. 대부분의 암호화폐 프로젝트들은 딱히 어떠한 용도나 가치가 없다는 사실을 숨기려고 노력하지도 않았다.

하지만 어떤 프로젝트들은 믿기 어려울 정도로 대단한 척을 했다. 그들은 마스터카드나 비자 혹은 아마존이나 마이크로소프트와 파트너십을 맺을 것이라고 약속했다. 일부 암호화폐 스타트업은 세계적인 대기업들보다 더 넓은 고객층을 확보하고 있다고도 주장했다. 그들은 노련한 대기업들이 막대한 돈을 투자하면서도 해내지 못한 기술적 위업을 달성하겠다고 약속했다. 몇몇 프로젝트들은 전 세계 25억 명의 금융 소외계층에게 세계 최대의 은행들도 결코 하지 못했던 금융 서비스를 제공하겠다고 주장했다. 세계 최빈곤층에게 금융 서비스를 제공하는 일이 경제적으로 실현 불가능한 이유는 기술적으로 불가능해서가 아니라 그렇게 하기 위한 돈과 노력을 들일 의지가 부족해서이기는 하지만, 그럼에도 소규모의 신생 스타트업에게는 쉬운 일이 아니며 현실적으로 실현하기 어렵다. 그저 허무맹랑한 주장만 하는데도 사람들은 그 말을 믿었고, 이런 프로젝트들이 합산 수십억 달러를 모금했다.

기회주의자들을 위한 기회

정말 흥미로웠던 몇몇 사업과 이례적인 기술을 제외하면 프로젝트들은 노골적인 사기에 이르기까지 기회주의적이고 무가치했으며 세상의 거의 모든 산업에 손을 댔다. 비교적 평범하면서도 역시나 무가치한 사기성 프로젝트의 한 예가 차(茶) 산업이라는 틈새시장을 노린 중국 프로젝트였다. 푸얼코인Pu'erCoin은 푸얼차라고도 하는 보이차의 소유권을 암호화폐로 팔기 위해 만들어졌다. 물론 보이차 산업은 현재까지 수 세기 동안 호황을 누리고 있으며, 돈으로 이 고급 보이차를 살 수 있다. 보이차 등 여러 종류의 차를 사고팔기 위한 교환수단으로 암호화폐는 전혀 필요하지 않다. 하지만 암호화폐 열풍 속에 기회주의자들이 어느새 나타나 모든 분야에서 되든 안 되든 사기를 치려 했고, 이 틈새 고급 차 시장도 예외는 아니었다. 중국 전역을 돌며 호화로운 호텔에서 홍보 행사를 연 여섯 명의 일당은 티베트 보이차에 있다고 주장하는 수십억 달러의 가치 중 일부에 해당하는 토큰을 사면 고수익을 낼 수 있다고 투자자들에게 약속했다. 이 여섯 명은 단기간에 중국인 투자자 3000명에게서 4700만 달러를 모금했다. 돈이 모금되고 나서야 이들에게는 수십억 달러는 고사하고 4700만 달러 가치의 보이차조차 없었고 차 시장이나 푸얼코인을 판매하는 사업에 대해서도 아는 것이 없음을 알게 됐다. 이 사기의 주모자 여섯 명은 즉시 체포됐지만, 투자자들은 돈을 잃었고 그 피해는 돌이킬 수 없었다.[15]

사기처럼 보이지 않았던 프로젝트 베네빗Benebit은 마케팅에 막대한 비용을 쏟아부어 투자자들을 많이 모았다. 하지만 이 사기 행각의 유일한 구멍은 팀이었다. 프로젝트의 팀원이라고 소개했던 사진들이 알고 보니 영국의 어느 고등학교 웹사이트에서 가져온 것이었다. 사람들이 이 사실을 알았을 때는 프로젝트 사이트 및 소셜미디어 피드의 사진들이 이미 삭제됐고, 사기꾼들은 막 조달한 400만 달러를 들고 도주한 상태였다.[16]

여러 기회주의자들은 후에 면피를 목적으로 기존 기업의 이름과 브랜드를 사용하여 프로젝트를 만들었다. 벨기에의 한 유명 에너지

기업인 터뷸런트 에너지Turbulent Energy의 지지자들은 해당 기업이 ICO를 통해 투자할 수 있는 코인을 내놓자 기뻐했지만, 터뷸런트 에너지의 CEO가 이 소식을 들었을 때는 그다지 기뻐할 수 없었다. 이 사건은 러시아 여성이 단독으로 사기 암호화폐의 웹사이트와 페이스북 및 트위터 페이지를 만든 후 해당 기업의 이름과 웹사이트에 있는 내용을 베껴온 것이었다. 다행히 이 여성은 1000달러 정도 모금했을 때 기소를 당하며 사기 행각이 중단됐다.[17]

모든 프로젝트가 처음부터 사기였던 것은 아니다. 일부 프로젝트는 성공할 가망이 없어 보이자 어찌할 도리 없이 자신들에게 이로운 쪽으로 행동했다. ICO를 진행한 프로젝트 팀 중 대다수가 스스로 사업 아이디어와 내재된 잠재력을 가지고 있다고 믿은 사람들이거나 작은 신생 기업이었을 뿐이다. 2017년 당시, 블록체인이라는 단어가 꾸준히 유행하면서 어느 기업이든 블록체인에 대한 언급만 추가하면 기업가치는 껑충 뛰었다. 이번에는 아이스티이긴 하지만 차와 관련된 한 가지 예를 더 들자면, 미국에 본사를 둔 '롱아일랜드 아이스티Long Island Iced Tea Corp'는 회사 이름을 '롱 블록체인Long Blockchain Corp'으로 바꾼 것으로 유명하다. 이름을 바꾼 후, 이 회사의 주식은 하루 만에 289퍼센트 폭등했다. 현재 FBI가 내부자거래 의혹을 조사 중인 이 사건은[18] 블록체인이라는 단어를 넣었을 때 과장되는 가치를 아주 잘 보여주는 사례이다.

섹스, 이성 만남, 기도, 가족, 모래, 와인

많은 사람들이 블록체인과 연관 지을 산업을 찾기 시작했고, 섹스 분야의 암호화폐가 급성장하며 인기를 끌었다. 물론 보이차만큼이나 이 산업은 블록체인을 기반으로 할 필요가 없었지만, 그럼에도 불구하고 소위 혁신적이라는 섹스 관련 최신 암호화폐가 거의 매주 쏟아졌다.

섹스 산업에서 사기를 예방하고자 만들었다는 섹스코인SexCoin은 어떻게 그렇게 하겠다는 것인지 일절 설명한 적이 없지만 말 그대로 섹스코인을 출시했다. 섹스코인은 실제로 문을 연 적이 없었던 이들의 온라인 섹스 몰인 '섹스코인 메이드'에서 유일하게 사용할 수 있어 사용처가 매우 제한적이었다.

포르노 산업에서는 결제가 여전히 큰 문제이다. 연인이나 가족에게 포르노를 구매한 사실을 들키면 곤란해서이건 어떤 이유에서이건 사람들은 포르노 구매 건을 결제 내역에 남기고 싶어 하지 않는다. 캠걸과 성매매 종사자들 또한 은행을 이용하기 어렵다. 아마존 바우처로 대가를 지급받는 사람도 있지만, 이 또한 자잘한 행위나 임대료 같은 소액 결제에는 가능하지 않다. 그래서 이 특정 분야에 대해 기존 금융 시스템이 제 역할을 못하는 것을 기회 삼아 블록체인이 꼭 그 답은 아님에도 불구하고 섹스 산업을 대상으로 하는 암호화폐 프로젝트들이 연이어 생겨났다.

비트코인 창립자의 가명 '사토시 나카모토'를 패러디한 '스팽크토시 나카부티'는 포르노 서비스에 대한 소액 결제를 스팽크코인SpankCoin으로 해결하기 위해 스팽크체인SpankChain을 창립했다. 스팽크체인 플랫폼은 실시간 영상물에 대해 사용자에게 스팽크코인으로 결제하도록 하므로 신용카드 정보를 입력하지 않고도 누구든 자기가 원하는 바로 그 일을 할 수 있었을 것이다. 이를 바랐던 사람들에게는 안타깝지만, 이 플랫폼은 결코 출시되지 않았다. 아마도 '암호처럼 비밀스러운 젖꼭지'라는 여성의 신체 구조 관련 과정을 들을 수 있는 이른바 교육 영상 플랫폼을 출시했지만 이 플랫폼은 한 번도 공개된 적이 없는 듯했고, 따라서 스팽크코인은 무용지물이었다. 티티코인TittieCoin은 코인 소유자들이 '공동 소유가 가능한 호화 리조트 형태의 휴양지' 티티 아일랜드Tittie Island(젖꼭지 섬)에 갈 수 있는 암호화폐 업계 사상 최고의 상품을 제공했다.[19] 이전까지 '공동 소유'와 관련하여 알려진 사기들을 고려해보면 ICO와 섹스 섬, 공동 소유의 조합은 사람들에게 경고 알람을 울리고도 남았을 것이다. 하지만 여전히 그렇지 않은 듯했다. 투자로 무엇을 얻을 수 있는지 딱히 알려 하지 않는 사람들에게 더티코인DirtyCoin은 '쾌락을 즐기는 빠르고 신중한 방법'을 제공했으며,[20] 인티밋Intimate은 성인용 진동기에서 이성 만남 주선까지 무엇이든지 자신들의 암호화폐로 결제할 수 있는 플랫폼을 제공했다.[21] 단, 어떻게 이성 만남을 주선할 것인지에 대해서는 명확하게 말하지 않았다. 이런 섹스 관련 암호화폐만 있었던 것은 아니다. 이들은 그저 암호화폐의 섹스 분야로 들어가기 위해 쇄도한 개성 있는 이름의 수많은 프로

젝트 중 일부였다.[22]

　다른 황당한 프로젝트들은 섹스보다 사랑을 바라는 이들을 위해 이성과의 만남을 주선하는 데 주력했다. 온라인 소개팅 앱들은 사용자 데이터가 거의 보호되지 않아서 자주 문제를 일으킨다. 찾고 싶은 사람이 소개팅 앱을 사용한다면 그 사람이 언제 어디에서 앱에 접속하는지도 쉽게 알 정도로 누구나 다 원하는 사람을 찾을 수 있다. 거의 모든 앱과 마찬가지로 이런 소개팅 앱에 있는 데이터는 누구든 마음만 먹으면 불법으로 이용할 수 있고, 프로필과 메시지를 캡처할 수 있으며, 사용자 위치까지 추적할 수 있다. 불륜 알선 사이트인 애슐리 매디슨Ashley Madison은 세상에 불륜을 폭로한다는 사명을 가진 해커들에게 해킹을 당하면서 사이트의 데이터가 유출됐다. 해커들의 말도 일리가 있지만 불륜 당사자들의 가입 목적은 정보 유출이 아니다.[23] 디지털 기기에 능숙한 젊은이들 사이에서 유명한 소개팅 앱 범블Bumble에서는 사용법을 익히는 데 2분만 할애하면 특정인이 현재 이 앱을 사용 중인지 볼 수 있을 뿐 아니라 앱을 얼마나 사용하며 나와 얼마나 떨어져 있는지도 꽤 정확하게 알 수 있다. 이렇게까지 노출되고 싶지 않은 사람도 있을 테지만, 소개팅 앱이나 사이트들이 사적인 공간이 아니며 보안이 좋지 않다는 사실은 유명하다.

　그래서 2017년과 2018년에 블록체인 기반의 여러 소개팅 앱들이 출시됐고, 사용자 데이터에 대해 보안을 더욱 강화하겠다고 주장했다. 어느 정도는 맞는 말이다. 애슐리 매디슨이 데이터를 저장한 방식처럼 중앙집중형 데이터베이스에 있는 데이터는 해킹에 취약하므로 블록체인 방식으로 이 데이터를 저장한다면 어느 정도 보안이 강화되는 것이 사실이다. 그런데 이는 블록체인 동작 방식의 핵심을 완전히 놓치고 있다. 블록체인은 블록에 기록된 정보를 영구적으로 저장한다. 따라서 프로필과 메시지들이 블록체인의 관련 기능대로 영구적으로 저장되는 것은 오히려 사용자가 원하는 바가 전혀 아니다. 이 문제를 해결하기 위해 오프체인으로 정보를 저장한 뒤 암호화하는 등의 기술적 방법들이 마련되어 있지만, 대체로 이런 프로젝트들은 그런 방법을 찾지 않았다. 그럼에도 이런 프로젝트들이 ICO를 통해 계속 나왔다.

섹스 산업이나 소개팅 산업에 크게 흥미를 느끼지 못하는 투자자를 위해 암호화폐에 대한 믿음을 회복시키는 종교적 색채의 프로젝트들이 여럿 있었다. 일부 프로젝트들은 실제 자산이 그들의 암호화폐와 연계되어 있다고 주장했다. 마치 금과 등가교환이 가능했던 금본위제의 달러처럼 프레어토큰PrayerToken은 이 토큰으로 기도를 교환할 수 있다고 했다. 이 토큰의 창립자가 실제로 신이나 기도를 믿는지는 모르겠지만, 기도 토큰들은 신께 보내져 블록체인에 저장된다고 했다. 창립자의 주장은 이러했다. "기도의 효과가 있을지 모르겠지만 만약 있다면, 현존하는 모든 토큰보다 프레어토큰에서 훨씬 많은 가치를 얻을 것이다. … 이것은 농담도, 사기도, 속임수도 아니다. 당신을 위해 최대한 정직하고 성실하게 기도하겠다."[24] 하지만 이 프레어토큰은 끝내 수많은 영혼을 구원해주지 못했고, 오래가지 않아 거래가 중단됐다.

섹스, 소개팅, 기도에 투자하고 싶지 않은 사람들을 위해, 패밀리 포인트FamilyPoints는 육아 산업을 뒤흔들 방법을 제시했지만 그러기 위해 암호화폐가 왜 필요한지는 전혀 설명하지 않았다. 샌드코인SandCoin 은 모래를 사는 방법을 제시했다. 와인Wine 토큰은 와인을 구매하는 데 신용카드 등 기존 결제 수단으로도 가능한 일을 훨씬 더 복잡한 방법으로 제시했다. 하지만 사이트 소개 글에 "포도 농장과 생산 센터의 직원 수는 일곱 명보다 훨씬 많으며, 전체 인원을 셀 수 있다. 팀 사진은 곧 공개하겠다"라고 적어놓아 사이트 방문자들을 매우 안심시켰다.[25] 팀원 개개인의 프로필이나 팀 사진을 공개하면 실제로 그 팀이 존재한다는 믿음을 주지만, 팀의 인원수를 파악할 수만 있어도 훌륭하다. 와인도 내키지 않아 하는 투자자들에게는 트래시코인TrashCoin이 암호화폐 지갑에 버려진 쓰레기를 거래소에서 거래 가능한 하나의 토큰으로 전부 교환해주는 궁극의 암호화폐를 제시하며 "이제 한 군데서 모든 쓰레기를 보관하라"고 했다.[26] 이처럼 틈새시장 곳곳에서 암호화폐 프로젝트를 볼 수 있었다.

사기를
홍보하는 법

ICO를 통해 공개되는 암호화폐 프로젝트의 대략 99퍼센트에는 한 가지 공통점이 있었다. 이 프로젝트들에는 암호화폐나 블록체인을 사용해야 하는 이유가 없거나 발행한 신규 암호화폐에 어떤 가치도 없었다. 그런데도 단시간에 수백억 달러를 끌어모았다. 어떻게 그럴 수 있었을까?

사실 딱히 무언가를 할 필요도 없이, 개개의 프로젝트보다는 타이밍과 한껏 흥분된 시장이 대부분의 역할을 했다. 다른 때 같았으면 투자자들이 두 번 다시 눈길을 주지 않을 프로젝트들도 몇 분 만에 수백만 달러를 모금했다. 사람들은 ICO가 돈을 벌 수 있는 기회라고 생각하며 투자하기를 원했고, 경고를 무시하고 애써 외면했다. 대부분의 투자자들은 프로젝트에 대해 자세히 알아보지도 않았다. 확연한 위험 신호가 있더라도 묵살됐다. 사람들은 큰돈을 빠르게 벌 기회를 놓치지 않으려고 투자 위험을 평가할 시간에 암호화폐를 사들이기 바빴다. 심지어 온 세상 사람들이 다 알 만한 사기도 ICO 투자자들은 믿고 싶지 않았다. '매진 임박', '한정 수량'이라는 불안 심리가 작용하면서 엄청난 투자 열풍이 불기 시작했다.

흥분된 시장과 타이밍 덕에 ICO의 마케팅은 쉬웠다. 새로운 암호화폐를 홍보하려면 웹사이트와 백서, 소셜미디어 계정을 준비한 뒤 암호화폐 거래소에 수수료를 내고 토큰을 등록하기만 하면 됐고, 이 모든 것을 쉽고 저렴하게 아웃소싱할 수 있었다. 게다가 돈을 마다하고 갑자기 생겨난 암호화폐를 받고자 기꺼이 일해줄 '포상금 사냥꾼'이 증가하면서 ICO 홍보는 보통 돈도 많이 들지 않았다.

포상금
사냥꾼

기술 분야에는 '버그 바운티'라는 제도가 있다. 프로그래머 등의 컴퓨터 전문가들이 새 프로젝트의 코드를 면밀히 살펴보고 윤리적인 방법으로 해킹을 시도하여 코드의 버그나 결점을 찾으면 프로젝트들이 이들의 노력에 대해 보상한다. 이런 보상 제도는 사이버 보안을 강화하기 위해 일반화됐다. 초기 프로젝트들은 버그 바운티 제도를 시행하여 버그나 보안 취약점을 발견하는 사람에게 해당 토큰으로 포상금을 지불했다. 그런데 이것으로는 충분하지 않았는지 프로젝트들은 이내 컴퓨터 전문가에게 이 무가치한 토큰을 보수로 지급할 수 있다면 누구에게나 일을 시키는 대가로 똑같이 토큰을 지급할 수 있을 것이라고 생각했다.

많은 프로젝트들이 버그 바운티 제도를 시행하기 시작했고, '포상금 사냥꾼'을 가장 많이 끌어모으기 위해 서로 경쟁하며 더욱 후한 포상금을 지급했다. 구인구직 사이트 링크드인에는 하루아침에 완전히 새로운 직업인 포상금 사냥꾼이 생겨났다. 이들은 대부분 개발자 출신이지만 소셜미디어에 글을 쓰거나 영상 콘텐츠 등을 만들고 웹사이트와 백서를 번역하는 등 코드나 보안과 관련 없는 일까지 끊임없이 했고, 프로젝트들은 갑자기 그 누구에게도 돈을 줄 필요가 없게 됐다. 물론 토큰 공급량의 1~2퍼센트 정도를 포상금으로 지급했지만, 이 토큰들은 그저 뚝딱 만들어낸 것이었다. 신규 암호화폐 창립자들은 프로젝트를 출시할 때 토큰을 얼마나 많이 만들어낼지 결정할 수 있었다. 대부분 가치가 전혀 없었던 이 토큰들은 암호화폐 거래소에 상장되어 토큰이 팔리거나 그 가치가 부풀려졌을 때에서야 가치가 생겨났다. 하지만 대부분의 토큰은 그렇지 않았다.

수천, 수만 명의 사람들이 가치가 오를 토큰을 받기를 바라며 이런 프로젝트들을 위해 보수도 없이 매일 몇 시간씩 일했다. 이러한 프로젝트의 토큰 중 일부는 가치가 수직 상승했는데, 폭락하기 전에 포상금 사냥꾼들이 이 토큰들을 현금화했기를 바란다. 그 외에는 가치가 오르기는커녕 거래소에 진입하자마자 폭락했다. 토큰을 발행하여 거래소에 등록 절차를 밟는 프로젝트마다 토큰이 거래되거나 현금화될 수 있는 거래소에 진입하는 단계로 가기도 전에 일명 '먹튀'를 하거나 망했다. ICO에서 공개된 암호화폐 중 오직 8퍼센트만이 거래소에 상장됐다.[27] 달리 말하면 92퍼센트의 토큰 소유자들에게는 일한 대가를 돈으로 실현할 그 어떤 기회도 없었다. 이런 토큰의 소유자들은 돈과 시간을 결코 돌려받지 못한다. 두바이에 본사를 둔 영국 부동산 개발업자가 운영하는 프로젝트를 비롯해 여러 프로젝트들은 포상금 사냥꾼들이 열심히 일해 번 포상금을 아예 지급하지 않으려고 온갖 방법을 동원했다.[28] 가장 흥행했던 ICO 프로젝트들은 팀이 우수하다거나 제공하는 상품이 유용해서가 절대 아니라, 마케팅에 유명인사를 끌어들이는 능력 때문이었다.

나쁜 마케팅, 고약한 마케팅, 추잡한 마케팅

일부 프로젝트들은 욕심을 너무 내거나 자기 잇속만 차리느라 일을 대신해주는 대가를 토큰으로도 지급하지 않았다. 도리어 예비 투자자들로 하여금 마케팅을 하도록 했다. 한 프로젝트는 희망에 부푼 투자자들에게 토큰에 투자할 특권을 주는 대신 마케팅을 일임했다. 토큰이 완전히 실패하자 투자자들은 실망했고 그제야 프로젝트 운영자들이 하기로 약속했던 일을 한 적이 없다는 사실을 알았다. 투자자들은 시간과 돈을 모두 잃었고, 그중 일부는 프로젝트를 상대로 집단 소송을 진행 중이다. [29] 투자자들이 얼마나 화가 났는지 알고 싶다면 구글에서 'GEMS ICO'를 검색하여 레딧Reddit 커뮤니티의 다소 슬프지만 흥미로운 스레드를 읽어보라. 투자자들에게 궂은일을 도맡긴 GEMS ICO 프로젝트의 모순은 '탈중앙화된 자동화 기계'이자 '계약직 근로자가 소일거리를 할 수 있는 프로토콜'이 되고자 한 데 있다. [30] 암호화폐 세계에서 모순은 늘 존재한다.

또 어떤 프로젝트들은 마케팅을 위해 연예인 등 유명인사에게 돈을 줬다. 이 연예인들 중 여럿은 뒤늦게 사기임이 밝혀졌던 프로젝트로부티 돈을 받고 홍보한다는 사실을 알리지 않아 나중에 벌금을 물거나 체포됐다. 플로이드 메이웨더Floyd Mayweather와 DJ 칼리드Khaled는 [31] 후에 대형 사기로 드러난 ICO 프로젝트 센트라테크CentraTech를 [32] 홍보하면서 돈을 받았다는 사실을 밝히지 않아 벌금형에 처해졌다. 책 뒷

부분에서 다시 이야기하겠지만, 수많은 암호화폐 펌프앤드덤프pump-and-dump(헐값에 사들인 암호화폐의 가격을 인위적으로 폭등시킨 뒤 되파는 수법 - 옮긴이) 사기의 배후 인물인 컴퓨터 보안 업계의 선구자 존 맥아피 John McAfee는 홍보 목적이 아니라 온당한 언급이었다고 주장했지만 투자자 수천 명의 돈을 잃게 한 프로젝트를 홍보하고 2310만 달러를 챙겼다는 혐의로 최근 체포됐다. [33]

"참 안됐네요"

늘 프로젝트에게 전적으로 잘못이 있지는 않았다. 훌륭한 프로젝트들은 암호화폐 지갑 주소와 소셜미디어를 사칭당했다. 사기꾼들은 이 프로젝트들의 소셜미디어 계정이나 채팅 채널을 탈취하여, 투자자들에게 다른 암호화폐 지갑 주소를 전송했다. 그리고 투자자들은 원래 보내려 했던 프로젝트가 아니라 사기꾼에게 암호화폐를 보냈다. 적어도 2018년까지 수년 동안, 암호화폐 거래에는 '거래 취소' 기능이 없었다. 잘못된 지갑 주소로 보내면 사기꾼에게 속았다 하더라도 이미 보낸 암호화폐는 돌려받을 수 없다. 돈을 프로젝트 팀에게 보내지 않으니 투자자들은 토큰을 받지 못했고 사기꾼들은 웃으며 도망갔다. 이 상황에서 해줄 수 있는 위로의 말은 "참 안됐네요"가 전부다. 암호화폐가 암호처럼 베일에 싸이는 일은 심심찮게 일어난다. ICO에 참여할 때 올바른 지갑 주소로 돈을 보내고 있는지, 돈에 상응하는 무언가를 돌려받을 수 있을지는 전혀 알 길이 없었다. 간혹 알 수도 있겠지만 투자하고자 하는 프로젝트에 따라 다르며 보통은 돈을 다 잃고 어떠한 소식도 듣지 못했다. ICO 프로젝트 팀이 아주 정직해서 투자자에게 환불을 해주거나 혹은 다른 해결책을 찾을 의무가 없는데도 그렇게 해주지 않는 이상 ICO 시대의 암호화폐 세계에서는 돈을 되찾을 가능성이 없었다.

엉망진창인 ICO 생태계

암호화폐와 암호화폐 커뮤니티가 잘되기를 바라는 많은 이들과 더불어 여러 좋은 프로젝트 및 팀이 있었지만, ICO 생태계는 전체적으로 추잡한 난장판이었다. 흥분과 탐욕을 악용할 수 있는 사람이면 누구나 악용했다. ICO 전문가들이 난데없이 나타나 프로젝트 창립자의 무지를 이용했고, 프로젝트들은 투자자들을 이용했으며, 괜찮은 곳도 있고 별로인 곳도 있는 암호화폐 거래소는 암호화폐를 사고팔 수 있는 가게를 차려놓고 원하는 바를 챙겼다. 기회주의자들은 돈이 많이 드는 글로벌 홍보 행사를 조직하여 프로젝트와 투자자를 이용했는데, 투자자들을 사치스러운 행사와 만찬에 초대하고 프로젝트에 그 비용을 청구하는 식이었다. 프로젝트 입장에서 단 하나의 단점은 돈 낭비였다. 일부 참가자들은 실제 투자자들이었지만, 대부분의 경우 투자자인 척하며 인맥을 만들러 왔거나 혹은 투자에는 전혀 관심이 없으면서 무료 만찬을 즐기러 왔다. 매일 밤 다양한 도시에서 열린 이런 홍보 행사와 만찬에는 거금이 들었다.

암호화폐 거래소는 프로젝트에 등록비로만 최대 수백만 달러를 내게 했다. 프로젝트 입장에서는 암호화폐를 무조건 거래가 가능하도록 만들어야 하고, 이 프로젝트들이 ICO에서 수백만 달러를 모금하는 사실을 거래소는 알고 있었으므로 그에 상응하는 수수료를 부과했다. 이뿐만 아니라 거래소들이 지갑을 닫고 사용자가 구매한 코인 중 급등한 코인을 팔아치워 수익을 내는 동안[34] 사용자들은 자신들의 암호화폐에 접근하지 못하거나 암호화폐를 잃는 경우도 있었다. 거래소들은 이외에도 내부 절도 및 해킹, 극도의 시장 조작 등 온갖 범죄를 저질렀다.

투자자들이 기업에 책임을 묻고 어느 정도 성장을 해야 자금이 풀리는 다른 자금 조달 방법과는 다르게 ICO에서는 프로젝트 팀에게 책임을 지울 만한 이러한 요소가 없었기에 프로젝트 팀은 시작부터 이미 투자자들의 돈을 가진 것이나 다름없었다. 이는 자금을 조달하는 ICO 모델의 핵심 사항으로 대부분의 팀은 백서에 적었던 야심 찬 주장에 부응하고자 하는 의욕이 전혀 없었다. 그냥 돈을 들고 달아나 투자자들을 무일푼으로 만드는 먹튀가 훨씬 쉬웠다. 기존의 기업들은 기업공개 단계에서 모금액이 몇십만 달러 수준이었겠지만 ICO에서는 수백만 혹은 수천만 달러가, 그것도 대부분 하루아침에 모금됐다.

한낱 종잇조각에 불과했던 암호화폐를 비트코인이나 달러 등의 명목화폐로 현금화할 수 있게 되면서 수많은 프로젝트의 창립자들이 쓸모없는 아이디어로 아무 책임도 지지 않고 갑자기 수백만, 수천만 달러를 모았다. 그들 중 많은 수가 건성으로 약속했던 터무니없는 아이디어의 실현을 이행하지 않은 채 돈을 갖고 도망가고자 하는 유혹을 떨칠 수 없었다.

81퍼센트의 ICO 프로젝트들이 사기였거나 사기로 변했고, 6퍼센트가 상장에 실패했으며, 5퍼센트가 죽었지만,[35] 사기로 시작한 프로젝트는 전체의 3분의 1에 '불과'했다. 나머지는 단지 모금 후에 자금 관리를 못했거나 성급하게 사용해버렸다. 수치를 보면 다소 암울한데, 매일 900만 달러의 투자금이 암호화폐 사기와 해킹으로 없어졌고 ICO 프로젝트의 1.9퍼센트만이 성공했다.[36]

죽은 코인

2017년, 데드코인DeadCoins이라는 웹사이트가 인기를 끌기 시작했다. 이 프로젝트는 암호화폐 시장을 지켜보면서 투자자들의 돈을 날리고 거래가 중단된 죽은 코인들을 사이트에 게시했다. 이 죽은 코인의 개수는 점점 늘어서 한때 수천만 달러를 모금했다가 사라진 암호화폐 프로젝트가 이제 수천 개에 이른다.

암호화폐가 이렇게 사라지는 이유에는 죽음, 사기, 해킹, 패러디가 있다. 죽은 프로젝트들은 처음부터 가치나 용도가 없었고 돈을 벌거나 투자자들에게 수익을 주리라는 희망도 없었다. 무법천지였던 암호화폐 세계가 아니었다면 이런 프로젝트들은 관심을 끌지 못했거나 의도를 들켜서 당장에 내쳐졌을 것이다.

특정 프로젝트들이 무너지거나 사기를 벌인 이유는 팀이 중도에 프로젝트를 그만두거나 창립자나 팀 전체가 사기꾼이었던 케이스 등 아주 다양했다. 애초부터 다른 프로젝트에서 코드나 때로는 마케팅 문구까지 완전히 똑같이 복사한 위조 프로젝트도 있었고, 창립자가 돈을 빼돌리거나 팀 전체가 프리랜서들을 고용해 자신들의 일을 맡긴 뒤 계속 일하는 척하며 조달한 자금을 현금화하고 잠적하기도 했다. 투자자들을 속이려고 프로젝트 이름을 바꾸기도 했고, 단순히 창립자가 능력이 없었던 탓에 값비싸고 수상쩍은 ICO 관행에 돈을 낭비하는 등 잘못된 결정으로 자금을 탕진하기도 했다.[37] 설명을 위해 표현을 좀 바꾸기는 했지만, 요점은 분명하다. 죽은 코인들의 명단은 계속 추가되고 있고, 애석하게도 실제 사실만 아니라면 재미있을 만한 내용을 데드코인 사이트deadcoins.com에서 볼 수 있다.

또 기본 보안 조치가 부족했던 프로젝트들은 해킹을 당하여 투자자들의 자금을 잃어버렸다. 암호화폐는 아주 위험하고 취약한 환경 속에서 꾸준히 해킹과 절도의 주요 대상이 됐다는 점을 고려하면, 보안 체계가 심각하게 취약하거나 전혀 없는 프로젝트가 많았다. 없다시피 했던 보안 벽이 뚫려 자금을 탈취당했을 때는 순전히 해당 프로젝트의 탓이었다.

이 시기는 무법천지 암호화폐 세계의 호황기였다. 수천 건의 사기가 일어나기 시작했고, 사기꾼들은 아무런 대가도 치르지 않고 전 세계 투자자들에게서 수십억 달러를 훔쳤다. 이 수많은 사기 프로젝트의 창립자들은 후에 사법 당국의 수사를 받고 체포될 줄 몰랐을 것이다.

합법적인 '비트코인 두 배로 불리기'

신규 프로젝트와 마케팅 에이전시, 암호화폐 거래소는 2017년부터 2018년까지 무법천지 암호화폐 세계의 한 부분에 불과했다. '비트코인'이나 '암호화폐' 혹은 '블록체인'이라는 단어만 들어가면 희망에 부푼 많은 투자자가 판단력을 완전히 잃었다. 희망과 낙관론이 사람들의 이성을 장악하자 사기가 판을 쳤다. 벼락부자가 될 수 있다는 약속이 흘러넘쳤고, 사람들은 암호화폐 기업이 하는 주장을 믿고 싶었다.

지금도 여전히 온갖 검색엔진에서 광고 중인 정말 믿기 힘든 사기는 '비트코인 두 배로 불리기'이다. 이들은 자신들에게 비트코인을 보내주면 두 배로 불려서 하루 이틀 후에 돌려주겠다고 약속한다. 이런 사이트가 아직도 셀 수 없이 많으며 소셜미디어와 검색엔진의 광고란에서 혹은 이야기를 들어줄 사람이라면 아무에게나 홍보했다. 무수히 많은 사람들이 이들에게 비트코인을 보냈지만, 대다수는 다시 돌려받지 못했다. 하지만 이 사이트와 광고들은 아직도 볼 수 있고, 손

쉽게 수익 내기를 바라는 사람들의 돈을 빼앗고 있다. 암호화폐 사기꾼들이 자주 썼던 그리고 여전히 쓰고 있는 단어는 '합법'이다. 사기꾼들은 아무 사이트나 설명란에 '합법'이라는 단어만 넣으면 사람들이 그것을 사기가 아니라고 생각한다고 굳게 믿는 듯했다. 안타깝게도 그들의 생각이 맞았고, 사람들은 합법적이라고 주장하는 많고 많은 사기를 그대로 믿었다. 구글이나 페이스북에 '비트코인 (합법적으로) 두 배로 불리기double your bitcoin 또는 legit bitcoin doubler'를 검색하면 아직도 검색 결과가 많이 나온다. 암호화폐 세계의 무법천지 시대가 완전히 막을 내리기에는 아직 먼 듯하다.

희망은 있다!

다시 말하지만, 모든 ICO 프로젝트가 사기는 아니었다. 암호화폐의 힘을 신뢰하거나 암호화폐가 사업 모델에 내재된 한 부분이라서 혹은 ICO가 혁신적이고 독립적인 자금 조달 방법이라서 그렇게 사용한 정직하고 성실한 창립자들이 있었고 그들이 만든 매우 좋은 프로젝트들도 있었다. 앞에서 언급한 브레이브 브라우저 ICO가 그러한 예이다. 지금도 여전히 건재한 이 회사는 전용 암호화폐를 사용하는 기능을 넣어 인터넷 브라우저를 성공적으로 출시했고 그 투자자들을 만족시켰다. 지금은 사라진 사기 프로젝트 외에도 좋은 프로젝트들이 있었다는 점을 부각해야 하는 현실이 아쉽다. 이상적인 세계에서는 그 반대가 됐을 텐데 말이다.

2장

암호화폐
'먹튀' 사기

5000만 달러짜리 장난

2018년 초, 암호화폐의 민주화를 이루겠다는 비현실적인 약속을 하며 한 프로젝트가 ICO에 나섰다. 이 프로젝트는 대중이 사용할 수 있는 특유의 인공지능 기반 암호화폐 예금·투자 시스템을 통해 목표를 이루겠다며 결코 적지 않은 돈 5000만 달러를 모금했다. 모금이 끝나자 감사한 마음으로 프로젝트 팀은 사업을 접고 도망쳤다. 창립자는 공항에서 찍은 셀카와 해변에서 맥주병을 들고 있는 사진과 함께 회사 트위터에 "여러분, 감사합니다! 그럼 저는 이만…"[1]이라는 다섯 단어만 남겼고, 회사 웹사이트 화면에는 "그렇게 사라졌다!"라는 사우스파크 애니메이션 짤이 커다랗게 떠 있었다.[2] 당황한 투자자들을 생각한 고상한 행동은 분명 아니었다.

이들의 본거지 근처인 프랑크푸르트에서 암호화폐 커뮤니티 일원으로 활발히 활동하고 있는 미디어 및 블록체인 컨설턴트 테오 굿맨 Theo Goodman이 이 회사를 찾아가 봤다. 빈 사무실에는 컴퓨터 모니터와 피자 조각, 병이 남아 있었다. 이것만으로 확신할 수는 없지만 충분히 먹튀 사기처럼 보였다. 해당 프로젝트의 지지자들이나 5000만 달러 모금에 참여한 사람들은 트위터를 보고 나서 어찌 된 영문인지 알고 싶었다.

문제의 ICO 프로젝트 세이브드로이드 Savedroid의 창립자들은 스타트업이 모여 있는 독일 프랑크푸르트 근교 도시 비스바덴 Wiesbaden에 사무실을 차렸다. 하지만 자금을 조달하자마자 갑자기 잠적했다. 트위터에 작별인사를 남기고 사무실을 떠난 지 하루가 채 되기 전에 웹사이트와 소셜미디어 계정이 닫혔고, 서브레딧 게시판과 텔레그램 단체 채팅방에서 관리자들이 나갔다. 이들의 소셜미디어 채팅방에는 "숨으려 해봐야 소용없다. 목숨 조심하라"[3]는 경고성 메시지가 사기꾼들이나 자동 프로그램에 의해 도배됐지만, 어쩌면 이 또한 스스로 만든 자작극일 수도 있었다.

이 시기의 암호화폐 세계에서 세이브드로이드의 먹튀 사건은 놀랄 일도 아니었다. 먹튀는 일상이었고 거의 예상하는 바였다. 세이브드로이드 사건이 오히려 놀라웠던 점은 CEO가 돌아왔다는 것이다. 세이브드로이드의 CEO 야신 한키르 Yassin Hankir는 이 사건이 사기가 아니라고 해명하며 믿기 힘든 주장을 하는 수많은 암호화폐 사기에 사람들이 얼마나 쉽게 속아 넘어가는지를 보여주기 위한 거짓말이었다고

밝혔다. 이 모든 연극은 노이즈 마케팅이었다.[6]

투자자들은 5000만 달러를 전부 잃지 않았기를 바라며 처음에는 안도했다. 하지만 이 연극은 곧 역효과를 가져왔다. 무엇보다 프로젝트 팀에 화가 난 투자자들은 프로젝트에 대한 신뢰와 확신을 잃었다. 세이브드로이드는 사기가 아니었고 ICO 먹튀 사기의 문제점을 지적하고자 한 의도는 좋았으나, 많은 ICO 프로젝트들과 마찬가지로 세이브드로이드 역시 사업 계획보다 훨씬 못 미치는 성과를 냈고[5] 슬프게도 투자자에게 그 끝은 사기와 크게 다르지 않았다. 토큰 가격은 폭락했고,[6] 프로젝트에 대한 희망이나 확신은 완전히 사라졌다. 어쨌거나 모금액 5000만 달러는 수개월 만에 없어졌다. 토큰의 가치는 처음보다 약 98퍼센트 하락했고, 거래는 전무하다시피 했다. 세이브드로이드는 템플릿으로 만든 웹사이트와 후폭풍을 불러왔던 노이즈 마케팅의 기억 그리고 회사를 상대로 한 집단 소송만을 남기고 사라졌다.[7]

세이브드로이드의 CEO는 추후 진술을 통해 ICO 진행 과정에서 수많은 사기에 당할 뻔했으며 절망적이었던 경험을 바탕으로 사기 문제가 얼마나 심각한지 강조하고자 했다고 말했다.[8] 그의 주장도 일리가 있다. 앞의 1장에서 봤듯이 2016년에서 2018년까지 암호화폐 ICO의 세계는 온갖 사기가 일어나는 범죄의 온상이었다. 하지만 옛 속담처럼 악을 악으로 갚아봐야 좋을 것이 없다. 가짜 사기극이었다고는 하나 이 먹튀 사건으로 투자자들의 돈 5000만 달러를 날려버렸으니 어떤 식으로든 암호화폐 업계에는 도움이 되지 않았다. 오히려 업계를 둘러싼 두려움만 가중시켰을 뿐이다.

세이브드로이드 팀의 형편없는 장난은 성급한 결정이었다. 행동에 뒤따를 결과는 생각하지 않고 일사천리로 실행에 옮긴 듯하다. 슬프게도 투자자들은 돈을 전부 잃었으므로 진짜 사기를 당한 것과 다름없었다.

돈을 갖고
튀어라

2019년 한 해 동안 먹튀 사기 피해액은 수십억 달러였다. 암호화폐와 ICO 붐이 일었던 2017년과 2018년에는 피해액이 훨씬 컸다. 먹튀 사기는 다른 산업에도 존재했지만 2017년부터 2018년까지 ICO 버블기 동안 암호화폐 업계만큼 횡행한 데는 없었다. ICO는 누구든지 온갖 기상천외한 프로젝트를 통해 너무나도 쉽게 자금을 조달할 수 있는 방법이었다. 프로젝트들은 시간이나 돈을 들이지 않고도 투자자들에게 돈을 쉽게 모금했고, 당시 암호화폐는 지금과 같은 규제 대상이 아니었으므로 일부 프로젝트에게 먹튀의 유혹은 뿌리치기에 너무나 강렬했다.

고추만 남긴
채소 프로젝트

2018년 초, 리투아니아에서 블록체인을 기반으로 채소를 파는 프로젝트가 출시됐다. 이 프로젝트는 긱 경제 사이트 파이버닷컴에서 사람을 구해 5달러를 주고 몸에 회사의 이름을 쓰도록 했고, 마치 열렬한 팬이 자발적으로 한 듯이 전형적인 ICO 마케팅을 펼쳤다. 하지만 곧 인터넷 매체 버즈피드BuzzFeed 기자는 몸에 이 프로젝트의 이름 '프로디움Prodeum'을 쓴 사진 속 여자들이 5달러만 준다면 누구에게나 충성한다는 사실을 알아냈다.[9] 5달러면 몸에 아무 회사의 메시지를 기꺼이 적을 사람들이 파이버닷컴에 많았던 것이다. 정말 놀라울 따름이다.

프로디움은 ICO에서 간신히 100달러를 모금했다. 그나마 금액이 많지 않아 다행이다. ICO가 끝나자 그들은 곧 사이트를 내리고 아무 것도 없는 웹페이지의 흰 바탕에 작은 글씨로 '음경'이라는 단어 하나만 남겨두었다.[10]

뻔히 예상됐던
먹튀 사기

ICO 프로젝트만 먹튀 사기를 벌인 것은 아니었다. 2017년부터

2019년까지 여러 거래소가 돈을 들고 도망쳤다. 아무리 괜찮은 거래소라도 수상한 구석이 있었고 이 시기에는 특히 눈에 띄지 않고자 애썼던 소규모 거래소에 대한 점검이 거의 이뤄지지 않았다.

오늘날 암호화폐와 관련한 논의에서는 무고한 사람들이 사기에 당하지 않도록 어느 정도의 규제 감독은 나쁘지 않다는 의견이 일반적이다. 하지만 몇 년 전만 해도 그렇지 않았다.

암호화폐 기반인 블록체인 기술의 핵심은 탈중앙화가 가능하다는 점이다. 탈중앙화는 암호화폐 업계에서 ICO 다음가는 키워드였다. 무엇이든 탈중앙화됐다면 해킹이 불가하여 더 안전할 뿐 아니라 무조건 더 좋다고 여겨졌다. 탈중앙화가 정말 더 좋은 경우도 있다. 일부 거래소들은 스스로 탈중앙거래소라고 홍보했는데 탈중앙은 여러 가지 면에서 이점이 있다. 중앙거래소는 규제가 적용되지만 사용자 정보를 정부와 공유하는 경향이 있다. 자금세탁을 하려는 목적이든 개인정보보호나 윤리적인 면에서든 모든 사람이 자신의 정보를 나라에 알리고 싶어 하지는 않는다. 하지만 탈중앙거래소의 장점이 아무리 많았다 하더라도 사람들은 보안 조치나 규제가 전혀 없는 이 거래소들을 너무 믿었다.

ICO 시대였던 2016년에서 2018년 사이 대다수 사람들은 암호화폐 업계에 균열이 생기고 그 사이로 규제가 파고들기 시작하면 어떤 결과가 나타날지 전혀 몰랐다. 이 시기에는 몇 개월 전까지 암호화폐가 무엇인지도 몰랐던 사람들이 일확천금을 위해 암호화폐에 투자하거나 ICO 프로젝트를 출시하는 것 외에도 거래소 개설에 대해 이야기하기 시작했다. 이후 보안 수준이 제각각인 거래소들이 줄줄이 생겨났고, 이 거래소들은 보안 체계나 운영진 등 어느 것 하나 관리 당국의 조사를 받지 않았다. 사람들은 이렇게 확인되지 않고 주로 누가 운영하는지도 모르는 신규 거래소에 돈을 보내 그곳에 계속 보관하면서 무작정 괜찮을 것이라 믿었다. 암호화폐 커뮤니티에서는 바로 거래하지 않을 거라면 다량의 암호화폐는 거래소에 두지 말고 더 안전한 오프라인 지갑에 보관할 것을 누누이 경고했다. 하지만 모두가 이 말을 듣지는 않았다. 암호화폐를 거래소 지갑에 보관해야 돈을 벌 가능성이 더 컸기 때문이다. 거래소 지갑에 암호화폐를 넣어두어야 다음 투자할 ICO에 암호화폐를 즉시 보낼 수 있고, 혹시나 투자한 토큰의 가격이 갑자기 오를 경우에도 곧바로 현금화할 수 있었다. 이런 상황 속에서 신규 거래소들이 잇따라 생겨났고, 잘 알지도 못하는 사람들이 후에 법적 처벌을 받게 될 것도 인지하지 못한 채 이 거래소들을 운영했다.

아니나 다를까 거래소들은 먹튀 사기를 벌이기에 가장 쉬운 위치에 있었다. 처음부터 사기였다고 밝혀진 캐나다 거래소 쿼드리가Quadriga를 통해 이런 사실이 분명히 드러났는데, 이 거래소의 창립자는 수억 달러에 이르는 암호화폐를 사용자들이 찾을 수 없도록 둔 채 죽었다고 알려졌지만[11] 이후 많은 이들이 그의 시신을 파낼 것을 요청했으며 그가 죽지 않았다고 믿고 있다. 이 이야기는 6장 '위장 사망, 사라진 수백만 달러, 사체 발굴 요청'에서 자세히 살펴보겠다. ICO 프로젝트들과 마찬가지로 암호화폐 거래소들은 딱히 홍보를 할 필요조차 없었다. 그저 거래 가능한 암호화폐를 등록해두면 암호화폐를 거래할 의향이 있는 사람들이 거래소를 이용했다. 지금은 훨씬 더 쉽지만 인터넷에 검색만 해보면 쉽고 비교적 저렴하게 웹사이트 템플릿을 사용할 수 있었고, 노력을 거의 들이지 않고도 바로 거래소를 만들어 운영할 수 있었다.

암호화폐 거래소들은 해킹을 당했다거나 기술적 문제가 생겼다고 변명할 수 있었고, 당시에는 그런 문제들이 흔했기에 거래소들이 하는 말이 진짜인지 아닌지 알기 어려웠다. 게다가 일부 거래소들은 하나의 지갑이나 계좌에 사용자들의 암호화폐를 전부 저장하고 누가 무슨 암호화폐를 가지고 있는지 기록했다. 사용자들의 암호화폐가 분리 보관됐다면 해킹이 발생했을 때 피해가 더 적었을 것이다. 사용자들은 자금을 한 번에 인출하는 일이 잘 없다. 그래서 돈이 조금씩 새어나가거나, 거래소가 자잘한 해킹을 수차례 당하면서도 상황 파악을 못하고 있으면 사용자들은 돈이 전부 사라질 때까지도 모를 수 있다. 말도 안 되는 듯하지만, 암호화폐 최대 거래소였던 일본의 마운트곡스Mt. Gox 사건에서 볼 수 있듯 실제로 일어난 일이다.

감사합니다, 죄송합니다

한국의 한 암호화폐 거래소 퓨어빗Pure Bit은 많은 ICO 프로젝트들이 선호하는 뻔하디뻔한 먹튀 사기를 벌였다. 이들은 암호화폐 거래소를 거의 완성해놓고 2~3개월 정도 자체 토큰에 대한 ICO를 진행하면서 몇백만 달러를 모금했고, 이 기간 동안 어떠한 티도 내지 않았다.

2018년에 진행된 퓨어빗 자체 토큰의 ICO 모금액은 280만 달러로 꽤 평범했지만 한국에서는 2017년에 ICO가 금지됐었기에[12] 어쨌거나 큰 위법 행위를 저질렀다. 이후 퓨어빗 운영진은 단일 지갑으로 280만 달러어치의 암호화폐를 보냈다. 이는 마치 실제 지갑에 현금을 그만큼 넣어 다니는 것과 같다. 지갑의 종류나 보관 장소에 따라 안전할 수도 있겠지만 지갑에 관심이 많은 누군가가 그 안에 든 돈을 전부 훔쳐 달아나기도 쉽다. 퓨어빗은 거래소 사이트를 닫고 카카오톡 단체 채팅방에 있는 모든 참여자를 강제 퇴장시키며 "감사합니다"라는 마지막 메시지만을 남겼다.[13]

퓨어빗은 이름대로 순수 먹튀 사기였으며 토큰 출시 당시 한국에서 모든 ICO가 불법이었다는 점을 감안하면 투자자들이 무슨 생각을 하고 있었는지 궁금해질 수밖에 없다. 퓨어빗은 좌우지간 곤경에 처했을 것이다.[14] 다만 퓨어빗 이야기에는 예상 밖의 전개가 있었다. 거래소를 폐쇄하고 투자자들의 암호화폐를 챙겨 잠적한 다음 날, 이 거래소의 CEO는 죄책감을 느끼기 시작했다.

일주일 후, 다음과 같은 사과문이 공개됐다.

"저는 투자자분들에게 막대한 정신적, 금전적 피해를 입혔습니다. 돈에 눈이 멀어 정말 돌이킬 수 없는 잘못을 저지르고 말았습니다. 불과 하루도 지나지 않았음에도 제 잘못에 대한 죄책감에 시달렸습니다. 피해자분들의 고통과는 비교도 할 수 없겠지만 저 역시 무거운 죄책감을 느꼈습니다. 피해를 입으신 모든 투자자 여러분께 진심으로 사과드립니다."

이후 얼마 지나지 않아 이 거래소는 빼돌린 암호화폐를 일부 돌려주기 시작했다.[15]

기술적 결함 탓

하지만 애석하게도 암호화폐 생태계와 그 투자자들에게는 사기꾼들이 죄책감을 느끼며 자신의 행동을 후회하고 일부라도 돈을 돌려주는 일은 일반적이지 않았다. 일부 거래소들은 출금이 지연되거나 사용자들이 자신들의 암호화폐에 접근할 수 없는 이유를 기술적인 결함 때문이라고 둘러댔다. 폴란드의 한 암호화폐 거래소 코인룸Coinroom은 기술적 결함을 탓하지도 않았다. 이 거래소는 어느 날 사용자들에게 메시지를 보내 거래소가 폐쇄될 예정이니 하루 안에 자금을 인출하라고 알렸다. 일부 사용자들은 출금을 할 수 있었다. 하지만 이메일을 시시각각 확인하지 않는 한 갑작스럽게 정해진 시간 안에 돈을 찾기는 어려웠고, 출금을 못했다면 운영진에게 이메일을 보내 수동 출금을 요청해야 했다. 이는 사용자가 거래소에 계좌를 만들 때 아마 잘 모르고 동의해야 했던 가입 약관의 한 조항에 있었던 내용이라 어처구니없게도 거래소의 권리였다.[16]

하지만 거래소는 그들의 권리 이상으로 출금 요청에 대한 응답과 처리를 갑자기 모두 중단했다. 거래소 사이트 및 모든 소셜미디어 계정이 닫혔고 전화도 끊겼다. 출금 요청이 받아들여진 고객조차 전체 예치금의 일부만 돌려받았다고 하소연했다. 누가 봐도 거래소는 증발한 상태였다.[17]

세계 금융 시스템의 재창조

플렉스코인PlexCoin은 다소 야심 차 보이는 ICO 프로젝트였다. 이 회사는 세계 금융 시스템의 재창조를 목표로 삼으면서 역대 가장 유명한 ICO 프로젝트 중 하나가 됐다. 플렉스코인은 전 세계 금융 시스템에서 그 누구도 이루지 못했던 위업을 달성하겠다며 규모 면에서나 절대적으로 불가능한 일이라는 점에서나 꽤나 인상적인 주장을 했다. 우선 지금껏 모든 은행이 이룬 업적을 훨씬 뛰어넘는 직불카드를 발표하겠다며 이렇게 말했다. "전례 없이 혁신적인 플렉스카드는 각 나라의 통화와 상관없이 전 세계에서 쓸 수 있습니다. 카드는 여러분이 어디에 있든 그 지리적 위치에 따라 통화를 조정adapt합니다.'[18]

전 세계의 어떤 금융 시스템도 지리적 위치에 따라 돈을 조정할 수는 없었다. 그래서 여전히 외환과 해외 거래 비용 문제가 존재하며, 이 문제 때문에 유럽연합은 유로화를 만들었고 미국은 각 주가 개별 통화를 사용하지 않고 미국 달러를 사용하고 있다. 한 번도 해당 지역의 통화에 상관없이 지리적 위치에 맞게 통화를 조정할 수 있었던 적이 없으며, 이런 일이 원격으로 가능한지도 확실히 모른다. 안타깝게도 우리는 돈이 마법을 부리는 시대에 살고 있지 않다. 전 세계 어떤 국가나 금융기관도 이 일을 해내지 못했다면, 플렉스코인이 어떻게 하겠다는 것인지 혹은 그렇게 하겠다고 사람들을 어떻게 설득할 것인지는 알 수 없다. 하지만 이 암호화폐 프로젝트는 금융시장을 이해하지 못하는 사람만을 노렸다.

위험 신호와 미래를 예상하는 능력

플렉스코인은 굉장히 믿기 힘든 주장들을 했을 뿐 아니라[19] 위험 신호를 들으려 한 사람에게는 충분히 들릴 정도로 경종을 울렸다. 다른 프로젝트에서와 마찬가지로 문제는 모든 사람들이 이 신호를 들으려 하지는 않는다는 것이었다. 위험 신호를 들으려 하지 않았던 사람들은 단지 가격을 낮춰서 저렴하게 코인을 사려는 사람들이 퍼뜨린 소문으로 여기고 부정적인 말들을 무시했다.[20]

플렉스코인은 비자카드를 발행하겠다고 했다. 이 비자카드는 '플렉스코인의 기준에 충족하면서 비자와 제휴를 맺은 자매 회사'를 통해 발급될 예정이었다.[21] 이 자매 회사의 이름을 언급하지 않았을 때 사람들은 위험 신호를 들었어야 했다.[22] 비자카드사에서는 이 제휴사에 대해 전혀 모르는 듯하니 플렉스코인의 다른 주장과 마찬가지로 이 주장도 허위임을 짐작할 수 있다.

그들은 또 플렉스코인을 기존의 돈처럼 공과금을 내는 데 사용할 수 있다고 했다.[23] 암호화폐 업계의 많은 이들은 언젠가는 정말 암호화폐로 공과금을 내기를 바랐고, 이를 실현하기 위한 스타트업들도 있다. 하지만 플렉스코인은 전 세계 전기와 가스 등의 에너지 공급자나 자동이체 서비스, 고지서 발행 등의 주체와 어떻게 협업할지에 대한 현실적인 문제를 다루지 않은 채 이 계획을 실현할 수 있다고 주장했다. 아이디어는 좋으나 세계적 합의 없이는 불가능한 일이며 틀림없이 기만적인 주장이다.

어렵게 번 돈을 어느 회사에 투자할지 고민하는 사람은 보통 그 회사가 하는 일과 목표를 알고 싶을 것이다. 대부분의 암호화폐 회사들은 일종의 기술 문서인 백서에서 이런 정보를 공개하며 조달한 자금을 어떻게 사용할 것인지 상세히 명시하고 있다. 이런 백서 중 대다수를 회사에 소속되지 않은 외부 프리랜서가 다른 ICO 프로젝트의 백서를 그대로 베껴서 만든다. 프리랜서가 보수를 받으면서 이런 일을 계속하는 한 그는 이 회사가 무슨 일을 하든 말든 상관하지 않지만, 적어도 백서는 프로젝트의 취지에 대한 정보를 담고 있었다. 플렉스코인은 이 백서가 불필요하다고 생각한 것이 분명하다. 혹은 백서를 ICO 전에 공개하면 사람들이 멀리서도 위험 신호와 사기 징후를 포착하여 백서를 찢어버릴 것임을 알았을 가능성이 더 크다. 플렉스코인은 ICO 진행 불과 몇 시간 전에 백서를 공개했고, 그 이유는 다음과 같이 얼토당토아니했다.

"백서를 읽은 누군가가 혹시나 저희보다 먼저 관련 상품을 개발하는 곤란한 상황을 막고자 여러분들을 조금 더 기다리게 했습니다. 이제 백서를 공개합니다. 사전판매는 몇 시간 후에 시작합니다."[24]

정말 기가 막힐 노릇 아닌가. 플렉스코인은 아무나 쉽게 베낄 수 없을 야심 찬 주장을 했었다. 백서를 일찍 공개하지 않은 이유를 이렇게 둘러대면서 누군가가 자기들의 아이디어를 보기만 해도 따라 할 수 있다고 말한 셈이니, 이제껏 해온 자신들의 주장을 한꺼번에 무시하고 있다. 이런 말도 안 되는 변명을 늘어놓다니 그저 놀라울 따름이다. 하지만 그들은 그렇게 변명을 늘어놓았다.

프로젝트 팀원의 세부 정보를 공개하지 않는 이유 또한 놀랍도록 터무니없었다.

"나중에는 일부 경영진의 이름을 밝히겠지만 저희는 프로젝트를 모두 출시할 때까지 정보 공개에 대해 신중을 기하겠습니다. 하지만 출시와 상관없이 직원들의 이름과 협력 업체명은 절대 언급하지 않겠습니다. 이 원칙은 프로젝트의 보안과 관계자들의 안전을 위해 아주 중요합니다. 저희가 신원을 노출한다면 어떻게 여러분께 철저한 기밀 유지를 약속드릴 수 있겠습니까? 온갖 기관에서 여러분의 것이기도 한 우리 사업체를 조사하러 올 수도 있을 테니까요. 저희는 그렇게 되지 않기를 바라는 바입니다."[25]

팀원의 신원을 밝힐 의향이 없다는 말은 위험 신호다. 팀원의 신원이 밝혀지지 않아야만 사용자의 기밀 유지가 된다니 그저 황당할 뿐이다.

이보다 더 모순적인 일도 있다. 플렉스코인은 백서에서 다른 ICO 프로젝트들을 비판했는데, 세계 금융 시스템을 바꾸겠다고 주장하는 회사가 다른 프로젝트와 무슨 관계가 있는지 혹은 이런 비판이 적절한지도 모르겠으나 플렉스코인의 백서에는 정확히 이렇게 기술되어 있다. "이름을 언급하지는 않겠지만 일부 ICO 프로젝트들은 웹사이트가 동일하며 여러 회사가 동일한 팀원의 이름과 사진을 올려두었습니다. 뿐만 아니라 사진 또한 위조한 것이었습니다."[26] 이 모순적인 비판은 백서를 읽는 많은 이들의 관심을 끌었다.

플렉스코인의 가장 대단했던 주장은 미래를 예상하는 능력이었다. 플렉스코인은 해당 토큰의 가치가 향후 수년 동안 높아진다는 것을 센트 단위로 예상했다. 대단한 주장이다. 플렉스코인은 ICO에서 첫 구매자들에게 개당 13센트에 토큰을 팔았다. 지금 사지 않으면 곧 가격이 오른다고 말하면서 구매를 부추기는 흔한 마케팅 수법을 썼다.

그들은 토큰의 시작 가격이 26센트이니 지금 사는 사람들은 반값에 구매할 수 있으며 곧 가격이 올라간다고 주장했다. 만약 사전판매에 서 토큰이 모두 팔릴 경우 토큰 가격은 순식간에 1.76달러가 될 것이며, 그럼 29일 내로 구매가의 1354퍼센트나 뛰는 것이라고 했다. 그들은 홍보물에 2018년 말쯤이면 플렉스코인이 14달러에 팔린다고 예상했다.[27] 황당하기 그지없다. 신규 주식이나 화폐는 최종 가치를 보장하기는커녕 그 가치를 사전에 평가할 수 있는 방법이 없다. 하지만 플렉스코인은 예비 투자자들에게 토큰의 가치가 계속 오를 것이라고 못박았다. 이런 말은 단지 위험 신호일 뿐만 아니라 그 자체가 불법이자 불가능한 일이다. 오르기만 하는 것은 없다. 결국 이들의 예상은 그다지 정확하지 않았다. 당연하지만 현재 이 토큰은 아무 가치가 없으며 거래도 중단됐다.

이런 확연한 위험 신호에도 불구하고 플렉스코인은 희망 모금액 2억 4950만 달러 중 1500만 달러를 모금했다. 미국 증권거래위원회는 플렉스코인이 애초에 사기였다는 사실을 다소 빨리 알아챘다.[28] 창립자 커플은 벌금 10만 달러를 물고 2개월간 징역을 산 후에도 여전히 사법 당국에 자세한 내용을 밝힐 수 없었거나 어쩌면 밝힐 필요가 없었다. 이 창립자 커플 외 다른 팀원이나 외주를 받은 프리랜서가 있는지는 아직도 모른다.

증권거래위원회가 먼저 잡으러 갈 때까지 창립자들이 도망치지 않았으므로 플렉스코인은 전형적인 먹튀 사기는 아니었다. 어쩌면 처음부터 그럴 의도가 있었는지도 모르지만, 이들은 "생활비와 집 인테

리어 용품 등에 플렉스코인 ICO에서 모금한 투자금을 자주 유용했다"
는 이유로 기소됐다.[29] 이들의 자산은 여전히 동결되어 있으며, 많은
투자자들은 돈을 다시 찾을 수 있을 것이라는 희망을 잃었다.[30]

투자자들의 돈으로
즐기는 쇼핑

투자자들에게는 안타깝지만 ICO 프로젝트의 창립자들은 수시로 투
자금의 일부 또는 전부를 개인적으로 유용했다. 문제는 이에 대한 벌
금이 그다지 크지 않다는 데 있다. 빼돌린 돈보다 벌금이 적은 경우가
잦았고, 벌금 합의를 보고 나면 더 이상 책임이 없는 경우도 있었다.

쇼핀Shopin이라는 한 ICO 프로젝트는 블록체인 기반의 개인 맞춤형
쇼핑 플랫폼을 만들어 쇼핑객들에게 맞춤형 쇼핑 프로필을 제공한다
고 했다.[31] 이 프로젝트는 실제로 있지도 않은 파트너십을 주장하며
ICO에 나섰고,[32] 처음부터 투자자들을 기만한 사기임에도 불구하고
4200만 달러를 모금했다. 창립자는 이 상당한 수익금 중 최소 50만 달
러를 집세나 쇼핑, 유흥, 이성 만남 서비스 등을 위해 개인적인 용도
로 쓰며 말 그대로 이것저것 쇼핑을 했다.[33] 당연히 해당 플랫폼은 만
들어진 적이 없지만 그 창립자만큼은 플랫폼 덕분에 데이트를 즐길
수 있었던 듯하다. 창립자는 이런 혜택을 누린 죄로 실제 유용한 금액
보다 5만 달러 이상 적은 45만 달러를 벌금으로 냈다.[34]

이용되는
희망

　지금까지의 먹튀 사기 중 단연코 가장 규모가 컸던 것은 베트남 기업 모던테크Modern Tech가 벌인 사기였다. 이들은 ICO를 통해 3만 2000명에게서 6억 6000만 달러를 모았다. 베트남에서는 모든 암호화폐 거래가 불법이었음에도 불구하고 ICO가 진행됐고 투자자들은 법을 어기면서까지 투자했다.[35] 회사가 첫 번째로 공개한 핀코인PinCoin은 사람들의 욕망을 자극했다.[36] 불법임에도 불구하고 이 정도로 많은 금액을 모금할 수 있었던 이유를 쉽게 알 것 같다.

　원코인, 비트커넥트, 플러스토큰 등 여러 사기 사건에서 볼 수 있듯 더 나은 삶을 원하는 사람들은 고수익을 보장한다는 약속에 현혹된다. 인간이라면 누구에게나 있을 이 욕망 때문에 위험 신호가 무시된다. 핀코인은 월 수익 48퍼센트를 약속했고, 이에 더해 신규 투자자를 유치할 경우 한 명당 8퍼센트의 보너스도 지급했다.[37] 이 프로젝트의 웹사이트는 그럴듯했지만 암호화폐 관련 몇몇 키워드와 온갖 미사여구를 제외하면 별 내용도 없었다.

　핀코인은 여러 면에서 애초에 사기가 분명했지만 경제 개념이 부족한 사람들에게는 사기를 눈치채지 못할 만큼 너무 매력적이었다. 모던테크는 첫 번째 ICO 이후 곧 두 번째 ICO에서 연예인과 팬 사이의 결제 방식인 아이팬Ifan을 출시하며,[38] 베트남 가수들이 해당 플랫폼을 사용하도록 만들겠다고 했다. 모든 ICO 프로젝트가 주장하듯 플랫폼이 개시되면 신규 토큰의 가치가 수직 상승할 것이라 했지만 그런 일은 일어나지 않았다.

핀코인은 초반에는 약속대로 투자자들에게 월 수익을 지급하다가 갑자기 지급 방식을 아이팬토큰으로 바꾸더니 그다음에는 아예 지급을 중단했다. 플랫폼은 사라졌고, 일곱 명의 베트남인은 사상 최대의 암호화폐 먹튀 사기를 벌이고 해외로 도주했다.[39]

암호화폐 먹튀 사기는 사기를 벌이기가 너무 쉬워서 문제다. 암호화폐 세계에서 일어난 아주 황당한 사건들을 부분적으로 봤으니, 이제 가장 유명한 암호화폐 최대 사기 사건들을 살펴보겠다. 가장 먼저 BBC 화제의 팟캐스트 시리즈이기도 했던 〈사라진 암호화폐여왕〉 이야기로 넘어가 보자.

3장

원코인

사라진
암호화폐여왕

사건의
시작

비트코인은 새로운 종류의 돈이었다. 2008년 금융위기 이후 꾸준히 신뢰를 잃어가고 있는 은행 및 정부와는 별개로 비트코인은 국가가 발행하는 돈과 달리 조작이 불가능한 알고리즘에 따라 동작한다. 정부의 잘못된 행동으로 국가 경제가 파탄 나고 인플레이션이 심해질수록 사람들은 비트코인을 더욱 신뢰한다. 세상이 돌아가는 추세가 이렇다.

2009년, 비트코인은 1센트도 채 되지 않는 가격으로 시작하여 2014년 초에 최고 800달러를 기록했다. 이때쯤 사람들은 암호화폐로 부자가 된 이들을 목격하고 그 대열에 끼고 싶어 했다.

그해, 새로운 암호화폐가 열풍을 일으키기 시작했다. 이 암호화폐

'원코인'의 창립자는 대단한 주장을 펼쳤다. 원코인은 비트코인을 제치고 암호화폐의 왕좌를 차지할 예정이었고,[1] 유례없는 일을 하겠다며 약속했다. 원코인은 금융 민주화를 이루고, 금융 소외계층에 금융 서비스를 제공할 뿐 아니라 금융시장 전체를 바꾸고, 투자자들에게 상상도 못한 부를 안겨줄 새로운 글로벌 화폐가 되려 했다. 원코인은 사람들에게 믿기 힘든 큰 수익을 줬고, 특히 원코인을 홍보한 사람들에게는 더 후하게 보상했다.

위세가 대단했던 원코인의 창립자 루자 박사는 자신감 넘치는 연설가였고 설득에 능하여 영업력이 탁월했다. 세계 각지에서 무대에 오른 루자는 사람들에게 그들이 듣고 싶어 하는 말을 해줬다. 루자는 원코인에 투자하면 부자가 될 수 있다는 데 초점을 맞추면서 금융 시스템이 어떻게 부패됐는지, 은행과 정부가 국민을 얼마나 하대하는지, 전 세계 극빈층 수십억 명이 금융 서비스에 어떻게 소외됐는지 그리고 새로운 암호화폐 원코인이 어떻게 이 문제들을 해결할 것인지에 대해 주로 이야기했다.

결말

비극적이게도 원코인은 성공했다. 루자의 말은 믿기조차 어려울 만큼 너무 좋은 것만 이야기했는데, 안타깝게도 합산 40억~150억 달러의 돈을 투자한 수백만 명의 사람들은 원코인을 믿었다.

영국 BBC 방송국은 인기 팟캐스트 〈사라진 암호화폐여왕〉 시리즈를 진행하며 이 빈틈없이 정교했던 폰지 사기를 1년간 조사했다. 조사 팀이 알아내기로 원코인은 패키지당 25만 유로를 넘게 받고 팔았던 이른바 '교육용' 표절 PDF 파일 말고는 그 어떤 가치도 제공하지 않았다.[2] 원코인은 암호화폐 생태계와 전혀 관계가 없었다. 타 암호화폐와는 다르게 원코인은 비트코인을 비롯한 여타 암호화폐와 교환이 불가능했다. 간단히 말해 원코인은 암호화폐였던 적이 없으며, 그 창립자의 매정스러운 표현대로 "바보 천치"인 투자자들을 속여 거짓 희망을 품게 하기 위해 그 지도자가 스프레드시트에 아무렇게나 바꿔가며 적었던 숫자에 불과했다.[3]

결국 이 사기 행각에 대해 법적 조사가 들어갔고 이후 FBI가 줄곧 루자의 뒤를 쫓고 있다. 추정하기로 루자는 본인 명의로 최소 5억 달러를 가지고 있으며 성형수술을 좋아했기에 어렵지 않게 숨어 있는 듯하다. 수십억 달러가 넘는 돈은 아직도 행방을 알 수 없다. 이야기의 반전은 루자의 연인이 FBI의 정보 제공자가 됐고, 루자는 유부남이던 연인의 가정사를 염탐하기 위해 그의 집 바닥에 낸 구멍을 통해 일이 어떻게 돌아가는지를 들었는지 사라져버렸다는 것이다.[4] 그녀는 자신이 수배자라는 것을, 이 사실이 대중에게 공개되기 전에 알아버린 듯하다. 이때가 2017년이었다.

이후 루자는 자취를 감췄고, 범인 수색이 국제적으로 시작됐으며, 법정 소송 사건이 수년간 이어지면서 다수가 종신형에 처해지고 수백만 명의 피해자들이 전 재산을 잃고 고통에 허덕였다. 오늘날까지 루자에게 무슨 일이 일어났으며, 사라진 수십억 달러는 어디 있는지, 영국 《타임스》에서 "역사상 최대 사기"라고 말한 원코인을 어떻게 아직도 판매하는 사람들이 있을 수 있는지는 여전히 의문으로 남아 있다.[5]

암호화폐 여왕

원코인은 창립자를 중심으로 돌아갔다. 루자는 항상 실크 드레스에 큰 다이아몬드 액세서리를 달고 붉은색 립스틱을 바른 채 자신이 가진 부를 세상에 보여주고 싶어 했다. 그녀는 여왕이었으며 모두 그렇게 알기를 원했다. 머리도 명석했다. 법학 박사인 루자는 영국 시사 주간지 《이코노미스트》 컨퍼런스에서 연설을 하고 미국 경제 전문지 《포브스》의 표지에 실렸다는 사실을 널리 알렸다. 사람들은 루자의 원대한 꿈과 그 꿈의 실현을 대단하게 생각했고, 여성 리더로서 전 세계 사람들에게 희망과 목적의식을 주는 그녀를 자랑스러워했다. 그렇게 루자는 '암호화폐여왕'이라는 별명을 얻었고, 별명에 걸맞게 행동했다.

과정: 팔고, 팔고 또 팔아서 벌고, 벌고 또 벌고

비트코인은 돈을 보내는 방법과 돈에 대한 인식을 여러모로 바꿔놓은 최초의 암호화폐이자 암호화폐의 '대장'이다. 루자는 사람들로 가득 찬 영국의 웸블리 아레나Wembley Arena 실내 체육관에서 팬들의 환호성 속에 원코인을 "비트코인 킬러"라고 말하며 "2년 후면, 비트코인을 입에 올리는 사람이 없을 것입니다!"라고 소리쳤다.[6] 원코인이 투자자들의 꿈을 실현시켜줄 것이었다.

원코인의 판매는 쉬웠다. 당시 사람들은 암호화폐라는 급변하는 새로운 세상에 들어가고 싶었으나, 비트코인을 비롯한 암호화폐의 구매 방법은 까다로웠다. 잘못된 지갑 주소로 비트코인을 보냈거나 비트코인을 컴퓨터에 저장해놓고 실수로 컴퓨터를 버리거나 잃어버려서 돈을 잃었다는 이야기들이 많았지만, 사람들은 여전히 초기 투자자들이 얼마나 많은 돈을 벌었는지 봤고 그만큼 벌고 싶었다. 노력 없이 부자가 되고 싶은 사람들에게 원코인은 그 해답을 제시했다.

루자는 투자자들에게 혼자만 투자하지 말고 친구나 가족, 사업상 아는 사람들도 데려와 원코인이 만들 부를 나눠 가지라고 했다. 사람들은 정말 사돈의 팔촌까지 데려왔다. 많은 이들이 가능한 한 최고급 원코인 패키지를 손에 넣고자 루자에게 평생 모은 돈을 갖다 바쳤을 뿐 아니라 집과 차, 가축을 팔고 주택을 재저당 잡혔으며 감당할 수 없을 만큼 대출을 받고 신용카드 한도액까지 초과 사용했다.

원코인에 대한 소문은 산불처럼 번져나갔고 멈출 것 같지 않았다. 소문이 퍼질수록 지지자가 늘어갔고, 루자는 더욱 대담해지면서 원코인의 이름을 모르는 사람이 없도록 만들려는 듯했다.

원코인 지지자 수는 빠르게 늘었다. 원코인과 그 다단계 판매업자들은 인터넷 세미나뿐 아니라 매일 전 세계 최고급 호텔에서 밤이고 낮이고 신규 회원 모집 설명회를 열었다. 행사에는 원코인 덕분에 삶이 바뀌었다는 회원들을 초대하여, 원코인이 얼마나 훌륭한 가족인지를 보여주면서 루자를 치켜세웠다. 그럼에도 의심의 눈초리를 거두지 않았던 사람들에게는 이런 상황이 구매 유도를 위해 잘 준비된 추천사처럼 들렸지만, 행사장에는 수천 명의 사람이 모여들었다. 어떤 행사인지도 모르고 가족이나 친구를 따라오기도 했다.

원코인은 사람들에게 꿈을 팔았다. 사람들이 돈을 가져올수록 원코인은 뻔뻔해졌다. 영국 신문《미러Mirror》가 행사장을 찾았을 때 원코인 측 담당자들은 행사장에 있는 사람들에게 그들을 굉장한 부자로 만들기 위해 이곳에 왔다고 했고[7] 사람들은 이 말을 믿었다.

원코인은 곧 전 세계에 사무실을 차렸다. 이 시기, 원코인 지지자들은 막 출발하는 기회의 열차에 올라탄 듯했고 원코인이 정말 세상을 바꾸고 그 투자자들은 백만장자나 억만장자가 될 것이라 믿으며 한껏 들떴다.

구글을
믿지 마라

원코인은 지지자들의 정서적 욕구를 충족시켜주는 데 능했다. 그들은 일확천금이 보장된 투자의 기회를 줄 뿐 아니라, 원코인과 투자자들은 곧 가족이며 공동체라고 주장했다. 회원들끼리 모이면 손가락으로 동그라미를 만들어 그들만의 손동작을 하곤 했다. 아직도 많이 존재하는 원코인 지지자들이 뭐라 하든, 원코인은 사실상 루자를 지도자로 둔 사이비 종교 집단이었다.[8]

투자자들에게는 "세상에 맞서는 우리"라는 표현을 썼다. 원코인의 본사인 원라이프OneLife는 지지자들에게 자신들을 반대하는 사람들은 질투를 하는 것이거나 이해력이 떨어지는 '안티'이거나[9] 회사를 문 닫게 하려는 정부의 선전이라고 했다. 심지어 구글을 믿지 말라고도 했다.[10] 전형적인 음모론과 사이비 집단의 모습이다. 과도하게 의문을 제기하는 사람은 괴롭히다가 추방하면 그만이었다.

쉽게 돈을 벌 수 있다는 주장에서 확연하게 드러나는 위험 신호를 왜 간과하는지 이해할 수 있을 만큼 사람들에게는 삶을 완전히 바꿔보려는 욕망이 있었고, 원코인은 이 욕망을 이용했다. 일찍이 몇몇 문제점들이 있었지만, 사람들은 원코인이 인생을 바꿀 기회라고 믿었다.

현금화
불가

암호화폐는 기본적으로 실제 화폐와 교환이 가능해야 한다. 그렇지 않은 암호화폐에는 어떠한 가치도 없다. 사람들은 원코인의 가치가 올라갔을 때 국가가 발행하는 실제 화폐로 현금화할 수 있을 것이라는 한 가지 전제하에 원코인을 사들였다. 하지만 어떤 거래소에도 상장되어 있지 않은 암호화폐는 원코인이 유일했다. 원코인을 비트코인이나 실제 화폐로 바꿀 수 있는 방법은 아예 없었다. 원코인은 그 이유를 절대 밝히지 않았고, 진짜 이유가 밝혀지기까지는 수년이 걸렸다.

원라이프는 기존 거래소에 원코인을 상장하기보다 투자자들이 원코인을 현금화할 수 있는 자체 거래소 엑스코인엑스_{Xcoinx}를 만들고 있었다. 원코인이 출시됐을 때 거래소는 아직 완성되지 않았지만 원라이프는 늘 준비 중이라고 했다. 변명이 너무 자주 바뀌어서 문제이기는 했어도 서비스 개시는 항상 임박했었다. 그런데 거래소가 개설되자 이상한 점을 바로 느낄 수 있었다. 유로화를 원코인으로 바꾸기는 쉬웠지만, 원라이프는 원코인을 다시 사들여 사람들에게 유로화를 돌려줘야 하는 상황을 꺼리는 듯 보였다. 이미 2016년 초부터 원코인은 몇 건을 제외하고 모든 출금 요청을 거절했고, 대부분의 사람들은 돈을 현금화할 수 없었다. 회사가 목표로 삼는 성장 규모와 그러기 위해 이론상 가지고 있어야 할 보유액을 고려하면 원코인에 돈을 넣어둔 사람들은 이 문제의 심각성을 더 깊이 깨달았어야 했다. 곧, 거래소는 문을 완전히 닫았다.

확연하게 드러난
위험 신호

자체 거래소가 문을 닫은 후, 원라이프는 세계 최대 암호화폐 온라인 쇼핑몰을 만들겠다고 대대적으로 홍보했다. 이 딜세이커DealShaker라는 플랫폼은 원코인으로 상품을 살 수 있는 유일한 쇼핑몰이었다. 그도 그럴 것이, 다른 사이트에서는 원코인을 돈으로 취급하지 않았다. 원코인을 현금화할 방법이 있는지가 원코인 생태계에서 가장 중요했으므로 사람들이 원코인을 사용해서 실제로 눈에 보이는 가치를 가질 수 있는 방법이 필요했다.

2016년, 런던에 사는 덩컨 아서Duncan Arthur는 미국계 대형 은행에서 기술직으로 일하고 있었다. 좋은 직장이었지만 그는 전화기 옆에 앉아 전화가 울리기만을 기다리는 직장 생활이 괴로웠다고 BBC 방송국 〈사라진 암호화폐여왕〉 팟캐스트[11]에서 말했다. 회사를 그만두고 싶은 절박한 상황에서 전화가 울렸다. 한 채용 컨설턴트가 일자리를 제안했고, 위험 신호가 있든 없든 가릴 처지가 아니었던 그는 제안을 수락했다. 그 일은 당시 암호화폐 스타트업 기업이었던 원코인에서 딜세이커를 만드는 일이었다.

덩컨 아서는 이후 원코인에서 나왔고[12] 사기였던 곳에서 일한 시간을 후회하지만, 플랫폼의 내부 조작에 대해서는 그 누구보다 잘 알고 있다. 덩컨은 BBC에 "딜셰이커는 쓰레기만 파는 온라인 벼룩시장"이라고 설명했다. 플랫폼 접속자 수도 완전히 날조됐다. 사실이라면 대단한 우연이었겠지만 동시 접속자 수는 언제 들어가도 59만 3000명에서 59만 5000명 사이를 왔다 갔다 했고, 이 믿을 수 없는 통계는 덩컨의 주장대로 플랫폼 자체의 가치만큼이나 조작된 것이다.[13]

아마존, 알리바바, 이베이가 주름잡고 있는 쇼핑몰 업계에서 판매자는 상품을 등록할 사이트를 고른 후 어느 사이트든 실제 화폐를 사용하여 꽤 쉽게 물건을 등록하고 팔 수 있다. 상품을 팔 판매자를 유치하려는 신규 온라인몰은 판매자들이 저렴한 비용으로 쉽게 상품 등록을 할 수 있도록 해야 한다. 하지만 딜셰이커는 저렴하지도, 그렇다고 쉽지도 않았다. 당연하게도 판매자들이 이 플랫폼에 들어오려고 줄을 서는 일은 없었다.

대부분 온라인 판매에 대해 전혀 몰랐던 원코인 회원들은 곧 해당 플랫폼에 상품을 등록할 판매자를 구해와야 한다는 말을 들었다. 즉, 플랫폼에 자진하여 들어올 판매자가 아무도 없어서 마치 쇼핑몰이 잠재 고객에게 이곳에서 쇼핑을 하고 싶으면 비싼 세를 내고 입점할 수 있는 점포를 찾아오라고 말하는 것과 같다. 판매자가 상품을 등록하기 위해서는 상품 가격의 최소 50퍼센트를 원코인으로 받아야 했음은 물론, 원라이프는 등록된 상품이 어느 정도의 비율로 실제 돈을 받는지에 상관없이 그중 50퍼센트를 수수료로 취했다. 따라서 실제로 가치를 지닌 상품을 판매하는 사업체라면 이 플랫폼은 실행 가능한 선택지가 아니었다.

플랫폼에 대한 자신감과 원코인의 가치가 올라간다고 했던 주장을 고려하면 해당 플랫폼에서 판매하는 자체 브랜드 상품과 판촉용 티셔츠에 대해 가격의 50퍼센트를 원코인이 아니라 유로로 결제하라고 요구한 것은 흥미로운 일이다. 딜셰이커는 얼마 가지 않아 문을 닫은 엑스코인엑스 거래소만큼이나 대실패했다.

믿기 어려울 정도로
불가능한 경제학

원라이프에는 열정적인 투자자들이 흥분한 나머지 많이들 놓치는 듯한 문제점 하나가 분명히 있었다. 원코인의 가치가 유로화 대비 더욱 오를수록 누군가 원코인을 실제 돈으로 바꾸고 싶어 할 경우를 위해 원라이프는 더 많은 보유금을 마련해야 했다. 사실상 원코인은 소유자가 요청하여 유로화로 현금화했을 때에만 실제 가치가 생겼다. 원라이프가 원코인을 현금화해주는 데 필요한 수십억 유로 상당의 현금을 어떻게 보유하고 있는지는 명확하지 않았다. 한 경제학자는 원코인을 실제 유로화나 다른 화폐로 교환할 수 없다면 어떻게 원코인에 조금이라도 가치가 있을 수 있겠냐고 물었다.[14] 하지만 사람들은 원코인을 은행 계좌로 바로 현금화할 수 없다는 사실에 대해 걱정하지 않았다. 그들은 컴퓨터 화면에 유로화로 표시되는 코인의 가격만 봤고, 이 가격은 계속 오르고 있었다.

이러한 위험 신호와 문제점들에도 불구하고 전 세계 사람들은 거래소가 재개되고 딜셰이커가 정말 세계 최대의 암호화폐 쇼핑몰이 될 것이라는 약속을 믿고, 혹은 그보다 코인의 가치가 계속 오를 것이라는 기대 속에서 원코인에 끊임없이 돈을 쏟아부었다. 원코인은 꾸준히 팔리면서 2년 만에 전 세계로 확산됐고, 2017년에는 300만 명의 회원을 확보했다. 확산세는 점점 더 빨라졌고 원코인의 덩치는 더욱 커져갔다.

여러 가지 위험 신호가 분명하게 있었던 프로젝트가 어떻게 이렇게 빨리 퍼져 걷잡을 수 없을 만큼 커졌을까? 위험 신호는 조금도 티가 나지 않았던 것일까?

어떤 꿈을 꿀 것인가

백만장자들과 호화로운 저택이 모여 있는 네덜란드의 명소 나르던 Naarden에는 특별한 대저택이 있다. 검은색과 빨간색의 조합이 현란한 대문에는 '어떤 꿈을 꿀 것인가'라는 저택의 이름이 크게 쓰여 있고, 그 위에는 집주인의 상징인 커다란 붉은색 용과 함께 알파벳 I와 A가 쓰여 있다.

집주인 말로 이 집은 "꿈의 집"이다. 부를 과시하기 좋아하는 이곳의 젊은 집주인 이호르 알버르츠Igor Alberts는 가난했던 시절, 당시 네덜란드의 최고 부자가 살고 있던 이 집을 지나가곤 했다. 어느 날 이호르는 꼭 이런 집에 살겠다고 다짐했고, 목표를 이루었다. 그는 미래에 이루고 싶은 목표를 사각형 판에 정리했고, 그중에서도 이탈리아 여배우 모니카 벨루치의 사진을 붙여서 정의한 미래의 아내상은 무엇보다 중요했다. 이미 열 명의 자녀를 둔 그는 이탈리아를 여행하던 중 이상형에 가까운 안드레아Andrea라는 이름의 훨씬 어린 이탈리아 여자를 만났다. 이호르는 구애 끝에 결국 안드레아와 결혼했고, 현재 두 명의 자녀와 함께 이 대저택에서 살고 있다.

제이미 바틀릿과 BBC 팟캐스트 팀은 취재를 위해 이호르와 안드레아의 집을 방문했다. 집은 컸다. 모든 사람의 취향을 만족시킬 수는 없겠지만 이 집에 들어간 돈은 가늠할 수 없어 보였다. 진입로에는 검은색 고급 차들로 가득했고, 정원은 실물 크기의 동물 조형물로 꾸며져 있었다. 저택에 맞먹을 만큼 옷방도 화려했다. 이호르는 안드레아의 옷만 해도 100만 유로의 보험에 들어 있다고 자랑했다. 전부 디자이너가 만든 커플룩이었다. 궁금하다면 이호르와 안드레아의 인스타그램 계정@igoralberts을 확인해보길 바란다.

이 돈은 암호화폐 전문가가 되어 번 돈이 아니다. 이호르는 지난 31년간 다단계 판매를 해왔다. 그가 BBC 팀에게 말한 바로는 이번에 1억 달러 상당의 수익을 냈다고 한다.[15]

돈
피라미드

다단계 판매는 정직한 제품을 판다는 조건하에 이뤄지는 합법적인 마케팅 형태이다. 다단계의 수익 구조는 피라미드 구조를 따르므로 가장 먼저 참여해 피라미드의 상위에 있는 사람은 상품 판매액에서 큰 지분을 수익으로 얻고 하위 참여자의 소개로 들어온 사람이 상품을 팔아도 그 수익의 일정 부분을 가져간다. 한마디로 이렇게 수많은 층이 형성된 피라미드에서 자신의 아래 단계에 있는 사람들로부터 계속해서 수익을 얻는다.

다단계 판매업은 피라미드에 일찍 진입해 잘만 한다면 상상도 못할 만큼의 돈을 벌 수 있는 산업이다. 이호르와 같은 사람들이 보여줬듯 그 수익은 터무니없다. 일찍이 들어가 피라미드의 꼭대기에 있는 노련한 다단계업자들은 상품을 구매해줄 사람을 항상 찾을 수 있겠지만, 피라미드 아래로 내려갈수록 이미 해당 상품의 구매 권유를 받아본 고객에게 접근할 가능성이 크다. 늦게 진입하여 피라미드의 아래 단계를 많이 확보하지 못한 대다수의 사람들은 아등바등 버텨보지만 돈을 거의 잃고 만다. 상품 판매권을 갖기 위해 제휴 수수료를 내거나 직접 해당 상품을 사놓고 이 돈마저 회수하지 못하는 경우가 많기 때문이다. 다단계로 판매된 비싼 보충제가 물이나 마찬가지라고 밝혀진 경우가 있음에도 불구하고 다단계 판매의 수익 구조는 비타민부터 마케팅 강의 과정까지 온갖 상품을 파는 데 사용됐고, 최근 들어 다단계 방식이 암호화폐 사기를 크게 키우는 데 일조하고 있다. 다단계 구조로 된 사업은 항상 더 조심해야 한다.

이호르는 아주 수익성이 좋은 새로운 기회를 잘 찾았다. 노련한 다단계 업자들은 이리저리 기회를 찾아 일찍 진입하고, 벌 수 있는 돈을 다 벌었거나 혹은 사업이 곧 망하거나 사기임이 밝혀질 듯할 때 빠져나온다. 이렇게 다단계 업계에서 경력을 쌓은 사람들은 상품 판매를 위한 피라미드를 이미 구축해놓았고, 온갖 요령과 비법을 써서 상대가 누구든 어떤 제품이든 팔 능력이 있다. 상품에 대해서는 신경 쓰지 않는 일부 부정직한 판매원들을 포함하여 이들은 판매 상품을 바꿔가면서 이미 구축한 피라미드와 새로운 기회마다 축적해둔 판매 비법을 이용한다.

현재 사기 혐의로 미국 교도소에 수감돼 있으며 원코인 공동 창립자 중 한 명인 서배스천 그린우드Sebastian Greenwood는[16] 다단계 판매를 수없이 경험하며 그 동작 방식을 꿰뚫고 있었다. 그는 피라미드의 하위 판매원들을 확보하고 있었고 새로운 다단계 판매를 시작하는 방법을 알았다. 암호화폐 붐이 불던 당시 루자는 서배스천을 만났고 사기 행각의 주축인 루자는 잘만 하면 다단계 판매를 통해 암호화폐 시장의 광적인 흥분과 불안 심리에 따른 구매욕을 이용할 수 있겠다고 생각했다. 다단계 판매는 루자가 만든 암호화폐가 입소문이 나게 하는 데 필요한 방식이었다.

루자는 막대한 수익을 낼 수 있는 투자 방법으로서 이 원코인을 전 세계 구석구석까지 확산시키기 위해 자체 판매원들과 판매 경로 및 경험을 갖추고 그녀에게 돈을 가져다줄 상품을 세상에 팔 만반의 준비가 되어 있는 다단계 판매업자들로 팀을 구성해야 한다고 생각했다. 루자는 그저 상품을 팔기 쉽게 만들고 수수료를 수익성 있게 만들어서 원코인만을 공격적으로 판매할 세계 최고의 다단계 업자들을 끌어오면 됐다. 그러면 원코인이 널리 퍼질 수 있을 것이라는 루자의 생각은 맞아떨어졌다.

루자는 자기가 무슨 일을 벌이는지 정확히 알고 있었다. 후에 FBI가 확보한 이메일에서 그녀는 원코인을 "월스트리트의 나쁜 년이 다단계를 만나다"라고 표현했다.[17] 돈 찍는 기계가 다단계와 결합했으니 이제 다단계 판매업자로 구성된 팀만 있으면 됐다.

이호르 알버르츠는 세계 최고의 다단계 업자 중 한 명이었다. 31년간의 경력을 통해 그는 다단계 판매에 출중한 능력을 보이는 수천 명의 피라미드 하위 판매원들을 확보하고 있었다.[18] 이 거대한 글로벌 팀은 새로운 기회를 빠르게 잡아서 판매 경로와 회원 사이트를 구축하고 행사와 프로모션을 열어 사람들의 마음을 휘어잡아 피라미드 규모를 키운 다음 상황이 나빠지기 전 적시에 빠져나왔다. 마침 운 좋게도 원코인이 출시됐을 때 이호르는 다음 기회를 찾고 있었다.

달콤한
돈 냄새

이호르에게 루자의 인상은 강렬했다. 여왕 같았던 그녀는 자신만 만했으며 감탄할 만큼 학력도 좋았다. 게다가 원코인은 분명 잘 팔릴 듯했다. 이호르는 돈 냄새를 맡고 원코인에 합류했다. 그는 자신의 팀 전원을 원코인 판매로 즉시 끌어들였다.

다단계 판매 업계에는 각기 다른 다단계 제품으로 전 세계에서 최고의 실적을 내는 판매원들의 순위 명단이 있다. 이호르와 그 팀원들이 원코인을 팔기 시작했을 때, 모든 다단계 회사를 통틀어 세계 최고의 실적을 낸 열 명 중 일곱 명이 원라이프 소속이었다.[19] 이들은 원코인을 단번에 세계 최대의 다단계 회사로 성장시켰다.

이호르는 원코인 패키지 판매 첫해에 당시 75년의 역사를 자랑하는 세계 최대 다단계 회사 암웨이Amway보다 원라이프에서 더 많은 백만장자가 탄생했다고 주장했다.[20]

이호르와 안드레아는 돈 버는 방법을 알았고, 최선을 다해 원코인을 밀었다. BBC 팀에 밝힌 바에 따르면 원코인 판매 첫 달에 거의 9만 유로를 벌었고[21] 두 번째 달에는 12만 유로를, 얼마 지나지 않아 100만 유로를 벌었다.[22]

원라이프는 판매를 더욱 장려하고자 판매원의 실적을 칭찬하고 인정하는 의미로 판매원에게 명칭이나 직함을 부여했다. 이호르 알버르츠는 매달 800만 유로의 판매액을 올린 사람에게 부여되는 최고의 명칭 '크라운 다이아몬드'를 당당히 보유하며 최고 실적 판매원에 이름을 올렸다. 이들이 원코인을 떠났을 때도 원코인 판매로만 여전히 월 240만 유로를 벌어들이고 있었다.[23]

원코인은 판매에 능숙한 다단계 전문 판매원들이 홍보를 펼쳤기 때문에 굉장히 빠른 속도로 널리 퍼졌다. 판매원들은 암호화폐를 몰랐지만 사람들을 자극해 구매를 이끌어내는 법을 알았다. 돈만 되면 무엇이든 팔 많은 이들이 무대 밑에서 연설자 말에 호응하며 능수능란하게 관중의 흥을 북돋았고 결정적으로 상품에 대해서는 어떤 질문도 하지 않았다. 원코인은 이런 방법으로 수많은 극빈층 사람들을 비롯하여 전 세계 사람들에게서 수십억 달러를 가져갔다.

돈에 대한 믿음

사람들이 어렵게 번 돈을 원코인에 바치게 한 죄는 다단계 판매원들에게만 있지 않았다. 전 세계의 원코인 투자자들은 자발적으로 신입 회원을 데려오려 했다. 원코인 주동자들이 만들어 낸 피라미드 구조 안에서 4단계의 작은 피라미드를 형성하며 신입 회원을 데려올 때마다 본인 투자금의 10퍼센트 이상을 돌려받았을 뿐 아니라 신입 회원이 데려온 또 다른 신입 회원이 벌어들인 돈의 최대 25퍼센트까지 받았다. 이렇게 '가지치기'로 얻는 수익의 40퍼센트는 무조건 원코인

암호화폐 전쟁

으로 지급됐다.[24]

　이상적인 시나리오에서는 회원이 이런 수익을 출금할 경우, 원코인이 은행에 보유한 돈이나 해당 회원이 벌어들였거나 투자한 돈에서 지급됐을 것이다. 하지만 이런 다단계 폰지 사기에서는 해당 회원이 데려온 신규 회원의 돈으로 지급됐다. 그럼에도 2017년 1월까지 출금 요청된 금액이 새로 들어오는 돈보다 많았고 이를 해결할 방법은 딱 한 가지, 원코인을 현금화할 수 있도록 만들어진 엑스코인엑스 거래소를 없애는 것이었다. 2017년 초, 다단계 판매원 등 원코인 보유자들은 수익을 실제 돈으로 현금화하고 싶어도 할 수 없게 됐다. 거래소가 아예 문을 닫고 다시 열지 않았으므로 원코인을 현금화할 방법이 없었지만, 이 소식은 사람들의 귀에 늦게 들어갔다. 사람들은 여전히 원코인을 신뢰했고 모든 사람이 현금화를 원하지는 않았으므로 문제점이 있다는 사실을 깨닫기까지 시간이 걸렸다. 사람들은 수익을 많이 내려고 끊임없이 원코인을 팔았고, 수익의 60퍼센트를 국가 화폐로 받았다.

　모든 사람이 많은 하위 판매원들을 두고 있지는 않았지만, 일부 원코인 홍보자들은 자신들을 절대적으로 믿는 단체가 있었다. 전 세계의 종교 지도자들은 개인 욕심이었든 아니었든 신자들에게 원코인을 홍보하거나 원코인 판매원들이 홍보할 수 있게 했고, 신자들이 투자할 때마다 수수료를 챙겼다. 일부는 공동체를 위해 좋은 일을 하는 줄 알고 홍보하기도 했다. 아프리카의 여러 종교 지도자들은 원코인 수익금으로 산 듯한 고급 승용차를 타고 교회에 나오기 시작했고,[25] 신자들이 평생 모은 돈을 잃었음에도 자못 기뻐 보였다.

한 끗
차이

　다소 물밑에서 이뤄지는 거대 다단계 판에서 실제로 파는 제품이 있는 다단계 판매를 네트워크 마케팅이라고 한다. 실제 제품이 없다면 돈은 제품 판매가 아니라 다음 투자자들에게서 나온다. 이 경우를 피라미드 사기 혹은 폰지 사기라고 한다. 폰지 방식은 불법이지만 네트워크 마케팅과는 한 끗 차이에 불과하다. 두 가지 모델은 허위 약속과 제품의 과대 광고로 유명한 다단계 업계에서 일어나는 강압적인 판매 방식이라는 점에서 같다고 할 수 있다.

　원코인은 특정 판매 상품을 살짝 조정해서 합법적으로 판매할 수 있는 제품의 형태로 만들어냈다. 판매원들이 제품을 팔려고 노력하는 다른 네트워크 마케팅과는 다르게 원코인의 제품은 돈을 찍어내는 코인 패키지였다. 이보다 팔기 쉬운 것도 없을 터였다. 하지만 원코인으로서는 안타깝게도 규제를 받지 않는 암호화폐를 더 많이 만드는 데 사용될 수 있는 코인을 구매할 수 있는 기회가 제품으로 간주되지 않았다. 그렇게 팔았다가는 일찍이 폰지 사기로 분류되어 조금 더 빨리 이 사기를 접어야 했을지도 모른다. 그런데 원라이프는 이 문제를 해결할 방법을 알고 있었다.

교육: 표절 PDF 파일과 더욱 놀라운 경제학

원라이프는 다단계 방식을 좀 더 합법적으로 보이게 할 판매용 제품이 필요했다. 암호화폐만 포함된 패키지를 판매할 수는 없었으므로 조금 더 창의적인 발상이 필요했다. 그래서 이들은 교육 기업이 됐다.

원라이프는 교육용 강의를 포함하는 패키지를 팔았다. 하지만 다단계 판매원들은 보통은 이 교육용 자료에 대해 이야기하지 않았고, 원코인을 사들이는 많은 사람들도 이와 관련해서는 전혀 언급하지 않았다. 교육용 자료에 대해 모르는 사람도 많은 듯했다.

교육은 원코인의 패키지를 적절히 포장해줬고, 패키지 가격은 100유로짜리 스타터 패키지부터 최대 22만 8000유로까지 다양했다. 원코인에서 보낸 PDF 파일이 어떻게 그만한 가치가 있는지, 그것을 정당화하기는 어려워 보인다. 특히 BBC 조사 팀이 일찍이 밝혀냈듯 이 교육용 패키지의 내용은 에릭 타이슨Eric Tyson의 책《바보들을 위한 개인 재무 관리Personal Finance for Dummies》를 거의 토씨 하나 틀리지 않고 표절했으니 말이다.[26]

누구든 거래소를 통해 살 수 있는 다른 암호화폐와 달리 원코인은 그냥 살 수 없었다. 원코인을 얻으려면 이들의 교육용 패키지를 사야 했고, 패키지에 딸려오는 원코인으로 더 많은 원코인을 '채굴'할 수 있었다. 투자자들은 이 패키지를 사야 가치가 치솟을 원코인을 많이 받을 수 있었고 패키지 중 하나를 샀다는 이유로 억만장자가 될 것이라고 믿었다. 적어도 원코인 웹사이트에서 볼 수 있었던 숫자놀음에 의하면 수많은 원코인 투자자들이 금방 억만장자가 됐다. 눈에 보이는 코인의 가치는 올라가기만 했으므로 이 돈을 당장 쓸 수 없어도 대수롭지 않게 여겼다.

2016년 7월, 보기 드물게 루자가 직접 나와서 원코인 패키지를 홍보하는 영상이 공개됐다. 새로 나온 '얼티밋 패키지'의 가격은 무려 11만 8000유로였다. 구매자들은 이 패키지에 딸려오는 몇 가지 표절 학습 파일 외에 131만 1000개의 원코인을 가지게 되고, 이 코인은 분할을 통해 당시 개당 7유로라던 원코인을 200만 개 이상으로 만들어낸다고 했다. 원본 영상은 유튜브에서 내려졌지만, 이 터무니없는 이야기를 들어보고 싶다면 구글 검색이나 책 뒤편 미주에 있는 링크를 통해 해당 영상을 볼 수 있다. 암호화폐 지지자라면 조금 더 빠른 속도로 코인을 채굴한다는 '자동 채굴' 같은 영상에서 언급하는 이야기들이 가당찮은 말을 어려운 기술 용어로 둘러대는 것에 불과하고 암호화폐 용어를 써가며 원코인이 설명하는 것들은 기본적으로 불가능한 일임을 알 것이다.[27] 경제를 쥐락펴락하고 있거나 하이퍼인플레이션이 발생해야 가능한 일이다. 11만 8000유로를 투자하고 2~3개월 후에 원코인이 채굴되면 이후 몇 개월 만에 1400만 유로가 생긴다니, 실로 높은 수익이 아닐 수 없다.

사실상 원코인은 비트코인보다 더 대단하고 인기 있다는 암호화폐를 만들어내는 기계를 판 대가로 전 세계 최고의 다단계 판매업자들에게 높은 수수료를 챙겨주는, 난데없이 생겨난 발명품이었다.

지구상에서 가장
부자인 사람

이호르는 자신의 원코인 계좌에 보이는 숫자가 증가하자 마음이 홀렸다. 그는 〈사라진 암호화폐여왕〉 팟캐스트에서 제이미에게 이렇게 말했다. "지구상에서 가장 부자가 되려면 코인이 몇 개 더 필요한지 계산해봤습니다. … 안드레아에게 코인을 1억 개 모아야 한다고 말했죠. 그래야 가격이 100유로로 올랐을 때 빌 게이츠보다 부자가 된다고 말이에요. 계산기를 두드리면 될 만큼 쉽습니다."[28] 이호르와 안드레아는 원코인으로 지구상에서 가장 부자가 될 것이라 생각했다. 새로 얻은 부를 계산하는 사람은 이호르와 안드레아뿐만이 아니었다. 최고의 실적을 올리지는 않았지만 일찍이 원코인 홍보에 참여했던 판매원들의 보유 코인 가치는 10억 유로 이상이었다. 평범한 사람들은 자신이 억만장자가 됐다고 믿었다.

희망에 부푼 투자자들에게는 안타깝지만, 이 계산이 타당해 보이지는 않는다.

블록체인 지지자이자 암호화폐 회사 ATM의 창립자 팀 테이션 커리Tim Tayshun Curry는 원코인이 반드시 무너질 것이라 보고 사람들이 원코인에 투자해서 가진 돈을 전부 잃기 전에 주의를 주려고 애썼다. 팀은 계산을 해봤다. 원라이프에서 제공하는 수치를 보면 매분 5만 개의 원코인이 새로 '채굴'되고 있었다.[29] 당시 원코인이 개당 대략 30유로였으니 1분에 150만 유로, 하루에 21억 5000만 유로를 원라이프가 어디서인지 모르게 만들어내고 있다는 뜻이었다. 이미 700억 개의 원코인이 만들어진 상태였고 매분마다 새로 채굴되고 있었으니 유통되고 있는 원코인의 가치는 지구상에 있는 미국 달러를 모두 합친 가치보다 더 컸다. 명백히 불가능한 일이다. 하지만 아무도 이를 눈치채지 못했거나 신경 쓰지 않는 듯 보였다. 컴퓨터 화면상에서는 숫자가 계속 올라가고 있었고, 소셜미디어에 올라온 수천 개의 글로 미루어볼 때 상당수가 의문을 품고 싶어 하지 않아 했다.

하이퍼 인플레이션

블록체인에 기반한 암호화폐의 장점은 토큰의 수량을 조작할 수 없다는 데 있다. 토큰 수와 인플레이션율은 암호화폐를 처음 만들 때 코드에 정해놓는다.

책 뒷장에서 보겠지만 암호화폐 시장이 심하게 조작될 수는 있어도 블록체인은 적어도 이론상 코인의 생성과 거래에 관해 높은 수준의 투명성을 제공하고 은행과 정부처럼 토큰 공급을 왜곡할 수 있는 중앙기관의 개입을 막는다. 루자는 원코인이 가장 혁신적인 블록체인 기술로 동작하는 최고의 암호화폐라고 단언했고, 그래서 원코인 투자자들이 어느 정도 안심했던 듯하다.

정상적인 상황에서는 한 화폐의 공급량이 하룻밤 사이 갑자기 21

억 개에서 1200억 개로 늘어나면 하이퍼인플레이션으로 본다. 국가를 막론하고 한 자릿수를 넘는 인플레이션율도 높다고 여겨지는데 갑자기 5714퍼센트의 인플레이션이 발생하면 어떤 의미로든지 극도로 심각한 상황이다. 일반적으로 화폐의 공급을 늘리면 그 가치는 떨어진다. 전 세계 모든 국가와 모든 화폐에 해당하는 사실이다. 하지만 원라이프가 어느 날 갑자기 원코인 공급을 이 정도로 늘린다고 결정했을 때, 원코인 투자자들은 크게 당황하지 않았다. 투자자들은 자신들의 코인이 블록체인에 기록되고 저장되어 있으므로 어쨌든 안전하다고 확신했다.[30] 루자는 심지어 투자자들에게 코인의 개수를 이렇게 늘리면 원코인 하나하나의 가격은 더 올라간다고 말했다. 원코인은 기초 경제학 규칙의 상당수를 기가 막히게 재정의했고, 이 말도 그중 하나였다.[31]

루자는 코인의 개수가 많아질수록 더 많은 사람들에게 알려지므로 대대적인 축하를 해야 할 정도로 원코인 브랜드를 더욱 확장하고 강화할 수 있다고 설명했다.[32] 어떻게 해서 그럴 수 있는지는 몰라도 사람들은 그녀를 믿었다. 루자는 토큰 공급량을 살짝 더 늘린 것에 대한 보상으로 사람들이 보유한 코인을 두 배로 늘려줬다. 이제 사람들은 원코인을 기존 보유 수량의 두 배나 갖게 됐다. 코인의 가치는 사실상 30배까지 떨어졌고 투자자들이 처음 사들였던 가치보다 96.66퍼센트나 떨어진 상태였지만 투자자들은 현실을 직시하는 대신 박수와 환호로 그들의 리더를 찬양했다. 코인은 블록체인에 전부 안전하게 기록되어 있으니 아무럼 괜찮았다.

사라진
암호화폐

IT기업을 운영하던 컴퓨터 전문가 비외른 비외르케Bjorn Bjorke는 딸이 태어났던 2013년에 육아 휴직을 했다. 그가 시간을 내준 덕에 우리는 이야기를 나눌 수 있었다. 비트코인에 대해 들은 적 있었던 비외른은 육아 휴직을 썼던 해의 남는 시간 대부분과 다음 해까지도 비트코인 해킹을 시도하며 보냈다. 그리고 끝내 비트코인 해킹은 불가능하다는 것을 깨달았다. 하지만 비외른은 이미 비트코인에 매료되어 있었다. 그는 블록체인 기술 개발에 집중하기 시작했고, 곧 해당 분야의 전문가가 됐다. 2016년 10월, 비외른은 다단계를 전문으로 하는 일본인 채용 에이전트에게서 불가리아에 소재한 암호화폐 스타트업의 최고기술경영자CTO로 일해보지 않겠냐는 제안을 받았다. 연봉도 대략 25만 파운드로 훌륭했다. 제안받은 자리에 비해 의심스러울 만큼 높기는 했지만, 회사는 그가 불가리아로 오길 원해 집세와 자동차 등 기타 비용을 내어주는 것이었다. 비외른의 업무는 블록체인 구축이었다.

비외른은 귀가 솔깃했다. 블록체인 구축은 그가 계속 연구해왔던 일이기 때문이다. 하지만 채용 에이전트 말에 의하면 이 회사는 이미 암호화폐가 있었다. 암호화폐는 그 정의상 블록체인을 기반으로 동작한다. 블록체인 없이 암호화폐가 있다는 말은 기술적으로 불가능하다. 비외른은 더욱 자세하게 물었고 마침내 채용 에이전트가 밝힌 회사의 이름은 원코인이었다. 비외른은 이미 원코인의 이름을 들은

적이 있었다. 암호화폐 업계에 있는 사람들에게는 크게 회자될 정도
는 아니었어도 이미 알려진 사기였다.

그런데 시기가 참 흥미롭다. 그해 10월 1일, 루자는 무대에 올라 그
들의 새로운 블록체인을 '켰'.[33] 이 새로운 블록체인은 이전 것보다
더 대단하다고 했다. 그리고 6일 뒤, 채용 에이전트의 전화를 받은 비
외른은 이미 수년간 암호화폐가 있다고 주장해놓고 이제야 블록체인
이 필요한 이 회사에 블록체인 구축을 위한 CTO 자리를 제안받았다.

원라이프는 그동안 SQL 데이터베이스에 원코인의 가치를 비롯한
데이터를 저장했다. SQL 데이터베이스의 동작 방식은 엑셀 시트와
매우 유사해서 데이터베이스에만 접속할 수 있으면 언제든지 저장되
어 있는 숫자를 변경할 수 있다.

원코인은 블록체인을 기반으로 하지 않았다. 이 사실이 의미하는
한 가지는 루자가 버튼을 클릭하기만 하면 원코인의 가치라고 정한
데이터베이스의 숫자를 업데이트할 수 있으며, 그렇게 계속 바꿔오고
있었다는 말이다. 원코인이 블록체인으로 동작했다면 코인 소유자만
이 코인을 사용하거나 다른 곳으로 옮길 수 있었겠지만, 데이터베이
스에 데이터를 기록하는 원코인은 곧 계좌나 코인을 마음대로 동결
할 수 있고 사용자의 보유분에 대해 멋대로 처리할 수 있었다. 사람들
이 컴퓨터 화면에서 본 원코인의 가치라던 숫자는 그야말로 무가치했
다. 이 가치는 그날 루자가 입력하고 싶어 하는 숫자에 따라 마음대로
날조되고 있었다. 그래서 원코인의 가치는 계속 오르기만 했고, 원코
인을 실제 화폐로 현금화할 수 없었으며, 원라이프조차 자사 브랜드

상품을 팔면서 무가치한 원코인은 받으려 하지 않았다. 원코인이 해왔던 일의 90퍼센트가 블록체인에서는 불가능했다. 비외른의 말대로 경고 알람이 울리고 있었다.

상금은 성형수술 상품권으로!

투자자들은 마침내 원코인의 주장들이 전부 사실이 아닐 수 있다고 눈치채기 시작했다. 위험 신호가 잦고 제대로 되지 않는 것이 너무 많았다. 비외른은 원코인에 블록체인이 없다고 밝혔다가 살해 협박을 수차례 받았지만 비외른의 말이 일부 투자자들에게는 최후의 결정타가 됐다. 사람들은 공황 상태에 빠지기 시작했다. 지금까지 원코인을 열심히 팔며 수익을 계산해왔던 많은 사람들은 그동안 사랑하는 사람과 자신이 속한 공동체에 사기를 홍보해왔다는 사실을 깨달았다.

원라이프는 이 사기극을 살려내기 위해 원코인이 외형적 가치를 지니고 있다고 사람들을 안심시켜야 했다. 하지만 거래소는 없어졌을뿐더러 딜셰이커는 주장과 달리 2019년까지도 딱히 글로벌 거래 플랫폼이 되지 못했고 날조된 숫자는 차치하더라도 사용자가 없어 보였다. 그리고 루자는 이미 2년째 도주 중이었다. 원라이프는 이 상황에서 루마니아의 한 불법 호텔에서 미인 대회를 개최하며 가짜 암호화폐 기업이 할 만한 일을 했다. 그곳에 갔던 제이미와 BBC 팀은 당혹스러움을 감추지 못했다고 한다.

원라이프가 주장하기로 〈미스 원라이프〉 미인 대회는 수백만 명이 시청하는 세계 최대의 행사이며, 스폰서인 로레알L'Oréal에서 암호화폐로 자금을 지원받는 최초의 미인 대회였다.[34] 그런데 아마도 주최 측이 원했던 행사는 아니었던 듯하다. 수많은 TV 중계용 카메라는 보이지 않았고, 로레알은 원라이프와 제휴를 맺고 있다는 사실을 전혀 모르는 듯 대회 웹사이트에서도 후에 로레알의 로고가 내려지면서 스폰서의 흔적을 어디에서도 찾을 수 없었지만,[35] 푸짐한 상금을 타려고 전 세계에서 날아온 30명의 아름다운 참가자는 있었다. 우승자는 미인 대회의 상으로서는 역사상 가장 기이할 법하게도 2만 유로 상당의 원코인과 성형수술 상품권 중에 선택할 수 있었다.[36]

돈은 어디로
갔을까?

원코인이 정확히 언제부터 돈이 바닥났는지는 모르지만 2017년 초에 이미 애로를 겪고 있었다. 원코인은 투자자들에게 막대한 수익을 안겨주겠다는 약속과 달리 그해 초부터 벌써 수익 출금 요청을 다 들어줄 수 없었다. 일부 판매원들은 몇 개월 동안 수익금을 지급받지 못했거나 출금할 수 없었다고 한다. 거의 영향을 받지 않은 판매원들도 있었지만 얼마 지나지 않아 받아야 하는 돈을 받지 못했다고 불평하는 사람이 대다수였다.

이 문제는 원코인이 감당할 수 없을 정도로 피라미드의 하위층을 강타했다. 만족스럽지 않은 판매원이 신규 투자금을 유치할 리 없었고 불만과 혹평이 쏟아졌다. 원코인은 불만 글이 올라오는 즉시 삭제했지만 여론은 분명했다. 원코인의 금고에는 투자자들과 판매원들에게 지급할 돈이 없었고 신규 투자금은 바싹 말랐다. 수십억 달러가 사라졌지만 루자와 원라이프 배후에 있는 주동자들이 돈을 얼마나 빼돌렸고 그 돈이 정확히 어디에 있는지는 아직도 모른다. [37]

스파이로
바뀐 애인

이 시기에 루자의 걱정거리는 이뿐만이 아니었다. 루자는 결혼을 했고 어린 딸이 있었다. 그녀는 삶에 좀 더 극적인 요소를 더하고 싶었는지 그녀가 돈을 빼돌릴 수 있도록 도왔던 미국 돈 세탁업자 길버트 아멘타Gilbert Armenta와 오랫동안 내연 관계에 있었다. 루자와 길버트는 각자의 배우자와 헤어지자는 이야기를 나눴고, 둘 사이에 낳을 자녀의 이름까지도 정해두었다.

길버트는 FBI의 수사를 받게 됐지만 루자에게는 크게 중요하지 않았다. 루자는 길버트가 아내를 버리고 자기와 함께할지 믿을 수 없어 걱정이었다. 2015년, 루자는 룩셈부르크의 일급 스파이를 고용해 개인 문제를 해결하려 했다. 루자는 아마 샌드스톤Sandstone이라는 사설 정보 회사를 운영한 프랭크 슈나이더Frank Schneider를 찾아간 듯하다. 루자의 남동생 콘스탄틴 이그나토브Konstantin Ignatov가 법정에서 일부 밝힌 바가 있으나 프랭크는 강력하게 부인하고 있다. 어쨌든 2017년 당시 루자의 가장 시급한 문제는 연애 사업이었다.[38]

아마 짝사랑이었던 듯한 불륜 관계의 두 범죄자 사이에서 나올 만한 전형적인 행동으로 루자는 프랭크의 사람 중 한 명을 시켜 길버트가 플로리다에서 부인과 함께 지내는 집의 아래층을 매입하고 천장에 구멍을 뚫어 돌아가는 상황을 들을 수 있게 마이크를 설치했다. 루자는 길버트가 아내와 하는 사적인 대화를 엿들을 계획이었고, 자신에게서 등을 돌림으로써 살 구멍을 만들려 했던 길버트가 이미 FBI에 협조하고 있다는 사실은 몰랐다. FBI는 길버트의 전화를 도청하여 루자와의 통화를 녹음했고,[39] 그중 하나에서 루자는 원코인에 개입된 '이 러시아인들'이 저지를 수 있는 일에 대해 길버트에게 경고했다.[40]

2017년 9월쯤 루자는 자신들이 곤경에 처했다는 것을 알았다. 같은 달, 길버트와의 전화 통화에서 무엇이든 원하는 대로 할 만큼 막강한 러시아 범죄 조직이 원코인에 연루되어 있다고 으름장을 놓았다. 루자는 겁먹은 듯했지만 아직 원코인의 문제가 어느 정도인지는 모르는 듯했다. 9월 말에 이르렀을 때 루자는 어느 쪽이 됐든 문제인 상황에 놓였다. 원코인은 허울을 유지하는 데 필요한 새 투자자들이 없어 수익금을 지급할 수 없는 와중에 범죄 조직은 다가오고 있었고 애인과 함께 달아나 아이들을 낳고 살겠다는 희망은 산산이 부서진 듯했다.

가짜
암호화폐여왕

　원코인의 문제가 쌓여갈수록 수사기관과 화난 투자자들은 이들의 실체에 다가가기 시작했다. 곧 루자에 관한 많은 것들이 가짜라는 사실이 밝혀졌다. 《포브스》잡지의 표지를 장식했다는 주장도 사실은 표지가 아니었다. 원코인이 《포브스》불가리아판에 게재한 유료 광고를 원라이프는 《포브스 인터내셔널》의 표지처럼 보이도록 꾸몄다.[41] 원코인은 이 페이지를 홍보용으로 대대적으로 쓰면서 광고일 뿐이라는 언급을 빠뜨렸다. 《이코노미스트》컨퍼런스에서의 연설도 원코인이 플래티넘 스폰서였기에 가능했었다.[42]

　원코인은 또한 실패한 프로젝트에서 유일하게 루자만 사라진 사건과는 거리가 멀었다. 2009년, 루자는 금속공인 아버지와 함께 어릴 적에 살던 곳과 가까운 독일 남부에서 제강소를 매입했다. 아버지는 장사에 일가견이 있었고 똑똑한 루자는 경영을 맡았다. 사업은 번창하여 공장에서는 140명의 충실한 노동자들이 일하며 지역의 140가구를 먹여 살리고 있었다. 그런데 2012년쯤 공장은 파산했다. 제이미 바틀릿과 BBC 조사 팀은 당시 공장 노동자들과 이야기를 나눴다. 공장에서 오래 일한 직원들이 모두 일자리를 잃었을 때, 루자는 비싼 포르쉐를 타고 다녔다고 한다.[43] 그녀는 한때 잘나가던 공장을 단기간에 파산시킨 24건의 사기 혐의로 유죄판결을 받았다. 루자는 직원들과 공급업자들에게서 돈을 횡령하고 금융 사기와 부당 회계를 저질렀을 뿐 아니라 공장 기계를 불가리아에 팔려고 했던 시도를 인정했고 집행유예 14개월을 선고받았다. [44] 공장 노동자들은 원코인으로 루자가 다시 나타날 때까지 다시는 루자의 소식을 듣지 못했고, 직접적으로 피해를 입지 않은 모든 사람들에게 이 문제는 단지 유감스러운 지난 일이었다.

'돈을 갖고 튀어라'대로 그녀는 사라졌다

루자가 숨은 이유가 원코인이 직면한 문제 때문이었는지, FBI가 자신을 수배 중임을 알아서인지, 애인과의 관계가 산산조각 나서인지 혹은 원코인이 연루된 범죄 조직으로부터 받은 압박 때문이었는지는 모른다. 단지 그녀는 마지막으로 라이언에어 비행기를 타고 그리스 아테네로 갔고, 그곳에서 러시아인들과 함께 차에 올라탄 이후 종적을 감췄다. 이 러시아인들이 길버트와의 통화에서 그녀가 경고했던 그 러시아인들이었을까? 아직까지 밝혀지지 않았다.

루자는 일찍이 원코인 공동 창립자와 출구 전략에 대해 논의한 적이 있었다. 그 첫 번째 전략은 이러했다. "돈을 갖고 튀어라. 책임은 다른 사람에게 덮어씌우고…"[45]

루자와 원코인에 대해 누구보다도 잘 아는 사람은 BBC 방송국의 히트작 〈사라진 암호화폐여왕〉 팟캐스트의 책임자이자 진행자인 제이미 바틀릿이다. 런던에서 열렸던 암호화폐 커리 클럽 행사에서 아주 흥미진진한 밀담을 들려줬던 그는 감사하게도 내가 이 책을 집필하는 동안 온라인상에서 나와 함께해 줬는데, 그가 전하려 한 말은 다음과 같다.

사람들은 어떻게 원코인이 암호화폐가 아니라는 의문을 품지 않았는가?

투자자의 99퍼센트가 다단계 판매원이거나 그 지인들이어서 비트코인과 피자 사나이(그는 2021년 현재, 최고점에서 5억 달러에 달했던 비트코인 1만 개로 도미노 피자 두 판을 사 먹을 수 있었다)에 대해서는 들어봤지만 암호화폐와 관련 기술에 대해서는 몰랐다.

다단계 판매원들은 보통 창립자가 박사 학위나 대기업 근무 경력이 있는지, 판매 사업자들이 좋은 차를 타는지를 중요하게 생각했다. 이들은 일반적으로 코드나 깃허브를 살펴보는 암호화폐 업계 사람들과는 다른 방식으로 신뢰를 구축했다.

대다수가 단순히 지인을 믿었다. 사람들은 비트코인을 비롯한 암호화폐가 만들어낸 막대한 수익에 눈이 멀어 원코인도 진짜라고 믿고 싶어 했다. 인간은 심리적으로 진실이라고 믿기로 결정했으면 이를 뒷받침하는 증거를 찾을 수 있다. 그리고 루자는 원코인을 믿고 싶어 하는 사람들에게 충분한 증거를 제공했다.

또한 원코인이 다른 암호화폐들보다 비교적 일찍 나왔다는 점에 주목해야 한다. 초창기에는 모든 암호화폐 프로젝트들이 사기라고 의심받

암호화폐 전쟁

왔다. 비트코인 지지자들은 이더리움을 사기라고 했고, 이더리움 지지자들은 비트코인을 사기라고 했다. 그 외 알트코인들은 모든 사람이 사기라고 여겼다. 그래서 원코인도 사기로 몰리는 여러 암호화폐 프로젝트 중 하나에 불과했고, 원코인을 사기라고 주장해봤자 별다른 반향을 일으키지 못했다. 또 원코인이 나왔을 때는 당연히 원코인이 사기라는 온갖 정보가 인터넷에 퍼지기 전이었다.

위험 신호가 매우 많았는데도 사람들은 왜 원코인을 계속 믿었나?

사람은 돈을 투자하면 심리적으로 이성적 사고가 차단되면서 사기에 당했다는 사실을 받아들이기 어려워한다. 그래서 많은 이들이 차마 현실을 인정하지 못하고 희망의 끈을 놓지 않았다.

또한 가족과 지인들까지 끌어들였다면 자신이 사기에 당한 사실을 인정하는 순간, 의도하지 않았다 하더라도 자신도 가족과 지인들에게 사기를 친 당사자가 된다는 사실도 인정해야 했다.

나누자면 네 부류의 사람들이 있었다.

- 사기인 줄 알았지만 상관없었던 피라미드 상위 계층.
- 사기를 의심했지만 굳이 알려고 하지 않았던 피라미드 중간 계층.
- 원코인과 원코인의 주장을 진심으로 믿었고, 사기로 밝혀졌을 때도 그 사실을 받아들일 수 없어 계속 믿는 척했던 피라미드 하위 계층.
- 사기인 줄 전혀 몰랐던 일부 사람들.

다단계 판매 사업자들은 다단계 사기를 수차례씩 저질러도 어떻게 교묘히 책임을 모면하는가?

피라미드의 상위 계층은 이미 돈을 많이 벌었기 때문에 무죄가 성립되도록 조언해주는 실력 있는 변호사를 고용한다. 세상이 꼭 공평하지만은 않다.

2015년, 사법기관은 원코인을 암호화폐라고 여겼다. 원코인에 대해 충분히 조사하지 않았으므로 당시 여타 암호화폐와 마찬가지로 원코인에 적용할 규제가 없다고 생각했다.

암호화폐 프로젝트의 수는 2015년에도 이미 매우 많아서 각국의 사법기관은 무엇을 해야 할지 어떤 프로젝트를 집중적으로 지켜봐야 할지 몰랐던 것 같다. 대부분의 나라에서 암호화폐에 대한 규제가 없었고, 아무도 어떤 기관이 규제를 담당해야 하는지 몰랐다.

다단계 판매 사업자들은 처벌을 받을까?

사법기관이 조사에 착수하더라도 이들이 사기임을 알았는지 몰랐는지를 증명하기는 어렵다. 다단계 판매 자체는 합법이므로 다소 애매한 영역에 있는 이들은 곤란한 상황에서 빠져나갈 수 있는 주장을 할 것이다.

루자는 살아 있을까?

30~40퍼센트의 확률로 죽었을 수도 있지만, 살아 있을 가능성이 크다. 루자를 없애고자 하는 사람들이 있기는 해도 막대한 돈을 갖고 있는

루자에게 돈은 곧 힘이다.

원코인의 진짜 배후 인물은 마피아나 범죄 조직일까? 범죄 조직이라면 언제부터 개입했을까? 처음부터일까 혹은 규모가 커지고 나서였을까?

원코인은 처음부터 마약 거래 등의 돈세탁을 위한 허울이었을 가능성이 있다. 진짜 이유는 그랬을지도 모른다. 하지만 개인적으로는 루자와 서배스천이 반반씩 아이디어를 내면서 시작했다고 생각한다. 루자는 암호화폐와 관련된 일을 계획했고, 여기에 서배스천의 다단계 경험이 더해졌다. 범죄 조직은 이후에 개입됐을 듯하다.

계획된 사기였을까, 아니면 의도하지 않았지만 감당할 수 없을 만큼 상황이 커진 것일까?

계획된 사기였을 수도 아니었을 수도 있다. 이를 밝히기는 어렵다. 루자는 수많은 사람들에게 큰 영향을 끼친 끔찍한 일을 저질렀는데, 이는 전례가 없었던 암호화폐와 다단계의 결합 때문이었다. 암호화폐에 다단계를 접목하여 광범위하고 빠르게 팔리는 돈벌이 상품을 만든 것은 루자의 생각이었다. 그런데 상황이 감당할 수 없을 만큼 커졌다.

처음에는 가능한 한 수습해보려 했지만 나중에는 통제력을 잃으며 처음 예상보다 상황이 훨씬 커진 듯하다. 그런 면에서 여러 ICO 프로젝트와 다소 유사하다. 일부 프로젝트는 애초에 사기였던 반면, 일부는 창립자의 능력이 부족했고 예상보다 더욱 일이 커지면서 사기처럼 변했다.

다른 암호화폐 사기와 마찬가지로 원코인도 흑백 논리로 나눌 수 없다고 생각한다. 처음에는 원코인을 진심으로 믿었다가 후에 혼란스러워한 사람들도 있었다. 이것은 원코인에서 다단계라는 요소가 매우 중요하게 작용했음을 뜻한다. 일확천금을 벌게 해주겠다는 원코인의 대단한 약속과는 달리 피라미드의 99퍼센트에 해당하는 사람들은 한 푼도 벌지 못하는데도 희망을 잃지 않고 약속을 믿고 싶어 한다.

사기는
계속된다

언젠가 원코인의 거래가 완전히 중단된다 하더라도 그 피해는 돌이킬 수 없다. 2016년 말, 원코인의 일부 핵심 인물들이 원코인을 떠났고, 소셜미디어 등 인터넷에서 본 글로 미루어 이들은 원코인 사기의 복사판이나 마찬가지인 신규 암호화폐 대그코인Dagcoin의 배후에 있는 것으로 보인다.[46] 투자를 통해 고수익을 낼 수 있다고 하면서 다단계 판매원들만 홍보의 대가로 고수익을 내는 대그코인은 다단계 네트워크 석세스 팩토리Success Factory를 통해 교육용 패키지를 판매한다. 석세스 팩토리와 대그코인은 인터넷 곳곳에서 투자자 커뮤니티를 확보하고 있으며, 그중 가장 활발한 페이스북 커뮤니티에는 이들의 과장된 주장을 진심으로 믿거나 너무 간절히 바라는 나머지 의심하지 못하는 투자자들로 넘쳐난다. 아직 아무것도 밝혀진 바는 없지만 여러 목격자들에 따르면 대그코인은 원코인의 복사판이라 할 정도로 노골적인 폰지 사기이며[47] 사기로 돈을 잃으리라 생각지 못하는 투자자들을 빠르게 모으고 있다.

원코인 피해자들에게서 수천만 유로를 벌어들인 프로모터 이호르 알버르츠는 원코인이 사기임을 알고는 안드레아와 원코인을 떠났다고 한다. 이후 원코인에 대한 수사가 시작됐을 때 그는 자신의 다단계 팀을 이끌고 대그코인으로 갔다. 그들은 현재 대그코인의 최대 프로모터들로 매달 160만 달러를 벌어들이고 있다.[48] 대그코인과 원코인이 얼마나 유사한지 알고 싶다면 대그코인의 페이스북 커뮤니티를 확인해보면 된다. 거기에서 이런 다단계 사기가 어떻게 성장할 수 있는지에 대해 놀라운 통찰력을 얻을 수 있을 것이다.

원코인의 주동자들은 감옥에 있거나 재판을 기다리고 있으며, 루자의 행방은 여전히 오리무중이다. 다단계 판매원과 종교 지도자에게 속은 최빈국의 수많은 사람들을 비롯해 전 세계 수백만 명이 자신들의 전 재산이기도 했던 돈을 되찾지 못할 것이다.

4장

비트커넥트

알 수 없는
최상의 거래 시스템과
2차 폰지 사기

허풍과 키워드,
또 다른 암호화폐

매달 새로운 암호화폐가 ICO를 통해 공개됐다. 2016년 2월에 공개되어 가장 많은 사람에게 영향을 끼친 암호화폐는 한 스타트업이 난데없이 나타나 공개한, 당시로서는 생소한 이름의 비트커넥트_{Bitconnect}였다. 수많은 ICO 프로젝트들처럼 비트커넥트는 회사 웹사이트나 마케팅 활동에서 딱히 이렇다 할 정보를 제공하지 않았다. 누가 프로젝트를 진행하는지도 밝히지 않아 팀은 베일에 싸여 있었고, 프로젝트의 취지는 분명하지 않았다.

웹사이트에는 이렇게만 나와 있었다.

"비트커넥트 코인은 커뮤니티가 주도하는 오픈 소스 기반의 탈중앙화된 P2P(개인 간 거래) 암호화폐이며, 사용자는 자산을 탈정부 화폐로 저장 및 투자할 수 있고 투자금에 대해 상당한 이자도 받을 수 있습니다. 즉, 지갑에 비트커넥트 코인을 보유한 사람은 네트워크의 보안 유지를 도와준 대가로 코인 보유분에 따라 이자를 받습니다."[1]

별 내용은 없고 암호화폐 관련 키워드만 잔뜩 나열되어 있다. 사실 이 단락만이 아니라 비트커넥트와 관련해 공개된 모든 정보는 어떤 내용도 없는 허풍에 불과했다. 이 코인의 보유자는 상당한 이자를 받게 된다고 하는데, 네트워크의 보안 유지를 통해 어떻게 해서 그런 이자를 받는지 불분명한 데다 기술적으로도 말이 되지 않는다. 그럼에도 불구하고 비트커넥트는 41만 달러 상당의 비트코인을 모금했다. 수백만 달러의 '묻지 마' 투자금이 쏟아졌던 2017년 암호화폐 버블기가 오기 전이었지만, 사람들이 어디에 투자하는지도 모르고 돈을 투자했다는 점을 생각하면 여전히 큰 액수였다.

제프 베이조스보다
9만 5751.58배 부자

2017년 초쯤 비트커넥트는 웹사이트에 비트코인 거래용 자체 변동성 거래 시스템을 개발했다고 전하며 대출 플랫폼의 출시 소식도 알렸다. 비트커넥트 사용자들은 어떤 거래도 할 필요가 없었다. 그저 보유한 비트커넥트 코인을 다시 비트커넥트에 빌려주기만 하면 됐다. 그럼 비트커넥트는 자체 거래 시스템으로 비트코인을 거래해 비트코인의 가격 변동성에서 창출한 수익을 대출자와 비트커넥트가 나눠 가질 수 있도록 했다. 거래 행위 자체가 위험성이 크다는 말은 쏙 빠져 있으며, 어째서 이런 일이 가능한지 혹은 약속한 '상당한 이자'를 비트커넥트 보유자에게 주기 위해 거래 시스템은 어떻게 매일 수익을 낼 수 있는지에 대한 설명은 없었다.

비트커넥트 보유자는 비트커넥트 플랫폼에 최소 100달러 이상의 돈을 대출해줄 수 있었고, 그러면 거래 시스템은 이 코인으로 비트코인을 거래하여 마술처럼 보장된 수익을 낼 것이었다. 투자자들의 코인은 120일에서 299일간 록업lock-up(보유한 주식이나 암호화폐를 일정 기간 매도하지 못하게 하는 제도 - 옮긴이)에 걸려야 했다. [2] 펀드매니저는 일정 기간 동안 돈을 확보해야 고객들에게 최고의 수익을 내어줄 가장 좋은 기회를 잡을 수 있으므로 투자에서는 록업이 일반적이지만, 투자자들은 수수료를 내고라도 투자금을 회수할 수 있어야 한다. 그런데 매일 수익을 낸다는 비트커넥트의 거래 시스템에 왜 그렇게 긴 록업 기간이 반드시 필요한지는 의문이다. 투자자들의 코인을 강제로 묶어두는 것은 비트커넥트가 투자자에게 돈을 돌려주지 않고 계속 보유하겠다는 인상을 준다. 돈이나 코인의 록업은 폰지 사기에서 사용되는 전형적인 수단으로 이쯤에서 경고 알람을 들었어야 했다.

비트커넥트는 마케팅을 벌일 때 누구나 비트커넥트 코인을 사서 다시 비트커넥트 플랫폼에 빌려주면 매일 이례적인 고수익을 내준다고 대대적으로 홍보했다. 대부분의 산업에서 투자금 대비 연 5~10퍼센트의 수익은 매우 괜찮은 수준이다. 비트커넥트는 투자 금액에 따라 월 47.5퍼센트 혹은 연 최대 570퍼센트를 이자로 준다고 했다. 이중 연 90퍼센트의 이자는 보장되어 있었다.[3] 게다가 이 이자를 플랫폼에 계속 놔두면 초기 투자금과 합산되어 투자금뿐 아니라 이자에 대한 이자도 받을 수 있었다.[4] 매일 받는 이자를 사용자들이 플랫폼에 재투자했을 때 얻는 수익을 인터넷에 있는 아무 복리 계산기로[5] 계산해보면 터무니없는 숫자를 바로 확인할 수 있다.

100달러를 복리로 투자할 경우, 1년 후면 1만 1776달러 75센트가 된다.

1010달러를 복리로 투자할 경우, 1년 후면 16만 9663달러 50센트가 된다.

1만 10달러를 복리로 투자할 경우, 1년 후면 286만 2743달러 59센트가 된다. 280만 달러가 넘는 금액이다.

1만 10달러를 이렇게 5년 동안 투자하면 1경 9150조 3161억 6294만 756달러가 된다.

현재 지구상에서 가장 부자인 제프 베이조스Jeff Bezos는 수개월 간의 코로나19 봉쇄 조치로 아마존이 막대한 부를 쌓으며 세계 부의 지표에 한 획을 그었고, 그 결과 순자산이 2000억 달러를 갓 넘는다.[6] 그런데 위의 복리 속도대로라면 제프 베이조스는 비트커넥트에 1만 10달러를 5년간 투자한 사람에 비해 매우 가난해 보인다. 이들은 제프 베이조스보다 대략 9만 5751.58배 부자인 셈이다.

현실성
확인

"너무 좋아 보여서 거짓일 것 같은 것은 아마 거짓이 맞다"는 말이 있다. 시간을 내서 이 숫자들을 분석해본 사람이라면 이러한 수익은 장기적으로 지속 불가능하다는 생각이 들었을 것이다. 비트커넥트는 자체 거래 시스템에 대한 모호한 설명 외에는 어떻게 이런 믿기 어려운 수익을 낼 수 있는지에 대해 분명히 밝히지 않았다.

전 세계에서 손꼽히는 투자은행과 헤지펀드사는 세계 최고의 프로그래머와 트레이더, 분석가를 고용하고 최고의 거래 알고리즘을 개발하기 위해 돈을 아낌없이 투자한다. 연 수백 퍼센트의 수익은 고사하고 시장 상황과 상관없이 결과를 보장했던 펀드사나 트레이더는 없다. 누가 만들었는지도 모르는 비트커넥트의 알 수 없는 최상의 거래 시스템이 어떻게 그런 보장된 수익을 내는지는 알려진 바가 없었다. 만약 이 거래 시스템이 비트커넥트의 주장대로 특정 퍼센트의 수익을 정말 보장한다면, 시스템을 만든 사람들이 이를 누구와 공유하려 하지 않았을 것이다. 자체 거래 시스템으로 자기들이 수익을 재투자했더라면 몇 년 내로 단연코 지구상에서 가장 부자가 됐을 테니 수익 공유는 그들에게 절대 좋을 리가 없다.

비트커넥트의 주장이 다소 비현실적이라고 의심하는 사람도 있었지만, 대부분은 딱히 의문을 품지 않는 듯했다. 비트커넥트의 초기 투자자들은 돈을 벌어 만족스러웠는지, 아니면 거래 시스템을 정말 믿었는지 아무 의문도 제기하지 않았다.

무용지물이거나 무가치하거나

이때쯤 비트커넥트는 세계에서 인정받는 디지털화폐 비트코인을 비트커넥트 코인으로 거래할 수 있는 자체 거래소를 출시했고, 사람들은 이 비트커넥트 코인을 해당 플랫폼에 빌려주어 수익을 낼 수 있었다. 비트코인과 비트커넥트 간 거래의 대다수는 비트커넥트 자체 거래소에서 이뤄졌고, 수익을 현금화하려면 높은 수수료를 내야 했다. 사실 비트커넥트는 이 수수료에서 상당한 수익을 올렸다. 일부 사람들은 비트커넥트가 비트코인 거래를 통해서가 아니라 이 수수료로 돈을 번다고 생각했지만 대개 그 이상의 의문은 품지 않았다.

비트커넥트는 비트코인과 거래할 수 있는 것 외에 아무 쓸모도 가치도 없었다. 오로지 가격이 오르기를 바라며 코인을 보유하거나 플랫폼에 빌려줄 수만 있었다.

비트커넥트 초기 투자자들이 코인을 플랫폼에 빌려주고 실제로 매일 1퍼센트의 이자를 받았다는 소문이 났다. 당연히 이런 수익은 지속 가능하지 않았지만, 투자자들은 암호화폐 시장에서 사람들을 부자로 만들었던 '대박'들을 목격했으므로 이렇게 꾸준히 수익을 낸다면 대박에 맞먹는 수익도 쉽게 낼 수 있겠다고 생각했다.

꽤 명백한 위험 신호가 여러 가지 있었지만 사람들은 비트커넥트로 끊임없이 모여들었고 일단 투자를 하고 나면 후한 추천 보상을 받고자 주위 모든 사람들에게 비트커넥트를 전파했다.

거대
피라미드

여러 암호화폐 사기에는 공통점이 있다. 사기 프로젝트들은 장기적인 관점을 가진 기업이 아니다. 이들은 단기간에 가능한 한 많은 돈을 끌어모은 다음 잡히지 않기만을 바라며 회사 문을 닫고 도망친다. 그러기 위해서 사기 프로젝트들은 원코인과 마찬가지로 사람들이 기를 쓰고 투자하게 해야 한다. 특히나 실제로 아무 활용도나 합리성이 없는 프로젝트라면 때로 기존의 마케팅으로는 부족하다. 거대 암호화폐 사기 중 다수가 사실상 폰지 사기이며, 가치를 지닌 상품을 팔아서 돈이 생기는 게 아니라 다음 투자자에게서 융통된 돈으로 프로젝트를 유지해가게 된다. 그러니 프로젝트는 신규 투자자를 끌어오기 위해 높은 소개료를 지급하고 홍보를 위해서는 크게 노력하지 않아도 투자자들이 알아서 다 하는 구조가 됐다.

비트커넥트는 사기 전문 프로모터들을 영입하고 플랫폼을 홍보하는 암호화폐 업계의 유명 유튜버도 활용해 수백만 달러를 잃게 될 수천 명의 피해자들을 끌어들였다. 안타깝게도 이런 유튜버들은 이상하리만큼 사람들이 돈을 잃게 만드는 재주가 있었다. 사람들은 이런 유튜브 채널에서 홍보하는 수익을 믿었다. 프로모터들은 자신들이 유치한 투자금에서 일정 부분을 수수료로 받았다. 이런 유명인사나 유튜버들 중 많은 수가 아직도 자유롭게 활동하며 또 다른 사기 프로젝트를 홍보하기도 한다.

다시 한번 말하지만 원코인과 마찬가지로 암호화폐 폰지 사기는 공통적으로 돈이 되면 무엇이든 팔려고 하는 이름난 다단계 사기꾼과 유명인사들을 고용한다. 유튜버들은 구독자에게 수익 인증을 하면서 돈을 얼마나 많이 벌었는지 자랑했다. 하지만 비트커넥트에서 얻는 막대한 수익의 대부분이 신규 투자자를 유치할 때 받는 수수료라는 점은 언급하지 않았다. 수천, 수만 명의 비트커넥트 투자자들은 높은 추천 보상금을 받기 위해 지인과 가족도 투자하도록 끌어들였다. 대부분은 나쁜 의도 없이 비트커넥트를 정말 믿어서 약속대로 수익을 받을 것이라 생각했으며, 적어도 초반에 비트커넥트를 추천한 많은 이들은 비트커넥트가 사기인 줄 몰랐을 것이다.

원코인과 앞으로 이야기할 플러스토큰PlusToken의 사례처럼 암호화폐 사기는 흔히 폰지 사기 형태로 돈을 끌어모았다. 여타 암호화폐 사기와 마찬가지로 비트커넥트의 추천 보상 구조는 피라미드 모양을 띠었다. 프로모터나 유명인사는 신규 투자자를 직접 유치할 때마다 투자금의 7퍼센트를 수수료로 받았고, 그 신규 투자자가 누군가를 데려왔을 때도 새로 들어온 투자금의 3퍼센트를 받았다. 이렇게 피라미드 꼭대기에서 밑으로 7단계까지 내려가며 소개의 소개로 들어온 사람들의 투자금 중 일정 부분을 가져갔다. 원코인과 다단계의 수익 구조처럼 피라미드 구조의 문제는 가장 영향력 있고 가장 일찍 참여한 사람들만 돈을 아주 많이 번다는 것이다. 수백만 달러에 달하는 수수료 수입은 비트커넥트에서 놀랄 일도 아니었다.

비트커넥트의 고수익 보장과 피라미드형 소개 구조를 들은 사람들은 이내 비트커넥트가 피라미드 사기나 폰지 사기와 매한가지로 보였다. 경험이 많은 암호화폐 투자자들은 이런 사기들을 많이 보았기에 이 피라미드 구조에 대해 수차례 지적했다. 슬프게도 조언에 귀 기울이기보다 투자금을 늘릴 생각만 했던 간절한 투자자들은 이런 우려의 목소리를 듣지 못했다.

사기
광고

비트커넥트는 투자금의 10퍼센트를 마케팅 비용으로 책정했고, 특히 홍보 활동에 집중적으로 사용했다. 투자자만을 위한 호화 행사를 열고, 프로모터들에게 보상금을 지급하고, 유튜브와 페이스북, 구글에 광고비로 수십만 달러를 썼다. 유출된 채팅 내용에 따르면 미국 내 최대 프로모터는 한때 매주 약 700만 달러의 투자금을 유치했고 미국 내에 사기 프로젝트를 광고하는 데 매주 70만 달러를 썼다.[7]

물론 투자금의 10퍼센트가 마케팅에 쓰인다는 사실을 투자자들은 몰랐다. 비트커넥트 운영진에게는 신규 투자자를 끌어들이기 위한 비장의 무기들이 더 있었다. 2017년 말쯤 많은 사람들이 비트커넥트를 의심하는 목소리를 내기 시작하자, 비트커넥트는 투자자에게는 깊은 인상을 심어주면서 열정적인 프로모터에게는 동기를 부여하고 충성심을 갖게 할 야심 찬 일을 벌여야 했다.

슈퍼카, 디스코 조명, 시끌벅적한 음악과 비트커넥트 송song까지⋯ 무엇이 문제랴?

2017년 10월 28일, 온갖 잘못된 요소들로 가득한 한 영상이 유튜브와 암호화폐 업계에서 인기를 끌었다.

이날, 타이의 파타야 해변이 뒤로 펼쳐지는 호화로운 행사장인 파타야 전시 컨벤션 센터에서 한 시상식이 열렸다. 비트커넥트의 ICO 1주년을 축하하는 행사였다. 아낌없이 돈을 쏟아부은 이 행사에서는 댄서, 가수, 드러머 등 뮤지션들의 공연과 검술 겨루기 시범, 갈라 디너 파티, 시상식이 펼쳐졌다. 심지어 유명 오디션 프로그램 〈타일랜드 갓 탤런트Thailand's Got Talent〉의 우승자 쿠 링Ku Ling도 무대에 올라 빨간 비단천에 다리를 매달고 공중 곡예를 선보였다.

이날 저녁은 비트커넥트의 가장 적극적인 지지자들을 화려하게 축하하는 시간이었다. 비트커넥트로 신규 투자자를 많이 데려온 상위 프로모터와 유튜버는 1만 달러 상당의 비트커넥트 코인을 받았고, 그 중에서도 일곱 명은 각각 5만 달러 상당의 코인을 받았다. 무대 중앙에서 스포트라이트를 받으며 반짝였던 다섯 대의 슈퍼카인 포르쉐 911 카레라S, 메르세데스 벤츠 GTS, 애스턴마틴 밴티지, 페라리 캘리포니아, 람보르기니 우라칸은 요란한 시상식과 함께 가장 활발하게 활동하는 다섯 명의 프로모터에게 돌아갔다. 비트커넥트는 프로모터들의 활약상을 세상에 보여주고 싶었다. 사기 행각을 계속 이어나갈 수 있도록 더 많은 프로모터가 필요했고, 멋진 신차들을 나눠주는 것보다 더 좋은 동기부여는 없었다. 시상은 일명 '마이클 크립토Michael Crypto'로 통했던 남자가 했다. 터무니없는 슈퍼카 시상식 영상은 구글에서 '비트커넥트 파타야 슈퍼카 행사Bitconnect's Pattaya supercar event'를 검색하면 쉽게 찾을 수 있다.[8]

무대에 오른 사람들은 비트커넥트 투자로 자신들의 삶이 얼마나 바뀌었는지 이야기했다. 비트커넥트 가격이 20센트였을 때 투자한 한 인도 남성은 급등한 가격과 복리 이자 덕분에 몇 개월이 지난 지금 하루에 2만 달러를 벌고 있다고 했다. 몇 개월 전 비트커넥트에 투자한 뉴욕 출신 카를로스 마토스Carlos Matos는 행사에서 핵심 역할을 맡았다. 쇼맨십이 좋은 카를로스는 청중을 자극하는 데 능했다. 그는 2만 6000달러를 투자하여 구매한 코인이 현재 14만 달러가 됐고[9] 투자한 지 137일 만에 매일 1400달러씩 벌고 있다고 하면서 비트커넥트가 그의 삶을 바꿨고 세상까지 이미 바꾸고 있다고 말했다.[10]

행사장에 있는 사람들 모두가 볼 수 있을 만큼 커다랗게 'Visa'라고 적힌 초대형 크기의 신용카드가 무대 위로 등장했다. 무대 위에 있던 사람들은 비트커넥트 관계자들과 함께 춤을 추며 대형 카드를 모든 사람들이 볼 수 있도록 높이 들어 올렸다. 분명 자발적인 행동이라기보다 비트커넥트 측으로부터 부탁이나 돈을 받았을 테지만 비트커넥트는 이런 사실까지 알리지는 않았다. 그다음 초대형 크기의 ATM 기기가 무대 위로 등장하고 예상대로 초대형 '스마트카드'가 삽입되더니 진짜 지폐가 청중들 머리 위로 뿌려지면서 비트커넥트의 새로운 스마트카드를 사용하면 보편화되고 있는 비트커넥트 코인으로 무엇이든 결제할 수 있다는 안내 음성이 나왔다. 카드 발급 신청은 그해 12월 1일에 시작된다고 했지만 비자카드사가 비트커넥트와 제휴를 맺었다는 증거는 없었다.

비트커넥트는 그날 밤 음악 앨범도 출시했다. 기억하기 쉽게 만들었다는 대표곡은 힙합풍의 저급한 노래였고 비트커넥트를 주제로 한 이 노래 '우리에게는 좋은 게 있지, 대단한 거야'를 10대들이 춤을 추며 불렀다.[11] 암호화폐 기업이 자체 음악 앨범을 내는 일이 적절한지는 모르겠지만, 자동차, 돈, 춤, 디스코 조명에 자체 노래까지, 그들에겐 문제될 것이 없어 보였다.

비트커넥트는 사람들을 행사에 오게 하기 위해 항공권과 숙소를 제공했다. 투자를 위한 좋은 장려책이었다. 비트커넥트 플랫폼에 한 번에 2만 달러 이상을 투자했거나 행사 개최를 알린 다음 달에라도 투자를 할 사람들은 우편으로 개별 초대장을 받았다. 타이로 올 경우 비트커넥트가 항공권과 호텔 비용을 환급해주므로 영국에서 가는 사람들은 2000파운드를 돌려받는 것이었다. 전 세계에서 2000명의 사람들이 타이의 컨퍼런스 센터로 날아갔고, 대부분은 공짜 여행이 아니었지만 행사에 참석하는 자체로도 영광스럽게 생각하며 즐거워했다. 이제는 끝난 사기 사건의 홍보 행사를 통해 혜안을 얻고 싶다면 4시간에 걸쳐 생중계된 이 흥미로운 행사 장면이 여전히 유튜브에 남아 있으니 찾아보면 된다.

카를로스는 이날 밤 자신의 이름을 알렸다. 끝나지 않는 고음의 "비트커네에에에~~엑트"를 반복해서 질러대는 그의 영상은 암호화폐 업계에서 큰 반향을 일으켰고 수십억 달러 규모의 암호화폐 폰지 사기를 상징하는 인터넷 '짤'로 영원히 남게 됐다. 이 영상은 유튜브에서 그의 이름과 '비트커넥트 연례 행사Bitconnect annual ceremony'를 검색하면 볼 수 있다.

비트커넥트를 홍보하기 위한 수단으로서 이 행사는 효과가 있는 듯했다. 딱 한 달 후인 2017년 11월에는 캘리포니아 산타클라라Santa Clara에서 열린 〈북미 블록체인 엑스포Blockchain Expo North America〉에서 전용 요트를 빌려 비트커넥트 플랫폼에 1000달러를 투자하는 사람들을 대상으로 선상 파티를 열자 투자자가 확실히 더 늘었다. 비트커넥트는 샌프란시스코 금문교 밑을 지나는 무료 요트 투어와 실리콘밸리 북쪽 포도밭에서 진행하는 와이너리 투어를 제공했다. 이런 비용은 인당 1000달러를 끌어오기 위한 푼돈에 불과했고 꽤 현명한 마케팅이었다. [12]

그 외 경고
신호들

비트커넥트에는 경고 신호를 듣고자 한 사람이면 들을 수 있는 신호가 몇 가지 더 있었다. 다른 투자 플랫폼과는 다르게 비트커넥트 웹사이트에는 법률상 반드시 알려야 하는 투자 위험성에 대한 경고 문구가 전혀 없었다.

웹사이트의 글은 철자나 문법도 엉망이었다. 영어가 모국어가 아니더라도 온라인 문법 검사기를 사용해 웹사이트의 품질을 점검해보거나 영어 원어민을 고용해 아주 기초적인 실수를 비교적 저렴하게 바로잡을 수 있다. 인터넷에는 이런 서비스를 제공하는 사이트와 프리랜서들이 차고 넘친다. 아마 웹사이트를 만든 회사가 매일 고수익을 보장하는 세계 최고의 거래 시스템을 만들 수 있고 수십억 달러의 자산을 갖고 있다면 특히 쉬웠을 일이다. 하지만 도무지 이해할 수 없게도 비트커넥트는 웹사이트 내용에 대해 철자 검사조차 하지 않은 듯하다.

또한 자체 거래 시스템이 실제로 존재하는지에 대해 어떠한 증명도 하지 않았다. 거래 시스템이 비트커넥트가 제공하는 투자 상품의 핵심이라는 점을 생각하면 그 존재를 사람들에게 증명하기 위해 조금 더 노력을 했을 것 같겠지만 아니었다.

분명히 울리고 있는 위험 신호를 들으려 한 사람들에게는 일찍이 들렸겠지만, 비트커넥트는 투자자들에게 어떻게 수익을 낼 것인지 제시하려고 하기보다는 투자금을 유치하는 데에만 여념이 없어 보였다.

경고
알람

다행히도 오래 걸리지 않아 암호화폐 업계에서 나온 경고 메시지가 각국 사법기관에 전해졌다. 2017년 11월 7일, 비트커넥트는 ICO를 진행한 지 1년이 다 되어갈 때쯤 영국 기업등록소Companies House(영국에서 설립되는 모든 기업의 정보를 관리하는 정부 기관 - 옮긴이)에서 제명 통지를 받았다.[13] 비트커넥트는 합법성을 증명하지 못하면 회사 지분 75퍼센트를 가진 켄 피츠시몬스Ken Fitzsimmons의 이름으로 등록해둔 영국 사무실을 2개월 후에 닫아야 했다.[14] 켄 피츠시몬스는 비트커넥트의 사이트나 관련된 곳 어디에서도 찾을 수 없는 이름이다. 아마 그들의 거래 시스템만큼이나 날조된 것으로 짐작된다.

비트커넥트는 한동안 아무 일도 없는 듯 행동했다. 일부 투자자들은 걱정하기 시작했지만, 비트커넥트는 지사인 비트커넥트 유한책임회사Bitconnect Ltd에 어떠한 법적 조치가 취해지더라도 본사인 비트커넥트 인터내셔널 공개회사Bitconnect International Plc에는 영향이 없다고 말하며 코인을 계속 사도록 투자자들을 안심시켰다.[15] 그들은 위법 행위 사실을 일절 부정하며 검색엔진이나 소셜미디어에 부정적인 말이나 법률과 관련된 언급들보다 다른 내용이 상위 검색어를 차지하도록 하는 데 매진했다.[16] 한동안은 이 전략이 통했다. 투자자들의 광적인 매수가 이어지면서 불과 1년 전만 해도 17센트였던 비트커넥트 코인은 최대 463달러까지 올라갔다.[17]

2018년 1월 초, 미국 텍사스주와 노스캐롤라이나주가 비트커넥트를 상대로 불법 증권을 판매한 혐의로 기소했다. 증권은 합법적으로 판매할 수 있는 자산 종류이지만, 규제 기관의 엄격한 감사를 거쳐 허가를 받은 회사에서 증권 투자에 대해 잘 알고 손실이 나도 감당할 수 있는 노련한 투자자 혹은 전문 투자자에게만 판매할 수 있다. 미승인 증권 판매는 법적으로 절대 허용되지 않지만 많은 ICO 프로젝트들이 이를 몰랐거나 규제가 있는지를 딱히 찾아보려 하지 않았다. 혹은 당시 암호화폐에 대한 규제는 없었으므로 어떻게든 괜찮을 것이라 생각했다. 역시나 규제를 전혀 따르지 않았던 비트커넥트는 암호화폐나 투자에 미숙하고 쉽게 속을 만한 사람들에게 코인을 홍보했다.

비트커넥트는 먼저 텍사스주 증권위원회Texas State Securities Board에서,[18] 그다음 노스캐롤라이나주 증권국North Carolina Securities Division에서[19] 차례로 코인 판매를 즉시 중단하도록 하는 영업 정지 명령을 받았다. 공개적인 법적 조치가 취해지자 비트커넥트를 홍보했던 주요 유튜버들조차 명예가 실추될까 봐 비트커넥트와 거리를 두면서 관계를 끊기 시작했다.[20] 비트커넥트는 곧 웹사이트만 남겨두고 자체 거래소 폐쇄와 대출 서비스 중단을 알리는 성명서를 발표했다. 언론이 플랫폼에 대한 불신을 양산하고 있으며, 미국 두 개 주에서 영업 정지 명령을 받았고, 디도스DDoS 공격(웹사이트가 서비스를 제공할 수 없도록 마비시키는 비교적 흔한 해킹 기법)을 받고 있다는 점을 이유로 들었다. 비트커넥트는 이런 문제들로 플랫폼이 불안정해지고 비트커넥트 커뮤니티 내에 혼란이 가중되고 있다고 했지만[21] 그다지 말이 되지는 않았다. 자체 거래 시스템이 최고라고 자부한다면 언론이 뭐라고 하든 플랫폼이 영향을 받지는 않았어야 했다. 매일 보장된 수익을 낼 수 있다는 등 그들의 주장대로라면 비트커넥트는 투자자나 대중의 신뢰가 전혀 필요하지 않다. 자체 자금으로 거래를 하면 되고, 그 결과가 주장을 대변해줬을 것이다. 또한 디도스 공격은 모의 해킹 등을 통해 사이버 보안 시스템을 철저하게 구축하면 막을 수 있다. 시가 총액이 최대 28억 달러였고 40억 달러까지 오르리라 예상됐던 기업이라면 10억 달러의 기업가치를 지닌 다른 유니콘 기업과 동일한 수준의 사이버 보안 시스템을 문제없이 구축할 수 있었을 것이다. 그러므로 비트커넥트의 말은 앞뒤가 맞지 않았다.

거래소 폐쇄 발표 이후, 암호화폐 역사상 최대 폭락이 순식간에 일어났다.

대폭락

비트커넥트의 폭락으로 돈을 잃은 사람은 비트커넥트 운영진이 아니었다. 2017년 12월, 비트커넥트 코인 대량 매도가 수차례 있었는데, 그 시작으로 12월 8일 3억 달러 상당의 코인이 매도되면서 가격이

450달러에서 365달러로 급락했다. 투자자들은 재빨리 코인을 다시 사들여 종전 최고가를 회복했다. 12월 17일 비트커넥트의 가격이 다시 급락하면서 457달러로 거의 최고가에 달했던 가격은 12월 25일 크리스마스에 220달러까지 떨어졌다. 이 주에만 9억 달러가 차트에서 사라졌다. 투자자들을 두려움에 떨게 했던 이 마지막 급락 이후, 추정상 비트커넥트는 신규 투자자를 끌어들이려고 대량 매도를 통해 확보한 현금 중 일부를 사용하여 소셜미디어에서 마케팅을 펼쳤다. 투자자들은 변덕스러운 비트커넥트에 믿음을 되찾으며 코인을 다시 사들였다. 하지만 본격적인 매도는 이제 시작됐다. 개당 463달러로 사상 최고가를 경신했던 12월 30일부터 이례적으로 많은 매도 물량이 나왔다. 투자자들은 일주일 동안 코인을 계속 사들였지만, 두 차례나 다시 반등했던 비트커넥트의 가격 하락은 막을 수 없을 것 같았다.[22]

며칠간 비트커넥트의 가치는 최고가에 가까웠던 450달러에서 천천히 300달러 정도로 떨어졌다. 투자자들은 공황 상태에 빠졌지만, 대부분 새로운 저점에서 사람들이 다시 코인을 매수하기를 예상했거나 그렇게 희망하며 코인을 계속 보유했다. 대개 어찌해야 할 바를 몰랐으므로 그저 일시적 매도나 사소한 시스템 장애에 따른 급락으로 가격이 다시 회복되기를 바라며 걱정스럽게 시장을 주시했다. 하지만 2018년 1월 15일, 가격이 수직 낙하하기 시작하더니 비트커넥트는 하루 새 87퍼센트 폭락했다. 1월 16일, 평생 모은 돈과 사업 대출금, 주택 재저당금을 쏟아부은 것도 모자라 신용카드 최대한도까지 끌어 쓰고 가족과 지인에게 구매를 설득했던 코인은 수많은 이들이 매수할 당시 400달러를 훨씬 웃돌았던 가격에서 갑자기 11달러가 됐고, 이날 투자자들은 초기 투자금의 97퍼센트 이상을 잃으며 최악의 악몽과도 같은 아침을 맞이했다. 시가 총액은 28억 달러에서 두 시간 만에 15억 달러가 날아가며 1200만 달러까지 주저앉았다.

1월 17일, 수천 개의 암호화폐 가격과 거래량을 비교하는 유명 암호화폐 순위 사이트 코인마켓캡**CoinMarketCap**에서 비트커넥트는 단연 최악의 실적을 냈다. 암호화폐 업계를 수년 동안 봐오며 비트커넥트가 무너지기 한참 전에 비트커넥트는 지속 불가능한 폰지 사기라고 경고한 여러 암호화폐 전문가들은 차트를 지켜보며 트위터에 글을 남겼다. 이들은 암호화폐 역사상 최대의 폰지 사기가 갑작스럽게 막을 내렸다고 생각했다.

초기에 있었던 매도 주체들은 본인의 돈이나 대출금으로 비트커넥트 코인을 샀던 투자자들이 아니었을 가능성이 상당히 크다. 그럼 먹튀를 계획하고 비트커넥트를 비트코인으로 바꾼 후 도주를 준비했던 비트커넥트 운영진이 매도했던 것일까?[23]

비트커넥트 운영진이라고 확정할 수는 없지만, 이전에 팔았던 코인 외에도 비트커넥트는 첫 매도에서 약 12억 달러 상당의 코인을 팔아 치웠고 폭락으로 이어진 마지막 매도에서도 남은 코인을 처분한 것으로 보인다. 그럼 사기극의 주동자는 이미 도주했고 사기는 이제 막을 내렸으니 비트커넥트 운영진을 신뢰하거나 같은 사기에 당할 사람은 없다고 생각했을지도 모르겠다.

비트커넥트가 이때 끝났다면, 최소한 이 사기극도 이때 끝났을 것이다. 하지만 암호화폐는 규제의 대상이 아니었고, 신원을 밝히지 않았던 비트커넥트 배후의 사기꾼들은 절대 잡히지 않을 것이라는 오만한 믿음이 있었다. 비트커넥트는 투자자들과 아직 관계를 끝내지 않았다.

2차 폰지 사기: 사기도 '1+1'

2017년 말, 비트커넥트 운영진은 이 사기극도 점점 끝을 향해 간다는 사실을 알았다. 신규 투자자의 수는 점점 줄어들었고, 각국에서 비트커넥트를 상대로 법적 조치를 취하기 시작했으며, 암호화폐 업계에는 비트커넥트가 사기임을 경고하는 말이 무수히 많이 돌면서 사람들이 경고에 귀를 기울이기 시작했다. 추정컨대 비트커넥트 운영진은 자체 거래소에서 거래 수수료로 축적한 거금과 자신들이 보유한 비트커넥트 코인을 비트코인으로 바꿨다. 틀림없이 수십억 달러를 챙겼지만, 이것으로는 모자랐는지 비트커넥트 운영진은 마지막 한 방을 계획했다. 비트커넥트가 출시된 지 딱 1년이 지났을 때가 그 시점이었다. 2017년 12월 31일, Bitconnectx.co라는 새 인터넷 도메인이 등록됐다. 그 후 2주가 되어갈 무렵이자 투자자들의 돈을 거의 전부 날려버릴 비트커넥트의 폭락이 시작되기 직전, 두 번째 ICO를 통해 비트커넥트X BitconnectX가 공개됐다.[24]

400달러가 넘던 비트커넥트의 가치가 10~20달러 선까지 폭락한 후, 비트커넥트 운영진은 극도로 흥분한 투자자들에게 성명서를 발표했다. 투자자들이 비트커넥트 코인을 현금화하지 않고 신규 코인에 재투자할 경우, 현재 비트커넥트의 가치에 상관없이 비트커넥트 코인 BCC 하나당 150달러로 쳐서 비트커넥트X 코인BCCX을 구매할 수 있도록 했다. 이 새로운 비트커넥트X의 최초 매수가는 개당 5달러였지만 이후 50달러로 바뀌었다.[25] 하룻밤 새 코인 가격을 10배 올리면서도 ICO 진행에 어떠한 변경사항도 없었고 웹사이트에 그 이유를 설명하지도 않았다. 하지만 놀랍게도 사람들은 신규 코인에 몰려들었다.

비트커넥트는 신규 코인의 하루 판매 수량을 제한하여 빠르게 매진될 수량만큼만 팔았다. 처음 며칠 동안 판매 시작과 동시에 한정 수량이 모두 매진되면서 코인의 인기가 많은 듯 보였다. 사실 초기 비트커넥트 투자자들은 비트커넥트 코인을 50달러가 아닌 17센트에 샀었고, 그 후 1년이 지났을 때 암호화폐 시장은 버블이 터지기 직전이었으며, 새로운 코인의 발행 기업이 미국 두 개 주와 영국에서 법적 조치를 받았을 뿐 아니라 비트커넥트X ICO가 시작할 당시 이미 수십만 명의 투자자가 비트커넥트의 가격 폭락으로 합산 수십억 달러를 잃은 후였다. 그럼에도 사람들은 어떤 프로젝트인지, 그 취지는 무엇인지도 모른 채 이 판에 합류하고 싶어 했다.

이미 수십억 달러를 잃고 절망하는 투자자들이 수십만 명 있었지만, 초기 비트커넥트 투자자들이 벌어들인 부를 다시 한번 만들어내기를 바라며 새로운 투자자들이 여전히 모여들었고, 이들은 텔레그램이나 페이스북 등의 그룹 채팅방에서 ICO에 참여하는 제일 좋은 방법에 대해 조언을 구했다. 놀랍고 슬프게도 첫 번째 사기가 무너지면서 울린 경고 알람은 모든 사람이 비트커넥트를 믿지 못하게 하는 데는 역부족이었고, 당시에는 암호화폐에 대한 규제가 없었으므로 규제당국의 제재가 발 빠르게 이뤄지지 않았다.

비트커넥트X ICO 웹사이트에는 별 내용도 없었다. QT 데스크톱 지갑에 비트커넥트X 코인을 보유하고 있으면 네트워크 보안 유지에 도움을 주어 거래를 가능하게 하는 대가로 이자를 벌 수 있다는 내용이 다였다.[26] 첫 번째 ICO에서와 마찬가지로 아무 의미도 없이 암호화폐 관련 키워드만 늘어놓았는데, 이는 곧 비트커넥트X가 기존의 비트커넥트와 다르지 않다는 의미였다. 비트커넥트 운영진은 사람들이 아무 생각 없이 투자할 것이라 믿으며 설명을 더 보강하려는 노력도 하지 않았다. 사람들은 그저 비트커넥트의 가치가 초반에 상승했던 만큼 비트커넥트X의 가치도 올라 금방 부자가 되기를 바라며 신규 코인에 투자했다. 이 두 번째 ICO는 더 많은 투자금을 끌어모은 후 웹사이트가 폐쇄됐고 투자자들에게 또 한 번의 큰 손실을 안겨줬을 뿐이다.

비트커넥트를 만든 운영진의 계획된 매각과 사법 당국의 사업 정지 명령, 처음부터 비트커넥트가 폰지 사기라고 했던 경고의 목소리들 그리고 두 번째 ICO 사기까지 봤을 때 비트커넥트는 이제 정말 끝났다고 생각했을 것이다. 의심쩍었던 ICO 프로젝트 비트커넥트는 시가 총액이 28억 달러까지 올랐다가 이제 거의 모든 거래소에서 제외됐고 아무도 코인을 팔거나 현금화할 수 없게 되면서 완전히 무가치해졌다. 하지만 이후에도 2018년 8월 11일까지 8개월간 비트커넥트 코인은 계속 거래됐다. 마지막 남은 거래소마저 비트커넥트 거래를 중단했을 때 마지막 코인이 68센트에 팔렸고, 가치라고는 없는 종결된 사기 프로젝트의 시가 총액은 여전히 669만 달러였다.[27]

비트커넥트는 가명으로 추정되는 이름으로 전 세계에 법인을 설립했다. 이 사기 사건의 배후 인물들은 아직도 잡히지 않았다. 그중 일부는 체포되기도 했는데, 두바이에서 델리로 이동하는 중에 체포된 비트커넥트의 아시아 대표 디비예시 다지Divyesh Darji는 비트커넥트 외에도 사기 행각을 또 벌였었다. 그는 인도 루피화 지폐의 일부가 유통 금지된 후 126억 달러 상당의 투자금을 횡령했다는 혐의를 받아 인도 내 돈세탁에도 연루되어 있었다.[28] 디비예시는 비트커넥트를 통해 보고 배웠는지 또 다른 유사 암호화폐 사기 리갈코인Regal Coin의 주동자라고도 알려져 있다.[29]

투 고2Go는 아쉬우니까 스리 고3Go

2017년 9월, 다음 사기 프로젝트가 공개됐다. 비트커넥트와 판에 박은 듯 똑같았던 리갈코인은 일부 비트커넥트 프로모터들이 창립했다. 이 새로운 비트커넥트는 투자자들에게 코인을 ICO에서 사면 저렴하다고 약속했다. 리갈코인은 비트커넥트와 똑같이 월 40퍼센트 이상의 수익을 보장했고, 이 수익은 예상했겠지만 존재하지 않는 거래 시스템으로 만들어지며, 투자자들의 돈은 록업돼야 했다. 또 피라미드 구조로 높은 추천 보상금을 줬고, 유튜버와 유명인사가 홍보하도록 장려했으며, 프로젝트의 운영진은 밝히지 않았다. 약속은 그다지 다르지 않았다. 가장 차별화된 요소가 있다면 웹사이트에 있는 영어 문장들이 영어 원어민들은 듣도 보도 못한 엉터리였다는 점이다. 비트커넥트는 문법 검사기를 사용해서 고칠 수 있는 정도였다면, 리갈코인의 웹사이트와 마케팅에 쓰인 영어는 정말 형편없었다. 비트커넥트와 마찬가지로 리갈코인 프로모터 중 일부는 리갈코인이 폰지사기임을 알았지만 어차피 피라미드에 일찍 들어가서 3~4개월 동안 돈을 벌고 도망가면 된다는 생각이었다. 2017년 10월 출시 직후, 리갈코인의 가치는 70달러였지만 2020년에 0.11센트까지 폭락했고 투자자들은 돈을 모두 날렸다.[30]

이야기의 마지막 반전: 납치된 납치범

이 이야기에 마지막 반전이 하나 있다. 어느 날 비트커넥트를 고발하겠다고 나선 사람이 있었다. 인도의 부동산 개발업자이자 사업가인 샤일레시 바트Shailesh Bhatt는 인도 구자라트Gujarat주의 내무부 장관실로 들이닥치더니 경찰관 여덟 명을 비롯해 열한 명이 자신을 납치하여

당시 180만 달러 가치의 비트코인 200개를 갈취했다고 주장했다. [31]

바트는 비트커넥트에 상당해 보이는 거금을 투자했다가 2018년 1월 비트커넥트의 폭락과 함께 돈을 잃었다. 2016년, 인도에서 루피화 지폐 중 일부가 유통 금지되자 인도 경제는 혼란에 휩싸였고, 상당한 액수의 루피화가 암호화폐로 몰리며 인도 내에서 비트코인을 사려면 25퍼센트의 프리미엄을 내야 하기도 했다. 이후 인도가 암호화폐 거래를 사실상 금지하자 비트커넥트의 폭락 당시 비트커넥트에 투자했던 사람들, 특히 당국에 투자를 신고하지 않은 사람들은 진퇴양난의 상황 속에서 조금 더 창의적인 대안을 생각해내 돈을 되찾아야 했다.

납치 사안의 중대성을 고려하여 구자라트주의 정예 범죄수사부가 나섰다. 바트로서는 불행히도 그의 말에서 모순점을 발견한 수사관들이 어마어마한 규모의 사기 증거를 찾았고 마침내 비트커넥트 사기 주동자들을 밝혀냈다. [32]

바트는 갈취당한 비트코인과 납치 건을 보상이라도 받으려는 듯 지역 경찰관과 결탁하여 비트커넥트의 인도 프로모터 여러 명을 차례로 납치했다. 그는 전 비트커넥트 프로모터들을 총으로 위협하며[33] 비트코인 2256개를 포함해 총 15억 5000만 루피 상당의 현금 및 암호화폐를 갈취했다. [34] 이후 바트는 도주했고 경찰관 여덟 명은 재판을 받았다. [35] 적어도 인도에서는 이 사기가 아직 끝나지 않은 듯하다.

거래 시스템은 어떻게 됐을까? 그런 것은 없었다. 지금까지의 어떤 펀드보다 많은 수익을 보장했던 이 굉장한 거래 시스템은 비트커넥트의 다른 주장들과 똑같은 모습으로 날조됐다.

수십억 달러의 피해액을 발생시킨 암호화폐 폰지 사기를 하나 더 살펴보자. 다음 장에서는 중국에서 일어난 역대 최대 피해액의 폰지 사기이자 아직도 암호화폐 시장에 막대한 영향을 끼치고 있는 플러스 토큰에 대해 살펴보겠다.

CRYPTO
WARS

5장

죄송하지만 이미 도망쳤습니다

170억 달러 규모 '먹튀' 사기

사기의
발단

　대형 사기 사건들이 유럽에서 끝을 맞고 있을 때쯤 암호화폐 최대 폰지 사기가 중국과 아시아 각지로 세력을 뻗치려 하고 있었다. 60억 달러의 직접 투자금을 유치한 이 사기 프로젝트는 시가 총액이 170억 달러에 달했을 때 투자자들에게 이 한마디를 남기고 도주했다. "죄송하지만 이미 도망쳤습니다."[1]

　2018년 6월 2일부터 중국 내 각종 소셜미디어 단체 채팅방에 새로운 암호화폐 지갑 및 거래소에 대한 말이 나오기 시작했다.[2] 당시 무명의 암호화폐 기업이 중국의 대표 채팅 앱 위챗WeChat 등에서 운영한 단체방에는 중국을 중심으로 아시아 전역의 사람들이 빠르게 모여들었다. 처음에는 이 단체방들의 목적이 대체로 순수해 보였다. 암호화폐 거래 방법 등 기본적인 사항을 무상으로 알려주고 가능한 수익률에 대해 꽤 낙관적으로 소개했다. 단체방은 보통 100~200명 정도의 소규모 정원으로 유지되어 운영자는 언급하고 싶지 않은 문제를 누가 제기하더라도 대처하기 쉬웠다. 이 단체방들을 운영하던 플러스토큰은 곧 중국과 한국 전역에서 컨퍼런스와 밋업 행사를 열었고, 얼마 후 동남아시아 일대와 러시아, 우크라이나, 독일, 캐나다까지 홍보 행사를 다녔다.

대형 암호화폐 사기에는 많은 공통점이 있다. 원코인과 비트커넥트처럼 플러스토큰의 운영진도 사람을 끌어모으는 데 능했고, 행사장은 암호화폐라는 새로운 추세와 이러한 디지털화폐를 소유하는 방법을 알려고 하는 열정적인 사람들로 붐볐다. 행사장에는 현란한 조명과 함께 최신 케이팝 음악이 흘러나왔고, 박수갈채와 환호성 속에서 플러스토큰이 갖은 노력을 다한 행사가 진행됐다. 강매 수법을 쓴다며 수상하게 여기는 사람도 있었지만 행사는 효과가 있었고 점점 더 많은 사람들이 단체방에 들어왔다.[3]

암호화폐 시장이 급락했음에도 아직 이 시장에 발을 들여놓지 않은 사람들은 이전의 대박 신화를 재현하기 바라며 여전히 낙관적으로 보고 있었다. 플러스토큰은 이런 사람들의 관심을 쉽게 끌었다. 뒷돈을 받은 듯한 가짜 회원들이 그럴듯하게 추천하는 홍보 영상을 만들어 사람들에게 신뢰를 주면서 지지층과 단체 채팅방의 수를 늘려나갔다. 영상 속 회원들이 돈을 받았는지는 알 수 없지만, 이들은 플러스토큰을 대표하며 한국과 중국 투자자들이 커뮤니티에 들어오도록 이

끌었다.[4] 플러스토큰의 직원이나 그곳에서 일한 적 있는 사람이 전혀 드러나지 않았지만 이를 눈치채거나 신경 쓰는 사람은 없는 듯했다.

하지만 채팅방 운영진은 먼저 사람들에게 신뢰를 얻고 높은 투자 수익에 대한 기대를 심어준 다음 원래 의도대로 폭탄을 떨어뜨리려는 계획이 분명해 보였고 그대로 진행되는 듯했다. 플러스토큰은 커뮤니티를 만든 지 얼마 되지 않았을 때, 500달러만 투자하면 월 6~18퍼센트의 수익을 낼 수 있는 투자 플랫폼에 대해 언급하기 시작했다.[5]

요즘 '핫하다'니까 당연히 좋겠지

탈중앙화는 암호화폐 업계에서 여전히 많이 거론되는 단어다. 특히 블록체인을 기반으로 탈중앙화됐다면 무조건 좋다는 식으로 홍보됐다. 맞는 말이기도 하다.

중앙화된 기관은 해킹에 아주 취약하다. 데이터를 중앙 서버에 저장한 여러 기업들은 해커들이 사용자의 개인 데이터를 유출하면서 큰 타격을 입었다. 언론에 대서특필된 해킹 사건들이 수없이 많았고, 최근 들어 이런 문제점을 엑스페리안Experian, 어도비Adobe, 링크드인 LinkedIn, 야후Yahoo 등의 기업들이 전 세계에 보여줬듯이 매우 민감하고 귀중한 사용자 데이터를 대량으로 보유한 대기업이 이런 데이터를 철저하게 보호하지 않거나 적절한 보안 조치를 취하지 않으면 사이트의 보안 벽은 빈번히 뚫리고 수백만 명의 사용자 데이터가 유출된다.

암호화폐 거래소 쿼드리가와 마운트곡스에 대해 곧 살펴보겠지만, 적절한 사이버 보안 조치를 취하지 않은 많은 암호화폐 거래소가 해킹을 당했고 투자자 수백만 명이 자금을 모두 잃었다. 한심하게도 간혹 '탈중앙'이라는 말만 있으면 안전하다고들 여겼다. 그러니 암호화폐 업계의 화젯거리이자 마케팅 술책으로도 완벽한 탈중앙 암호화폐 지갑 및 거래소를 플러스토큰에서 출시한 것도 어쩌면 당연했다.

플러스토큰은 플랫폼의 보안이 철저하다고 수차례 주장했다. 그들은 삼성과 구글페이 개발자 출신으로 이뤄진 핵심 기술진이[6] 서울에 있는 연구개발센터에서 개발한 10억 달러 상당의 보안 기술과 인공지능 프로그램을 사용한다고 말했다.[7] 플러스토큰은 거액의 투자금을 유치했지만 유감스럽게도 어떠한 약속도 지키지 않았다.

일반적으로 암호화폐는 구매나 보관, 사용이 어렵다고들 생각했고, 특히 2018년 플러스토큰이 출시되기 전 수년 동안은 정말 그랬다. 사용자 경험에 중점을 두지 않았기에 암호화폐 지갑의 수는 많았지만 전부 사용 방법이 쉽지 않았다. 암호화폐 사용자들은 매우 쉽게 사용할 수 있는 안전한 암호화폐 지갑이 나오기를 기다리고 있었고, 사용자 친화적인 지갑을 가장 먼저 만드는 기업은 상상 이상의 돈을 벌 수 있었다. 지금도 그렇지만 이러한 암호화폐 지갑을 제작하면 이미 확보된 방대한 고객층에게 매번 거래 시마다 수수료를 받을 수 있었다. 하지만 플러스토큰이 이를 실현할 최초의 기업은 아니었다.

자체 지갑 및 거래소가 있는 플러스토큰은 지갑 사용률을 최대한 올리기 위해 사용자와 예치금을 열심히 끌어들였다. 플러스토큰은 암호화폐 업계의 일반적인 얼리어답터나 투자자 혹은 사용자가 아니라 쉽게 수익을 낼 수 있다는 제안을 듣고 돈을 벌어보고자 했던 평범한 사람들을 모았고,[8] 처음에는 투자자들과 관계가 돈독한 기업이라는 이미지로 신뢰를 받았다. 어쨌든 플러스토큰은 투자자들을 가르칠 책임이 있었으며, 이는 당연히 투자자들을 속일 수 있도록 잘못된 정보로 커리큘럼을 구성할 수 있는 최고의 기회였다.

그래서 그들은 'Dog(개)'를 만들었다.

거래하는 '개'

2015년, 플러스토큰은 시장마다 다른 가격차를 이용해 반복적으로 매매하는 거래 방법인 차익거래를 수행하는 인공지능 프로그램을 개발했다고 했다. 이 프로그램은 거래소마다 비트코인을 비롯한 여러 암호화폐의 가격이 다른 점을 이용했다. 플러스코인이 출시됐을 때쯤에는 판매량이나 유동성, 수요, 거래소에 대한 신뢰, 거래소가 등록된 해당 국가의 암호화폐 매매 규제 및 매매 용이성까지 여러 요인에 따라 암호화폐를 약간씩 다른 가격으로 판매하는 거래소가 이미 수두룩했다. 보통은 가격 편차가 아주 적었지만, 가격이 낮은 거래소에서 암호화폐를 산 후 높은 거래소에서 팔아 그 수익으로 밥벌이를 하는 투자자들도 있었다. 이들은 여러 거래소의 가격을 직접 비교하기도 했지만, 최고의 차익 기회를 알려주는 프로그램을 사용하기도 했다.

차익거래는 지금도 그렇지만 위험도가 매우 높았다. 암호화폐 시장은 규제가 없는 신규 시장이었기 때문에 조금도 안전하지 않았다. 거래소는 해킹을 당하거나 문을 닫고 사라져버리기 일쑤였고, 창립자가 돈을 들고 잠적하기도 했다. 또한 거래소가 특정 지갑을 닫아 사용자들이 암호화폐를 보내거나 확인도 할 수 없게 하는 일이 가능했으며, 거래 결과는 가끔 거래가 아직 처리 중일 때조차 쉽게 누락될 수 있었다. 암호화폐 거래는 그 자체가 위험한 만큼 차익거래도 똑같았다.

하지만 플러스토큰은 이런 위험성에는 딱히 신경 쓰지 않는 듯했다. 그들은 무슨 이유인지 'AI-Dog'라고 이름 붙인 거래 프로그램만 있으면 누구나 돈을 벌 수 있다고 했다. 플러스토큰의 웹사이트에 소개된 설명으로는 AI-Dog가 여러 거래소에 있는 주요 암호화폐의 가격과 판매량을 비교하여 거래소 간 차익거래를 자동으로 수행한다고 했다. 사람들은 주요 암호화폐를 500달러 이상 플러스토큰 플랫폼에 예치만 하면 됐다. 그러면 거래 프로그램이 자동으로 차액이 가장 큰 거래를 수행한 뒤 수익과 함께 암호화폐를 지갑에 돌려준다.[9]

암호화폐를 안전하게 보관해주는 목적 외에 어떠한 재정적 이익을 주지 않는 일반적인 지갑과 달리 플러스토큰은 큰 이점을 내세우며 사용자를 끌었다. 플러스토큰의 지갑에 암호화폐를 넣어두면 암호화폐를 보관하기만 할 뿐 아니라 수익도 낼 수 있었다.[10] 플러스토큰을 멀찌감치에서 지켜본 이들은 의아해했을지도 모르겠다. 플러스토큰

암호화폐 전쟁

은 암호화폐의 보관이 안전하지 않을 수도 있는 다른 플랫폼들과 다르게 진정 탈중앙화됐으며 이 탈중앙화된 지갑에 사용자의 암호화폐를 안전하게 저장할 수 있다고 자체 지갑의 보안을 자랑했다. 그런데 이 지갑이 사용자의 암호화폐를 보관하는 방식에는 이해하기 어려운 한 가지 요소가 있었다.

플러스토큰은 거래소별 가격차를 이용한 차익거래로 사용자에게 수익을 내준다고 주장했는데, 주장대로라면 그렇게 안전하다는 지갑에서 암호화폐를 꺼내야 한다. AI-Dog가 차익거래로 수익을 내려면, 암호화폐의 분실 위험이 가장 큰 행동 중 하나인 사용자 지갑에 있는 암호화폐를 다른 거래소로 보낸 후 거래까지 해야 했다. 플러스토큰은 어떻게 암호화폐를 지갑에 안전하게 저장하면서도 동시에 이 지갑에 든 암호화폐로 차익거래를 해서 수익을 낸다는 것인지 한 번도 설명하지 않았다. 암호화폐를 다루는 데 능숙한 사람이라면 무언가 이상하다는 걸 눈치챘을 것이다. 암호화폐를 거래소 간에 계속 옮기면서 보관까지 안전하게 할 수 있는 방법은 없지만, 플러스토큰은 암호화폐에 경험이 많은 사용자가 아니라 비트코인을 구매하여 플러스토큰 지갑으로 보내라는 말을 들을 만한 사람들을 노렸다.[11]

고수익
약속

암호화폐 버블과 동의어로 통용되는 용어인 포모**FOMO, Fear of Missing Out**(혼자만 기회를 놓치거나 소외되고 싶지 않은 불안 심리 - 옮긴이)는 플러스토큰에 딱 해당되는 말이었다. 몇 분, 몇 시간 만에 수백만 달러를 모금하고자 하는 여러 프로젝트들은 이런 심리를 이용했고, 플러스토큰도 예외는 아니었다. 그들은 투자자들에게 암호화폐 시장에 투자금이 더 많이 유입될수록 시장은 변동성이 줄고 더욱 안정되므로 차익거래로 돈을 벌 수 있는 기회가 얼마 남지 않았다고 설명했다. 지금하지 않으면 기회를 놓친다는 강압적 마케팅이었다.

원코인, 비트커넥트 등 셀 수 없이 많은 암호화폐 사기처럼 플러스토큰은 사람들이 지금 바로 플러스토큰에 돈을 투자하도록 하기 위해 고수익을 약속해야 했다. 사용자는 플랫폼에 예치한 돈에 대해 월 6~18퍼센트의 수익을 받을 수 있다고 했다.[12] 플랫폼에 1000달러 상당의 암호화폐를 예치하면 매달 60~180달러씩 수익을 내고[13] 1년 만에 720~2160달러를 플랫폼 고유화폐인 플러스토큰으로 받을 수 있었다. 이런 고수익을 약속했던 다른 사기들과 마찬가지로 거래 시스템이 아무리 훌륭해도 수익을 확실히 보장하거나 고수익을 지속적으로 낼 수 있는 방법은 현실적으로 없었다.

약속된 숫자는 플러스토큰을 사기라고 소리치고 있었다. 하지만 지금에 와서는 이런 수익이 매우 높아 보여도 이 당시는 암호화폐 시장이 정점을 찍을 때였다. 2017년 초부터 시작해 플러스토큰이 출시된 2018년 중순까지 암호화폐 시장의 버블기 동안 투자금의 수백 배를 번 투자자들도 있었으므로 월 6~18퍼센트 정도는 확실하다 못해 그다지 대단하지도 않은 수익률로 보였을 수 있다. 이런 고수익 약속은 근 수년간 중국과 아시아에 횡행했던 다단계 사기판에서도 있었고 이때 많은 사람들이 빠르게 돈을 벌기도 했다. 동일한 투자자를 대상으로 한 폰지 사기나 고수익 투자 프로그램이 이미 너무 많아서 플러스토큰이 제시한 수익은 돈에 눈이 먼 순진하고 희망에 찬 투자자들에게 딱히 이상하지 않았고 진입장벽이 있는 암호화폐 세계에 발을 들여놓고 싶은 사람들에게는 한 줄기 빛과도 같았을 것이다.[14]

무명 기업이던 플러스토큰은 시작한 지 1년도 안 되어 플랫폼에 500달러 이상을 예치한 사용자를 수백만 명 확보했다. 2019년 6월 먹튀 당시에는 300만~400만 명 혹은 그 이상의 투자자들이 플러스토큰 플랫폼에 돈을 예치한 것으로 추정되고, 플러스토큰의 주장에 따르면 그 수는 1000만 명에 달했다.[15] 이토록 빠르게 성장할 수 있었던 이유는 이른바 '교육적'인 위챗 단체 채팅방 운영과 대대적인 할인 행사 등의 능숙한 마케팅, 고수익을 내준다는 약속과 초반에 실제로 지급된 수익금 그리고 투자자들의 희망과 탐욕 때문이었다. 그럼에도 처음에는 수익금이 제대로 지급됐으므로 한동안 문제가 없어 보였다.

군침 도는 수익과
창의적 마케팅

플러스토큰은 플랫폼으로 신규 사용자를 데려온 사람을 위해 막강한 보상 구조를 갖고 있었다. 플랫폼에 500달러 이상을 예치하면 신규 사용자를 데려올 때 보상금을 받을 수 있었고, 그럼 예치금에 대한 수익과 더불어 자신의 추천으로 들어온 사람들이 받는 수익금의 최대 100퍼센트를 받았다. 즉, 지인을 가입시키고 1000달러를 예치하게 했다면 자신의 예치금에 대한 수익뿐 아니라 가입시킨 지인 한 명당 월 60~180달러를 추가로 받는다. 만약 열 명을 추천하여 모두 1000달러씩 예치했다면 자신의 예치금에 대한 수익뿐 아니라 열 명에 해당하는 추천 수당으로 다달이 600~1800달러를 받는다.[16]

원코인과 비트커넥트처럼 다단계에 기반한 사기 사건에서 봤듯이 추천 수당은 몇 단계 하위에 있는 회원까지 적용됐다. 플러스토큰은 추천인의 하위 10단계까지 신규 회원이 유입될 때마다 추천 수당을 지급했다. 추천인은 직접 소개한 신규 회원뿐 아니라 자기 밑에 있는 회원이 또 다른 회원을 데려오면 그 회원이 투자한 금액의 10퍼센트를 받는 식으로 피라미드에서 아래로 10단계에 있는 회원들까지 수당을 적용받았다.[17] 이렇게 초반에 가입한 회원과 프로모터는 돈을 아주 많이 벌 수 있었고, 심지어 가족과 친한 친구만 데려와도 단순히 투자만 해서는 벌 수 없을 정도의 월 수익을 지속적으로 벌어들였다. 폰지 사기를 의심하는 사람도 있었지만, 돈만 계속 들어온다면 아무

164

럼 괜찮다는 의견이 다분했다.

높은 추천 수당 덕분에 투자자들은 사람들이 플러스토큰에 관심을 가지도록 적극적으로 홍보했다. 어느 유튜버는 슈퍼마켓에 진열된 채소들 사이에 플러스토큰의 로고를 올려두고는[18] 이제 슈퍼마켓에서도 플러스토큰으로 결제가 가능하다고 말하는 영상을 올렸다. 아마 해당 슈퍼마켓은 그곳에서 사기 토큰으로 결제가 가능하다는 사실을 전혀 몰랐을 것이다.

높은 추천 수당에 욕심이 생긴 투자자들은 정보 나눔 행사로 가장한 신규 모집 활동을 통해 가족과 친구 등 아는 사람을 전부 끌어들였다.[19] 곧 줄잡아 400만 명의 투자자들이 가족이나 친구, 인플루언서 등의 연결고리를 통해 유입됐고, 플러스토큰 플랫폼으로 추산 40억 달러가 들어왔다. 일부는 플러스토큰에 대해 전혀 모르거나 아무런 걱정도 없이 플러스토큰에서 받는 수익으로 부자가 되려는 생각이었고, 그 외 대다수는 플랫폼의 동작 방식을 이해하거나 위험성을 따져보지 않은 채 암호화폐를 탈중앙화된 지갑에 안전하게 보관할 수 있겠다고 믿었다.

플러스토큰은 다음 버블기가 왔을 때 암호화폐 시장을 지배할 수 있도록 하겠다는 목표를 밝히며, 사람들이 플랫폼에 들어오는 자금은 지갑과 거래소를 개선하는 데 쓰인다고 생각하게끔 놔두었다. 투자자가 플러스토큰을 홍보하는 데 적극적일수록 플러스토큰은 더 큰 보상을 주기 위해 그들이 데려온 신규 회원의 활동에 기반하여 수당을 올려주고 실적을 높이 인정했다. 회원들은 홍보 실적에 따라 선망의 타이틀을 얻었다. '빅 보이Big Boy'와 '그레이트 갓Great God'은[20] 모두가 달성하고 싶어 하는 등급으로 가장 뛰어난 신규 회원 모집자에게 수여되는 인기 타이틀이었다. 투자자들이 계속 투자를 하는 한 플랫폼도 계속 수익을 지급했다. 투자금이 끊기기 전까지는 말이다.

숨겨진 메시지들

플러스토큰이 출시된 2018년 6월부터 딱 1년이 흐른 2019년 6월, 플러스토큰에서 출금이 지연되고 있다는 투자자들이 하나둘씩 나타났다.[21] 보통 암호화폐 출금 요청은 거의 요청 즉시 처리되어야 한다. 중국 소셜미디어 웨이보Weibo에는 출금을 요청한 지 35시간째 처리되지 않고 있다는 불평 글들이 올라왔다.[22] 그 후 같은 달인 6월이 채 끝나기도 전에 투자자들은 돈을 더 이상 출금할 수 없었다. 플러스토큰 운영진은 처음에는 논란을 잠재우기 위해 플랫폼에 대한 해킹 시도가 있어서 출금에 문제가 발생했다고 했고[23] 이 말도 어느 정도까지는 사실이었다.

비트코인을 다른 지갑 주소로 보내는 등 암호화폐를 거래할 때는 보내는 주소와 받는 주소, 보내는 암호화폐 개수 등의 송금 정보가 나온다. 비트코인이나 일부 암호화폐는 거래 기록에 메시지를 남길 수도 있다. 비트코인의 첫 번째 블록인 제네시스 블록에는 익명의 창시자 사토시 나카모토가 "2009년 1월 3일자 영국 《타임스》, 은행을 위한 두 번째 구제금융을 코앞에 둔 재무장관"이라는 메시지를 거래 기록에 숨겨두었다.[24] 비트코인의 창시자는 세계 금융 시스템의 실패와 조작에 대응하고자 디지털화폐를 만들었다고 세상에 분명히 밝혔다.

플러스토큰의 창립자들은 도주하는 와중에도 사용자들의 암호화폐를 플러스토큰 거래소 지갑에서 빼내 다른 거래소에 있는 자신들의 지갑으로 보냈다. 익명의 창립자는 먹튀 도중 사토시와 유사하게, 하지만 어떤 기품이나 좋은 의도는 없이 거래 내역 중 하나에 메시지를 숨겨두었다. 운영진이 남긴 메시지, "죄송하지만 이미 도망쳤습니다"가 의미하는 바는 분명했다.[25] 사용자들은 플랫폼에 직접 투자한 돈 40억 달러가량을 잃었고, 창립자와 운영진은 사라졌다.

그때까지 사용자들은 대개 돈을 현금화하지 않고 플랫폼에서 쌓이는 것을 지켜봤다. 계좌에서 돈을 빼려면 5퍼센트의 거래 수수료를[26] 물었으므로 이 수수료와 더불어 AI-Dog가 내어줄 수익까지 고려하면 사용자들이 플랫폼 지갑에 암호화폐를 계속 넣어둘 만도 했다. 플러스토큰의 시스템상 사용자는 자신의 지갑에 든 암호화폐에 대한 통제권이 없었고, 창립자가 도주할 당시에는 모든 사용자가 갑자기 자신들의 암호화폐에 접근할 수 없게 됐다. 플러스토큰에 연락할 방법도 없어졌다. 할 수 있는 일이 없었던 사용자 200명 이상이 대한민국 서울시에 초대형 폰지 사기로 드러나고 있는 플러스토큰에 대한 조사에 착수하라고 촉구했고, 한국의 적절한 대응으로 국제적인 범인 수색이 시작됐다.[27] 전 세계의 사람들은 그제야 아시아를 강타한 초대형 사기로 드러나고 있는 이 사건에 대해 듣게 됐다.

피해액이 플랫폼에 직접 투자된 금액뿐이었다면 현재 추정상 합계 60억 달러를[28] 잃기는 했어도 다른 사람들이 직접적으로 영향을 받지는 않았을 것이다. 하지만 플러스토큰은 중국 내 일부 거래소에서 거래되고 있었다. 포모 증후군으로 인한 광적인 매수가 토큰 가격을 340달러까지 끌어올린 결과, 플러스토큰의 시가 총액은 170억 달러에 달했다.[29] 만약 플러스토큰이 암호화폐 순위 사이트 코인마켓캡에 등록됐다면 세계 3위의 암호화폐였을 것이다. 물론 등록된 적은 없었다.

플러스토큰이 창립자들과 운영진의 신원을 밝히지 않았음에도 불구하고 수색에 나선 사복 차림의 중국 경찰은 사기꾼들이 도주하고 며칠 후 80개의 작은 섬으로 이뤄진 남태평양의 섬나라이자 에메랄드빛 바다와 하얀 모래사장이 아름다운 바누아투Vanuatu에 도착했다. 일주일이 안 되어 중국 경찰은 바누아투 경찰의 협조를 받아 중국 국적인 여섯 명을 체포하고 자국 소유의 영토에서 구금했다. 이후 남성 다섯 명과 여성 한 명으로 이뤄진 이 중국인들은 범죄자 본국 송환 절차에 따라 전세기를 타고 중국으로 호송됐다.[30]

체포된 범죄자들은 모두 중국인이었지만 이들이 벌인 사기는 중국 밖으로 멀리 퍼졌다. 아시아 전역뿐 아니라 러시아, 우크라이나, 독일, 심지어 캐나다의 투자자들까지 타격을 받았다. 플러스토큰의 투자자들은 돈을 전부 잃었다.[31]

하지만 체포된 인물들은 사기 행각의 주동자가 아닌 듯하다. 플러스토큰의 주동자는 아직 잡히지 않았다. 예사롭지 않은 사진 외에 밝혀진 바가 별로 없는 레오Leo라는 젊은 한국인 남성이 진두지휘한 것으로 추정되지만,[32] 170억 달러 사기의 배후에 있었던 사람은 아직도 밝혀지지 않았다.

돈은
어디에?

암호화폐 먹튀 사기에서는 하나같이 창립자가 돈을 가져간 듯 보인다. 하지만 플러스토큰 사건에서는 아직도 누가 돈을 가져갔는지 확실하지 않다. 그래서 플러스토큰 사건이 여러모로 궁금증을 유발한다. 바누아투에서 관계자 여섯 명을 검거했으면 주동자에 대한 단서가 나왔어야 하지만 경찰 발표에 따르면 단서는 없었다.[33]

블록체인 분석업체 체이널리시스Chainalysis가 플러스토큰의 손에 들어가버린 수억 달러 상당의 암호화폐를 추적했다. 사생활 보호를 위해 거래 내역을 숨기는 일부 암호화폐를 제외하고 비트코인이나 이더리움 등 대부분의 암호화폐는 누구나 블록에 기록된 모든 거래내역을 볼 수 있다. 그래서 블록체인 분석업체는 플러스토큰 지갑으로 들어오고 나가는 암호화폐를 추적하여 누가 코인을 옮겼는지 쉽게 파악할 수 있었다.

이들은 2019년 6월 플러스토큰이 사기임이 밝혀진 후부터 수차례 있었던 플러스토큰의 대량 매각이 비트코인을 비롯한 암호화폐의 가

격 급락과 직접적인 연관 관계가 있음을 발견했다. [34] 플러스토큰은
워낙 많은 암호화폐를 보유하고 있었으므로 전 세계 암호화폐 시장에
영향을 끼치기에 충분했다. 사기는 끝났을지 모르나 아직 그 주동자
의 손에는 정확히 가늠할 수 없을 정도의 훔친 암호화폐가 많이 남아
있다. 그들이 언제라도 이 암호화폐를 판다면 암호화폐 시장 전체가
더욱 급락하면서 모든 사람이 영향을 받을 수도 있다.

10억 달러대 규모
사기 복사판

플러스토큰이 출시되고 딱 한 달 후, 새로운 암호화폐 다단계 사기
가 중국을 강타했다.

워토큰WoToken은 아무것도 하지 않아도 사용자에게 고수익을 내어
주는 스마트 암호화폐 지갑으로 홍보됐다. 워토큰에 돈만 투자하면
마법처럼 부자가 될 수 있었다. 수익률이 플러스토큰보다는 낮았지
만 사기가 분명했고 그럼에도 아시아 곳곳에서 흔하게 일어나고 있던
고수익 다단계 사기의 수익률에 익숙해진 사람들에게는 이상하지 않
았다.

워토큰은 1000달러를 투자할 경우, 매일 최대 0.5퍼센트의 수익을
통해 연 182.5퍼센트의 수익을 약속했다. 5000달러 이상을 투자하면
매일 최대 0.65퍼센트, 연 237.25퍼센트의 수익을 낼 수 있었다. [35] 연

수익률이 한 자릿수만 넘어도 높다고 보기 때문에 워토큰의 수익률은 애초에 보장될 수가 없다. 하지만 앞에서 봤듯 사기란 사기는 모두 이런 수익을 약속했다. 플러스토큰과 마찬가지로 워토큰은 거래 프로그램을 통해 사용자에게 수익을 내준다고 주장했다. 역시나 거래 프로그램의 존재는 결코 증명하지 않았다. 게다가 피해자들을 최대치로 끌어모으는 데 일조했던 암호화폐 사기의 흔한 트렌드인 후한 추천 보상까지, 비슷한 점들은 더 있었다. 워토큰은 꽤 창의적인 마케팅도 펼쳤다. 워토큰의 웹사이트에는 마스터카드를 발급하는 회사인 글로벌캐시GlobalCash와 제휴를 맺고 있어 사용자들이 워토큰 지갑에 보유한 암호화폐를 카드로 사용할 수 있다고 주장했다. 웹사이트에 로고조차 없이 적어둔 '마스터카드'라는 단어만이 이 주장을 증명했다.[36] 말할 필요도 없이 워토큰은 마스터카드와 제휴를 맺은 적이 없어 보인다. 한마디로 워토큰은 플러스토큰의 판박이였다.

다행히도 몇 개월 지나지 않아 중국 경찰은 워토큰이 사기임을 감지했고 1년 후인 2019년 말, 많은 투자자들의 돈을 출금할 수 없다는 항의가 있은 후 워토큰의 사기 행각은 막을 내렸다. 이때 워토큰이 초대형 다단계 네트워크를 이용하여 71만 5000명에게서 편취한 돈은 10억 달러 이상이었다.[37] 플러스토큰 사기가 끝난 지 2년도 안 된 시점에 중국 경찰은 자국 투자자들을 강타한 플러스토큰의 복사판이자 두 번째로 열 자릿수 피해액을 기록한 10억 달러대 규모의 폰지 사기를 끝냈다.[38] 가장 최근에 일어난 이 사기 사건의 배후 인물 여섯 명은 체포된 후 형을 선고받았는데, 이들은 플러스토큰의 관계자이기도 한 것으로 보인다.[39] 물론 이 정도 규모의 사기를 두 번은 고사하고 한 번이라도 잘 빠져나간 것은 조금 놀랄 만하다. 하지만 암호화폐에 대한 규제가 없어서 사법 당국들은 암호화폐 시장에 거의 간섭하지 않았고 사기를 발 빠르지 잡아내지 못했다. 이제는 사법 당국들이 더 빠르게 대응하고 있는 듯하지만, 과거에 일어났던 사기와 완전히 똑같은 복사판들이 여전히 계속 발생하고 있다.

워토큰이 덜미를 잡힌 후 2020년 7월에 플러스토큰 관계자 109명이 체포됐는데, 직원으로 일했던 82명과 운영진으로 보이는 27명은 모두 주요 용의자였다.[40] 사기 규모가 크고 복잡하게 얽혀 있었으므로 아직 잡히지 않은 관계자가 많다고 생각된다. 플러스토큰의 배후에 도대체 몇 명이나 있었고 그들이 얼마나 많은 돈을 빼냈는지는 여전히 미궁 속에 있다. 어느 지갑에 있는 다량의 코인이 또 매도되면서 암호화폐 시장을 한 번 더 출렁이게 할지도 모른다.

동일한 사기꾼들이 플러스토큰에서 터득한 사기 수법을 이용하여 10억 달러 규모 폰지 사기로 또 한 번 중국을 흔들어놓을지, 이제 시간 문제일까?

CRYPTO
WARS

6장

위장 사망,
사라진 수백만 달러,
사체 발굴 요청

죽어버린
창립자

2018년 12월, 캐나다의 한 암호화폐 거래소 창립자가 신혼여행으로 떠난 인도에서 돌연사했을 때[1] 해당 거래소에 2억 5000만 캐나다 달러를 맡겨둔 고객들이 딱히 걱정할 이유는 없어야 했다. 하지만 알고 보니 투자자들의 자금 2억 5000만 캐나다 달러를 보관해둔 지갑에 접근할 수 있는 사람은 창립자 제럴드 코튼Gerald Cotten뿐이었다.[2] 곧 대부분의 사람들은 그의 죽음을 믿지 않았다. 거래소 고객들과 암호화폐 업계 사람들은 대체로 그가 위장 사망을 했다고 생각하고 부검을 위한 사체 발굴을 요청했다. 이후 FBI는 수년 동안 그가 아직 살아 있다는 사실을 배제하지 않은 채 사건과 관련된 최측근 사람들을 조사해왔고,[3] 현재 이 사건은 계획된 사기 범죄로 분류되어 있다. 창립자는 심각한 환금성 문제와 예금 및 출금 관련 문제를 수개월간 끌어오다 죽은 것으로 알려져 있지만, 많은 사람들이 품고 있는 의문은 이렇다. 제럴드 코튼은 투자금과 함께 어디에 숨어 있는가? 캐나다 규제당국의 감시에도 정교한 먹튀로 보이는 사기가 어떻게 이토록 커질 수 있었나?

스마일 맨

항상 웃고 있는 모습으로 유명했던 금발 머리의 한 남자는 학교를 졸업하고 몇 년 후 캐나다 밴쿠버로 이사했고 당시 막 형성된 비트코인 커뮤니티에 합류했다. 제럴드는 지역 모임에 나가 비트코인과 관련된 사람들을 알아가며 이 업계에 몸담으려 했다.

비트코인 커뮤니티에는 암호화폐의 동작 원리와 함께 국가나 중앙은행이 통제하거나 조작하지 않는 화폐 시스템의 이점에 감탄하는 사람들이 주로 모여 있다. 하지만 제럴드의 관심사는 달랐다. 그는 새롭고 변덕스러운 암호화폐에서 투기성 짙은 투자 기회를 찾고 있었다.

초기 비트코인 투기자가 암호화폐 업계에서 일하는 방법은 몇 가지가 있었다. 암호화폐 거래소를 개설하는 일은 위험성이 가장 높고 어렵기까지 했지만 이때만 해도 암호화폐에 대한 규제가 없었으므로 별다른 법적 규제를 받지 않을 것이라 생각하는 사람이 많았다. 제럴드 코튼도 그중 한 명이었던 것 같다. 그리고 당시에는 비트코인을 쉽게 구매할 수 없었다. 다음 장에서 볼 '문제가 많은' 암호화폐 거래소 마운트곡스가 이 당시에 적어도 외관상으로는 잘나가고 있었지만 일본에서 설립된 거래소였으므로 제럴드는 캐나다 기반의 거래소를 만들고 싶었다.

제럴드가 만든 쿼드리가CX QuadrigaCX 거래소는 설립 초기 캐나다 비트코인 커뮤니티에 한 줄기 빛과도 같았다. 2013년 11월에 설립된 쿼드리가는 지역의 새로운 비트코인 거래소였고, 곧 저렴하고 빠르고 안전하게 비트코인을 거래할 수 있다는 평판을 얻었다. 무엇보다도 캐나다 거래소라는 점에 자부심을 느끼며 마케팅에도 이를 적극 활용했다. 딱히 문제가 될 만한 일은 없어 보였다.

피자는 누구나
다 좋아해

암호화폐 초창기 시절, 쿼드리가는 어렵지 않게 돋보일 수 있었다. 당시에는 사용자가 비트코인을 쉽게 구매할 수 있도록 개선하려는 경쟁이 별로 없었고, 초반에 이용자를 모으기도 어렵지 않았다. 지역 암호화폐 모임에 나가던 제럴드는 밴쿠버 비트코인 조합Vancouver Bitcoin Co-op의 조합장을 맡으며 새로운 사람들을 만나기가 더 쉬워졌다.

암호화폐 행사에서는 보통 한두 명의 지역 후원자가 으레 가져오는 피자 박스를 늘어놓고 암호화폐에 관심 있는 사람들과 학생 무리를 끌어들였다. 참석자들은 저마다 피자 한 조각씩을 들고 공짜 맥주를 거나하게 즐겼다.

이 당시에는 행사 비용을 대줄 후원자가 별로 없었다. 암호화폐는 시장이 워낙 한정되어 있었고 아직 자산으로 널리 인정받고 있지도 않았다. 제럴드는 지역 암호화폐 행사를 후원하며 사람들의 환심을 샀다. 어딜 가든 공짜 맥주와 공짜 피자는 가장 쉽게 지지자들을 포섭할 수 있는 방법일 것이다. 행사 후원은 캐나다 달러로 500~1000달러가 들었지만 거래소에 대한 좋은 이미지를 심어줬고 행사 주최 측과 지역 커뮤니티는 행사를 열 때마다 쿼드리가에 거의 의존하다시피 했다. 이 당시에는 암호화폐 행사를 후원해줄 다른 기업이 거의 없었다. 시간이 지나면서 신생 거래소는 이런 후원 덕분에 사람들의 신뢰를 얻었고 거래소에서 비트코인을 구매하거나 보유하기 위해 자금을 예치할 사용자 기반을 꾸준히 다질 수 있었다.[4]

곳곳에서 들려오는 해킹 소식

쿼드리가 설립 초반, 다른 경쟁 거래소들이 전부 해킹을 당하면서 쿼드리가는 상대적으로 운 좋은 상황을 맞았다. 2014년 초, 쿼드리가 거래소가 개설된 지 막 6주가 됐을 때 당시 전 세계 비트코인 거래의

70퍼센트를 책임졌던 세계 최대 거래소 마운트곡스가 해킹을 당해 서비스를 중단했다. 이후 얼마 안 되어 세계 2위 암호화폐 거래소 볼트오브사토시Vault of Satoshi와 당시 캐나다 최대 거래소 캐버텍스CaVirTex도 해킹을 당해 둘 다 같은 주에 갑작스럽게 파산했다.

쿼드리가는 사실상 하루아침에 캐나다의 대표 비트코인 거래소가 됐고 엄청난 이용자들이 쿼드리가로 몰려들었다. 거래소 운영이 처음인데다 여전히 암호화폐 업계에서는 비교적 신출내기였던 제럴드 코튼이 이 상황을 감당하기에는 버거울 수밖에 없었다. 쿼드리가는 거래소 자금을 편취하거나 재정적 손실을 입혔던 부도덕한 지급 결제 업체와 제휴를 했고 회계감사 보고서를 제출하지 않았으며 비트코인의 주인을 찾아주지 못하는 등 여러 문제들로 인해 발생한 손실액과 벌금이 수천만 캐나다 달러에 달했지만, 비트코인 가격이 폭등하면서 많은 수익을 냈고 이용자 수도 꾸준히 증가했다. 쿼드리가가 설립된 후 몇백 달러였던 비트코인의 가격이 2만 달러 이상으로 수직 상승하며 모든 거래에 대해 일정 비율의 수수료를 받았던 쿼드리가는 비트코인 가격이 최고점일 당시 총 20억 달러 상당의 순이익을 냈다.[5]

#럭셔리여행

쿼드리가는 사무실이 있었지만 보여주기식에 가까웠고 제럴드는 혼자 맥북으로 거래소를 운영했다. 거래가 일어날 때마다 비트코인의 폭등한 가격에서 일정 부분을 떼어갔으므로 그는 순식간에 부자가 됐고 세계적인 갑부처럼 풍족한 돈으로 마음껏 즐기며 살기 시작했다.

당시 제럴드와 그의 여자 친구 제니퍼 로버트슨Jennifer Robertson은 전용기를 타고 최고급 호텔에서 묵으며 전 세계를 여행했다.[6] 제니퍼의 인스타그램에는 오만, 몰디브, 두바이, 미얀마 등 먼 여행지에서 찍은 사진들이 가득했고, 주로 #luxurytravel(럭셔리여행)이라는 해시태그를 달았다.

비트코인 가격이 오르고 있던 2017년 여름, 제럴드와 제니퍼는 요트를 사러 갔다. 제럴드의 캐나다 핼리팩스Halifax 집과 가까운 노바스코샤Nova Scotia주의 서니브룩 요트 중개업소Sunnybrook Yacht Brokerage는 잘 차려입은 상류층 고객을 선호한다. 캐나다 일간지《글로브앤드메일The Globe and Mail》이 이 사기 사건을 집중 취재하면서 중개업소 관계자와 대화를 나눴다. 관계자에 따르면 제럴드는 그날 구겨진 셔츠와 반바지, 낡은 버켄스탁 슬리퍼 차림으로 테슬라 자동차를 타고 나타나 눈길을 끌었다고 한다. 요트의 가격은 중요하지 않은 듯 정해둔 가격 상한선이 없었다. 그는 카리브해까지 가는 동안 캐나다나 미국에 정박해 연료를 추가로 넣지 않아도 되는 큰 요트를 원했다. 제럴드는 선실 세 개와 수영 플랫폼이 있는 60만 달러짜리 제뉴Jeanneau 51 모델을 골랐고, 제니퍼가 치와와 두 마리와 함께 갑판에서 일광욕을 하는 동안 그 지역 주변의 섬을 돌며 요트 운전을 배웠다.[7]

그해 여름, 제럴드는 약 5000평에 달하는 섬을 하나 매입하여 해변에 소나무를 밀고 집을 지었으나 그 집에서 살지는 않은 듯했다. 그는 원래 살던 캐나다주 근방에 세 채의 집이 더 있었고 임대용 부동산도 14곳이 있었다. 또한 거의 운전한 적은 없었지만 50만 달러로 추정되는 세스나Cessna 경비행기와 테슬라 외에도 고급 차량이 몇 대 더 있었다.[8] 젊은 남자의 재산치고는 엄청났다.

여행, 요트, 비행기, 여자 친구 등 이 중에 무엇이든 암호화폐 거래소의 운영자보다 훨씬 흥미로운 듯 보였다.

제럴드는
정말 죽었나?

2018년 11월, 제럴드는 유언장을 작성했고 제니퍼와 결혼식을 올린 다음 신혼여행을 위해 인도 델리로 떠났다. 둘은 타지마할 등 주요 관광지에 있는 북인도 최고급 호텔에서 머물렀다. 당연히 모든 것이 최고급이었다. 12월 8일, 이들은 자이푸르에 도착했고 공항으로 마중 나온 아우디Q7을 타고 오베로이 라즈빌라스Oberoi Rajvilas 호텔로 갔다. 이 호텔은 1박에 1000달러가 넘는 현대식 호화 궁전이었다. 이 젊은 커플은 돈으로 살 수 있는 경험을 모두 다 누리는 꿈만 같은 인생을 사는 듯했다.

오베로이 호텔에 체크인한 지 얼마 지나지 않아 복통을 호소한 제럴드는 근처 사립병원으로 옮겨졌고 급성 위장염 진단을 받았다. 평소에 크론병을 앓던 그는 복통을 호소한 지 24시간도 안 되어 상태가 급속히 악화됐고 심정지가 두 차례 온 뒤 숨을 거뒀다.[9] 물론 이후 그의 죽음을 둘러싼 소문이 떠돌면서 그가 아직도 살아 있다고 믿는 사람이 많다.[10]

그가 사망한 뒤 시신 처리 과정에서 약간의 혼선이 있었다.

제럴드가 응급처치를 받았던 사립병원은 그가 묵고 있던 호텔로 시신을 보냈다. 호텔은 시신을 방부 처리사에게 보냈지만, 담당자는 사인이 명확하지 않다며 시신의 방부 처리를 거부했다. 병원에서 왜 방부 처리사에게 시신을 바로 보내지 않았는지는 아직 밝혀지지 않았다. 시신은 별다른 질문을 하지 않는 주립 의과대학으로 옮겨졌다.[11] 다음 날, 남편을 잃은 아내는 시신을 캐나다로 보냈고, 2018년 12월 14일 제럴드의 고향 핼리팩스에서 고인의 마지막 모습을 한 번도 공개하지 않고 관 뚜껑을 굳게 닫은 채 장례를 치렀다.

제니퍼는 1개월이 지난 후 페이스북에 제럴드가 죽었다는 소식을 남겼다.[12] 소식을 알리기까지 왜 그렇게 오래 걸렸으며, 왜 그의 죽음을 쉬쉬하고 있는 듯했는지는 분명하지 않다. 이 기간 동안에도 쿼드리가는 신규 사용자들에게서 수백만 달러를 받고 있었으며 돌려주는 돈은 없었다.[13] 내부적으로 거래소 운영이 거의 끝났다면 자금을 더 이상 받지 말아야 한다고 생각한 것 같지는 않았다.

보관의
중요성

———

　암호화폐를 안전하게 보관하는 방법에는 여러 가지가 있다. 위법이 아니면서 암호화폐 거래소가 할 수 있는 첫 번째 방법은 창립자가 사망하는 만일의 사태에 대비해 자금에 접근할 수 있는 키를 안전하게 백업해두는 것이다. 백업은 보통 의문의 여지도 없을 만큼 매우 기본적인 방법이다. 오직 한 사람만 자금에 접근할 수 있다면 암호화폐에 대한 위험도가 너무 높아지므로 괜찮은 거래소들은 절대 한 사람에게만 의존하지 않는다.

　암호화폐 거래소는 비록 일시적일지라도 고객의 암호화폐 자산을 안전하게 보관해야 한다. 쿼드리가로 암호화폐를 보내면 자신의 암호화폐에 대한 통제권을 양도하게 되므로 출금을 하려면 암호화폐를 직접 갖고 있을 때와는 다르게 거래소에 요청을 해야 했고 거래소에서 요청을 처리해주지 않으면 뾰족한 수가 없었다.[14]

　암호화폐는 개인키라는 암호화된 비밀번호로 안전하게 저장될 수 있다. 개인키가 있으면 암호화폐에 접근이 가능하지만 개인키를 잃어버리면 은행처럼 전화나 인터넷으로 비밀번호를 변경할 수 없다. 이후에 생긴 암호화폐 저장장치나 거래소 중에서는 고객 상담 서비스가 있는 경우도 있지만 초기에는 그렇지 않았다. 특히 암호화폐 초창기에는 개인키를 잃어버리는 즉시 암호화폐도 잃었다. 개인키를 잃어버렸거나 암호화폐를 저장해둔 기기를 실수로 버리는 바람에 돈을 찾지 못한 사람들의 사연이 수없이 많다. 이런 경우 할 수 있는 일이 딱히 없다.

좋은 거래소라면 거래소 자산과 고객 자산의 상당 부분을 온라인에 저장하지 않는다. 쿼드리가가 운영됐던 암호화폐 초기 시절에도 암호화폐를 더 안전하게 백업할 수 있는 저장 방법이 많아서 온라인 저장 방법은 고려 대상이 아니었다. 하지만 쿼드리가는 예외였다. 제럴드 코튼은 쿼드리가 고객의 자금 2억 5000만 캐나다 달러를 전부 자신만 알고 있는 개인키로 저장해두었다.[15]

쿼드리가는 사람들의 암호화폐를 안전하게 보관해준다고 자랑했고 사람들은 그 말을 믿었다. 단기 거래를 하더라도 암호화폐를 쿼드리가에 넣어두어야 했기 때문에 7만 6000명의 사람들은 제럴드에게 암호화폐를 안전하게 보관해주는 대가로 매 거래마다 수수료를 줘야 했다. 수년간 비트코인을 다뤘고 수십억 가치의 비트코인을 보관한 대형 거래소의 운영자인 제럴드는 안전한 보관의 중요성뿐 아니라 그 방법까지 누구보다도 더 잘 알았을 것이다. 2014년에 그는 한 인터뷰에서 개인키를 적은 종이를 은행 금고에 보관해두었다고 말한 적이 있다.[16] 인터뷰에서 그는 암호화폐 거래에 필요한 비밀번호를 잃어버릴 경우에 대해 이렇게 경고했다. "어떻게 보면 불타고 있는 현금과 같죠. 개인키를 잃어버리면 미국 정부가 세계 최고의 슈퍼컴퓨터를 가져와도 암호화폐를 되찾을 수 없습니다. 불가능해요."[17] 그는 암호화폐를 안전하게 보관하는 대가로 보수를 받는 사람으로서 투자자들의 방대한 양의 암호화폐를 지키기 위해 개인키 백업의 중요성을 과

소평가했을 리 없었다.

쿼드리가는 거래소를 운영하는 내내 수억 달러에 달하는 사용자들의 암호화폐를 실제로는 해킹에 취약하고 제럴드 자신이 마음대로 훔치기 쉬운 방법으로 저장해놓고 사용자에게는 안전하게 보관하고 있다며 거짓말을 했다. 쿼드리가는 관리하는 자금을 사용자 계좌별로 분리하지 않고 모두 하나의 큰 중앙 저장소에 보관했다. 이런 제럴드의 행동은 마치 이 암호화폐가 자기 소유이고 마음대로 할 권한이 있다는 듯 보였다.[18]

그가 사망했을 당시, 쿼드리가의 2억 5000만 캐나다 달러 자금에 접근하기 위한 개인키는 제럴드만 알고 있었다.[19] 어떠한 대비책도 없었다. 개인키가 없으면 아무도 그 돈에 접근할 수 없다. 누군가 제럴드를 찾아 데려오지 않는 한 2억 5000만 캐나다 달러 상당의 암호화폐는 어느 날 갑자기 공중으로 증발해버린 것과 같았다.

사법 당국의 개입, 하지만 …

제럴드가 죽고 개인키를 아는 사람이 없다는 사실이 밝혀진 후, 노바스코샤주 대법원은 쿼드리가에 파산을 선고하고 회계법인 언스트앤드영Ernst and Young을 선임하여 쿼드리가 사용자들이 잃은 수억 달러를 되찾도록 했다. 하지만 기존의 사법 당국은 이 사건을 처리할 능력이 없었다. 사법 당국은 암호화폐와 관련된 사안에 대해 이해하지 못했고, 기본적인 것부터 설명해줘야 하는 암호화폐 전문가들은 그들의 무지에 놀랄 수밖에 없었다.

파산관재인 언스트앤드영 회계법인도 아주 어리석은 실수를 여러 번 했다. 이들은 잃어버린 암호화폐를 어떻게 찾아 회수해야 하는지 전혀 몰랐다. 언스트앤드영은 제럴드가 혼자 개인키를 갖고 있던 탓에 쿼드리가의 지갑 안에 묶여 접근할 수 없게 된 암호화폐를 다는 아니라도 되찾아야 하는 임무를 맡았다. 하지만 정말 터무니없게도 언스트앤드영은 이미 엄청난 돈을 잃은 투자자들이 또 한 번 돈을 잃게 만들었는데, 이들은 쿼드리가에 남은 일부 암호화폐에 접근할 수 있었으나 개인키를 모르는 제럴드의 지갑 중 하나로 100만 달러 상당의 암호화폐를 보내면서 이마저 찾지 못하게 만들었다.[20] 관재인이라는 점을 차치하더라도 어떻게 이런 어마어마한 기본적인 실수를 저지를 수 있는지 모르겠다.

캐나다 연방경찰Royal Canadian Mounted Police과 FBI를 비롯해 비공개 사법기관 두 곳 이상도 사건 조사에 착수했다. 하지만 쿼드리가의 화난 투자자 중 컴퓨터에 능통한 이들이 소셜미디어와 커뮤니티에 공유한 정보 이상은 찾지 못했다.

이미 몇 개월 동안 여러 문제점과 그에 대한 항의가 있던 상태에서 제럴드가 죽었고 투자자들은 돈을 인출할 수 없었다. 그의 사망 이후 은행과 사법기관이 조사를 시작했을 때에는 훨씬 많은 문제점이 드러났다.

투자자들이
나서다

쿼드리가의 영업이 종료됐을 때 자금을 모두 잃은 사용자가 약 7만 6000명이 있었다. 캐나다에 있는 거의 모든 암호화폐 전문가 및 애호가들은 최소 수백 달러에서 전 재산에 이르는 비트코인을 쿼드리가에 보유하고 있었다. 이 약 7만 6000명 중 많은 수가 암호화폐의 동작 방식을 잘 아는 똑똑한 얼리어답터들이었고, 캐나다에서 가장 기술 수준이 높은 사람들이다. 이 투자자들은 암호화폐를 깊이 이해하고 있었고, 비트코인 구매가 쉬워지기 한참 전부터 구매를 했다.

이 당시 암호화폐의 지위가 올라가며 주류 자산으로 막 인정받기 시작하던 때라 암호화폐에 대한 평판이 아주 중요했고, 함께 암호화폐를 지지하는 줄 알았던 거래소가 자신들을 속였다는 사실에 배신감을 느낀 암호화폐 지지자들은 화난 피해자들과 뜻을 함께했다.

이 중 약 500명의 캐나다 컴퓨터 전문가들은 타 메신저 앱에 비해 사생활 보호가 철저해 여러 커뮤니티 회원들이 좋아하는 채팅 앱 텔레그램에서 단체 채팅방을 만들었다. 그들은 쿼드리가에 도대체 무슨 일이 일어났는지 자체적으로 조사를 하고 싶었다. 모두가 묻고 싶은 말은 이러했다. "제럴드 코튼은 어디 있는가?", "캐나다 최대 비트코인 거래소는 캐나다 사법 당국의 감시에도 불구하고 어떻게 이렇게까지 상황이 나빠져 사용자들의 막대한 돈을 잃게 했나?" 이 모임은 자체 조사를 진두지휘했다. 채팅방에는 쿼드리가 사용자들뿐 아니라

기자와 사법기관 수사관들도 자주 드나들었다. 쿼드리가의 배후 인물들을 알고 있는 사람이 많았던 이 채팅방에서 500명이 머리를 맞대어 사건을 조사하며 정보를 공유했고, 곧 아주 흥미로운 사실들이 드러나기 시작했다.

커지는 의혹, 제럴드는 어디에 있나?

이 사건을 깊이 조사할수록 사람들이 우려하는 바가 점점 하나로 모였고, 곧 트위터 등의 소셜미디어에는 공통된 의견이 곳곳에서 쏟아져 나왔다. 끊임없이 제기된 강한 의혹 한 가지는 바로 "제럴드는 죽지 않았다"였다.

조사 결과가 조금씩 나오면서 쿼드리가 피해자들은 제럴드의 죽음을 의심하기 시작했다. 가장 먼저 사망진단서에 적힌 이름의 철자가 틀렸다는 사실이 드러났다. 라자스탄주 경제통계부Rajasthan Directorate of Economics and Statistics에서 발급한 사망진단서에는 제럴드 코튼의 성이 'Cotton'이 아니라 'Cottan'으로 적혀 있었다.[21] 게다가 제럴드가 처음에 갔던 사립병원인 포티스 에스코트 병원Fortis Escorts Hospital을 운영한 회사의 전 대표와 이사가 불과 2개월 전에 금융 사기 혐의로 유죄 선고를 받았기에[22] 허위 진단서를 작성해준 것이 아니냐는 비리 의혹이 나오기도 했다. 무엇 하나 괜찮은 것이 없었다. 사람들은 사망진단서

뿐 아니라 증명서 조작이 쉽기로 유명한 나라 인도에서 만들어진 다른 관련 문서들도 진짜인지 의심하기 시작했다.

제럴드의 죽음을 둘러싼 정황들은 아무리 봐도 의심스러웠다.

공식 사인은 평소 앓던 크론병의 합병증으로 기록됐지만, 그를 담당했던 자얀트 샤르마Jayant Sharma 위장병 전문의는 아직도 그날 일을 잊지 못하고 있었다. "여러 번 다시 생각해봤습니다. 할 수 있는 건 다 했어요." 의사는 연락을 취해온 영국 신문《텔레그래프The Telegraph》에 사인은 확실하지 않다며 제럴드의 상태가 놀랄 정도로 급속히 악화되어 특별한 조치를 취할 틈도 없었다고 고백했다. 의사 본인도 제럴드가 정말 죽은 것이 맞는지 모르고 있었다. "다시 그때로 돌아간다면 부검을 했을 겁니다." 의사가 말했다.[23] 그는 제럴드의 시신을 봤다는 다른 의사와 이야기를 나눠봤지만 경찰 수사는 없었다고《텔레그래프》에 전했다. 의사 말이 사실일 수도 있다. 의사들은 죽는 사람들을 워낙 많이 보기 때문에 당시에는 이 사건에 대해 아마 딱히 의심하지 않은 것 같다. 이와 관련한 진실은 절대 알 수 없을지도 모른다.

제럴드가 여전히 살아 있을 것이라는 의혹이 커지는 가운데 불난 데 기름을 붓는 격으로 그가 유언장을 쓴 날이 인도로 떠나기 4일 전이며 사망하기 12일 전이라는 사실이 밝혀졌다. 유언장에는 집이며 임대용 부동산, 비행기, 자동차, 보트 그리고 제니퍼의 반려견 치와와 두 마리를 보살피는 데 쓸 10만 캐나다 달러 등 1200만 달러 상당의 자산이 명시되어 있었다.[24]

암호화폐 시장이 최고점이었을 때 쿼드리가는 사용자들의 자금 약

20억 달러를 보관하고 있었지만, 놀랍게도 유언장에는 이 자금이 들어 있는 지갑이나 저장소에 대한 언급이 전혀 없었다. 이 사실을 듣고 놀라지 않을 피해자가 없을 만큼 이들은 큰 충격을 받았다.[25]

제럴드가 쿼드리가에 보관된 자금에 대해서는 유언장에 일언반구도 남기지 않았을 뿐 아니라 본인만 알고 있는 개인키를 백업해두지 않았다는 사실이 밝혀지면서 이 거래소에 관한 더 심상찮은 의혹들이 제기되기 시작했다.[26]

이후 수사가 본격화됐다. FBI와 캐나다 사법 당국과 더불어 쿼드리가의 배신으로 화난 수백 명의 투자자들은 동시에 각각 수사를 펼쳤고, 가능하리라 상상도 못했던 증거들을 찾으며 놀라운 사실을 밝혀냈다.

전과 기록이 있는 숨겨진 창립자

쿼드리가가 굳이 밝히지 않은 듯한 한 가지 사실이 있었는데, 제럴드 코튼은 쿼드리가의 단독 창립자가 아니었다.

쿼드리가 설립 초기, 마이클 패트린Michael Patryn이 밴쿠버 암호화폐 커뮤니티에 합류했지만 당시에도 그를 좋아하거나 신뢰하는 사람은 없었다. 웃는 얼굴로 유명했던 제럴드와 달리 자칭 자문가라고 소개했던 마이클은 쿼드리가가 암호화폐 행사에 피자를 후원한 것과 관련

되어 미미하게 호감을 샀을 뿐이었다. 현재 여러 암호화폐 기업을 창립한 조셉 와인버그Joseph Weinberg는 학생 시절 쿼드리가가 후원한 밴쿠버 비트코인 조합 모임에 참석했었고, 마이클에 대해 이렇게 기억했다. "마이클 패트린은 딱 봐도 정체를 알 수 없는 사람이었습니다. 그는 자기가 인도 출신이라 소개하기도 했고, 파키스탄이나 이탈리아에서 왔다고도 했죠. 하지만 다 꾸며낸 것이었습니다. 처음으로 해보는 솜씨가 아니더군요."[27]

제럴드가 죽은 후 마이클은 쿼드리가와 거리를 두기 위해 부단히 노력했다. 마이클은 쿼드리가 투자자들이 모인 텔레그램 단체 채팅방에서 쿼드리가와 최대한 상관없어 보이게끔 노력했고, 제럴드를 온라인에서 만난 적이 있지만 무려 5년 전이라고 말했다.

피해자들은 시간이 날 때마다 보안이 철저한 메신저 앱에서 오고간 채팅과 온라인 커뮤니티의 삭제된 글을 열심히 캐냈고 캐나다 일간지 《글로브앤드메일》도 깊이 파고들었다. 그 덕에 이 사건과 직접적인 관계는 없지만 쿼드리가 창립자들의 사악하기 그지없는 과거가 밝혀졌다.

2003년, 에드워드 크라센스타인Edward Krassenstein과 브라이언 크라센스타인Brian Krassenstein 형제는 토크골드TalkGold라는 다크 웹사이트를 열었다. 다크 웹사이트는 범죄의 온상으로 토크골드 역시 폰지 사기꾼들의 천국이었다. 사이트에는 최근에 벌인 사기들이 전부 올라와 있었고, 그중에서 투자자들에게 믿기 힘든 수익을 약속한 후 새로운 투자자의 돈으로 수익을 지급하는 일종의 폰지 사기인 고수익 투자 프로그램 HYIP**High Yield Investment Program**에 대한 글이 제일 많았다. 사이트에서는 수익을 내기 위한 사기의 시작과 종료 시점, 사기를 굴리는 방법, 심지어 독창적인 폰지 사기를 만드는 방법에 대한 것까지 온갖 조언과 팁들이 있었다.[28] 활발히 운영되던 토크골드는 2016년 미국 국토안보부**Department of Homeland Security**가 플로리다주 포트마이어스**Fort Myers**에 있는 크라센스타인 형제 집에서 자산 및 재무 기록과 50만 달러를 압수하며 다행히 막을 내렸다.[29]

제럴드는 토크골드부터 시작해 유사 사이트에서 사기 방법을 배웠다. 그는 15세 때 이 사이트를 발견하고 셉터**Sceptre**라는 이름으로 활동하며 10년 이상 사람들을 속이는 기술을 배우고 연구했다. 희망을 품게 하는 법이나 투자금을 끌어들이는 법, 사기의 시작 및 종료 방법과 시기 그리고 결정적으로 도주 시 자취를 감추는 법 등이 있었다.[30]

2003년, 당시 21세였던 마이클 패트린은 제럴드보다 3개월 먼저 사이트에 가입했다. 둘은 토크골드에 자주 글을 썼고, 다른 사기 홍보 사이트에서도 적극적으로 활동했다. 이들은 곧 상대방의 글에 댓글을 자주 달며 소통했고, 아마 이런 사이트에서는 흔한 일이겠지만 배웠던 것을 실습하는 차원에서 재미 삼아 사기를 벌이기도 했다.[31] 둘은 서로의 사기 시도를 좋게 봤는지 파트너가 되어 협력하기로 했다.

사기 연습
기간

제럴드는 무엇이든 빨리 배웠다. 그해 12월쯤, 제럴드는 겨우 16세에 자신의 고수익 투자 사기 웹사이트를 개설했고, 2004년 1월 1일 처음 S&S투자S&S Investments라는 피라미드 사기 프로그램을 출시하여 48시간 내로 130~150퍼센트라는 비현실적인 수익을 만들어준다는 약속을 내걸었다. 3개월을 못 넘기고 새로운 투자자에게서 받은 돈이 다 떨어지자 200명의 투자자에게 돈을 지급하지 못했고, 제럴드는 투자자들에게 으름장을 놓으며 시간을 벌어야 했다. [32]

그는 한 게시물에서 투자자들에게 "어떤 종류의 협박이라도 한다면 … 돈을 돌려받고 싶지 않다는 말로 알고 한 푼도 주지 않겠다"라고 경고했다. [33] 투자자들의 자금 대부분이 바닥나며 이 첫 번째 사기가 끝나기도 전에 제럴드는 다음 사기로 러키인베스트Lucky Invest를 시작했다.

제럴드의 다양한 사기 프로젝트가 종국을 맞았을 때는 마이클이 그를 변론해줬다. 제럴드는 가명을 쓰고 사는 지역도 숨기며 사기 행각을 수차례 벌이면서[34] 여러 번 곤란한 상황에 처했지만, 그들은 점점 더 정교하게 사기를 운영하면서 온라인 채팅방에서 서로를 옹호했고 상대방의 사기 플랫폼에 대해 만족해하는 고객인 척 행세하며 사람들의 투자를 이끌었다.

2004년, 미국 비밀국Secret Service은 오마르 다나니Omar Dhanani라는 남

자를 신원 도용 혐의로 체포했다. 오마르는 훔친 신분증을 다른 사람에게 넘기려던 혐의를 인정했고 징역 18개월을 선고받아 연방 교도소에 수감됐다. 2007년, 그는 석방과 동시에 캐나다로 강제 추방됐다. 오마르 다나니는 캐나다에 온 후 무슨 이유에서인지는 몰라도 사기를 벌이기 위해 온라인에서 쓰던 이름으로 개명했다. 처음에는 오마르 패트린으로 바꿨다가 이후 마이클 패트린으로 변경했다. [35]

전문적인
돈세탁

2013년, 가짜 가상화폐 플랫폼 리버티리저브Liberty Reserves가 미국 사법 당국에 기소되어 문을 닫았다. 이 기업은 미국에서 역대 최대 규모의 자금을 세탁했다. 리버티리저브는 범죄자들을 위한 페이팔PayPal이었다. [36] 리버티리저브가 협업했던 거래소 중에는 미다스골드 거래소Midas Gold Exchange가 있었는데, 리버티리저브와 미다스골드는 주로 마약 범죄 조직과 인신 매매단, 폰지 사기꾼들의 돈세탁에 이용됐다.

미다스골드 거래소의 사업 등록 서류에 적힌 연락처는 제럴드 코튼의 이메일로 보이는 'gerald.cotten@gmail.com'이었고, 은행 계좌의 예금주는 오마르 패트린이었다. [37] 거래 수수료로 수익을 내는 대규모 돈세탁 사업이 제럴드와 마이클의 첫 번째 합작 프로젝트였다.

제럴드와 마이클은 몇 번의 사기와 돈세탁을 더 벌인 후 리버티리저브와 미다스골드에서 발을 빼기 6개월 전 고수익 폰지 사기의 특징을 모두 갖춘 새로운 사업을 시작했다. 신규 사업인 쿼드리가 펀드 **Quadriga Fund**의 페이스북 페이지에는 5달러를 주고 섭외한 가짜 고객의 투자 추천 영상이 올라와 있었다.[38] 이 폰지 사기는 비트코인과 불법 가상화폐 리버티리저브로 자금을 조달했고, 마이클이 운영하는 지급 결제 업체를 이용했다. 하지만 쿼드리가 펀드는 출시 3개월도 안 되어 없어졌고 암호화폐 거래소 쿼드리가CX가 그 자리를 대신했다.

캐나다 최대 거래소는 사법 당국의 감시에도 불구하고 상황이 어떻게 이토록 나빠졌을까?

2015년쯤 비트코인 커뮤니티가 쿼드리가를 강력히 지지할 때 일부 사법기관들은 이미 쿼드리가를 눈여겨보고 있었다. 마이클은 대놓고 자신의 돈세탁 능력을 자랑하듯 거드름을 피웠지만,[39] 범죄 조직과 연관되어 있다고 알려진 전과자 마이클에 대해 의문을 갖거나 항의를 하는 사람은 크게 없었다.

쿼드리가는 제럴드 덕에 성공했다고 봐도 과언이 아니었다. 사람들은 제럴드를 좋아했고 신뢰했다. 어떻게 보면 그들의 희망대로 캐나다에 기반을 둔 거래소를 세워 운영하는 제럴드를 믿고 싶어 했던 것 같다.

무언가 문제가 있음을 안 마이클은 거래소 폐쇄의 모든 책임을 제럴드에게 떠넘기려 했고, "제럴드는 2016년 1월에 직원들과 이사회, 임원진이 모두 떠난 뒤에 서류상 합법적이고 윤리적으로 회사 운영을 그만두었다"라고 말했다.[40] 서류상 운영을 그만두기 직전에 쿼드리가는 85만 캐나다 달러 상당의 자금을 모금했다. 이후 투자자 중 한 명과 논쟁이 오간 후 이사회뿐 아니라 공동 창립자인 마이클도 회사를 떠났고, 제럴드는 투자금도 없이 쿼드리가에 상근하는 유일한 직원으로 홀로 남았으나 회사에 대해서는 어떠한 책임도 없었다. 안타깝게도 이 사실을 쿼드리가 사용자들은 잘 몰랐다.

이미 사라진
돈

쿼드리가의 공개 매각이 실패했을 때, 제럴드는 겉치레로 유지하던 내부 장부 기록을 중단한 상태였다. 이때가 쿼드리가의 사용자들이 출금을 할 수 없다고 항의하기 시작했을 때였고, 곧 그 이유가 확실해졌다. 제럴드의 사망이 발표된 후, 블록체인 전문가들과 조사자들은 쿼드리가의 지갑을 하나도 빠짐없이 조사했고 얼마 안 되어 지갑들이 비어 있다는 것을 알았다. 미국 잡지《베니티 페어Vanity Fair》의 요약에 따르면 제럴드는 늦어도 2015년쯤부터 고객들의 자금을 빼돌리기 시작했다.[41]

제럴드는 가족들에게 혹시 자기에게 무슨 일이 일어날 경우를 대비해 쿼드리가를 위한 비상 안전장치를 마련해두었다고 말했었다. 가족들이 계좌에 접근할 수 있는 정보가 담긴 이메일을 받았으면 피해자들에게 돈을 돌려줄 수 있었을 것이다. 하지만 이메일은 오지 않았다.[42] 대신 총 7만 6319명이 쿼드리가에 2억 1460만 달러를 요구하고 나섰다.[43] 언스트앤드영은 제럴드의 아내 제니퍼가 양도하기로 한 900만 달러를 비롯해 쿼드리가의 달러 보유액에서 최대 3500만~4000만 달러가 투자자들에게 돌아갈 것이라 내다보고 있지만[44] 암호화폐는 전혀 찾을 길이 없다.

돈은 어디로 갔나?

거래소가 폐쇄되기 전 제럴드는 온라인 커뮤니티에서 가장 많은 잡음을 냈던 일부 사용자들에게 돈을 지급했다.[45] 주로 종이가방이나 상자에 현금을 넣어 보냈다.[46] 현금을 보낸 이유는 꼭 법망을 피하기 위해서라기보다 캐나다에서 운영되는 암호화폐 기업은 은행 계좌를 만들 수 없었기 때문이다.[47]

그럼 나머지 돈은 어디 있을까? 제럴드는 사용자들의 비트코인을 쿼드리가에서 가능한 한 많이 빼내어 다른 거래소에 있는 개인 지갑으로 보내는 여러 가지 수법을 사용했던 것 같다. 캐나다 온타리오 증권위원회Ontario Securities Commission는 제럴드가 쿼드리가에서 불법으로 빼돌린 돈이 1억 1500만 달러라고 추정했다.[48] 보도에 따르면 그는 쿼드리가에 가짜 계정 14개를 가명으로 만들어 수도 없이 많은 거래를 했다.[49] 이런 불법 거래뿐만 아니라 엄청난 액수의 자금을 개인 지갑으

로 바로 옮긴 다음 다른 거래소로 보냈다.[50]

사실 여러 암호화폐 거래소들이 가짜 계정을 만들어 거래량이 증가한 것처럼 꾸민다. 그러므로 쿼드리가의 행동이 딱히 놀랄 일은 아니었고 제럴드는 이를 2015년 장부에 공개하기도 했다. 하지만 거래량을 거짓으로 꾸미는 여타 미심쩍은 거래소들과 달리 제럴드는 한발 더 멀리 나아갔다.

캐나다의 기업 법무 전문 로펌 오슬러호스킨앤드하코트Osler Hoskin and Harcourt의 소송 담당자 에반 토마스Evan Thomas는 제럴드가 2016년부터 이미 가짜 계정을 만들어왔다고 보고했다.[51] 제럴드는 가짜 계정을 생성하여 진짜 비트코인뿐 아니라 존재하지도 않는 위조 비트코인을 만들어 거래했다.[52] 현재 널리 알려진 바로 그는 쿼드리가에 가짜 계정을 만들어 허구의 비트코인을 거래하면서 거래량이 증가한 것처럼 꾸몄다. 쿼드리가 고객들이 진짜 달러나 암호화폐를 팔 때, 제럴드는 가짜 비트코인을 이용해 진짜 암호화폐를 구매한 듯 꾸미며[53] 아무런 비용도 들이지 않고 비트코인을 모았다. 제럴드는 진짜 비트코인과 달러를 받고 사용자들의 계좌에는 가짜 비트코인을 넣어두었다. 그는 사라지기 전까지 약 30만 건의 거래를 통해 사용자들의 비트코인과 돈을 빼돌려 막대한 이득을 사취하며 쿼드리가의 보유금을 고갈시켰다.[54]

남의 돈으로
하는 도박

고객의 비트코인을 빼돌리기 위해 퀴드리가에서 한 허위 거래로도 모자라 제럴드는 신용 계좌에 있는 고객의 자금으로[55] 다른 경쟁 거래소에서 암호화폐의 변덕스러운 가격에 막대한 양의 비트코인을 걸고 위험성이 큰 무모한 거래를 6만 7000건이나 한 듯 보인다.[56] 결과가 아주 좋아도 굉장히 위험한 행동이다. 이 비트코인은 거래 수수료 및 암호화폐 가격 하락으로 인해 손실됐다. 결코 마음대로 해서는 안 되는 고객들의 돈 2800만 달러는 여기서 잃은 것으로 보인다.[57] 잃어버린 투자자들의 자금을 일부 되찾고자 필사적으로 시도한 거래였을까? 그럴 수 있다. 하지만 이미 본인 계좌로 많은 돈을 유용했기 때문에 아마 돈을 더 벌기 위한 욕심에서 이런 거래를 했을 가능성이 크다. 아니면 FBI의 사이버 범죄부 수석 조사관 제니퍼 밴더 비어Jennifer Vander Veer가 암호화폐 전문가들에게 제기한 가능성처럼 여러 암호화폐를 거래하여 추후 수사관들이 비트코인을 추적할 수 없도록 자금 세탁을 시도한 것일까?[58]

《글로브앤드메일》은 제럴드가 해외 거래소를 통해 한 번에 8000만 달러어치의 비트코인을 매도한 사실도 밝혀냈다.[59] 그중 일부는 퀴드리가 사용자들의 자금으로 추정되며[60] 아직 되찾지 못했다.

제럴드는 이전에 집 다락방 서까래에 금고를 달아두었다고 말한 적이 있었다. 여기에 퀴드리가 사용자들의 자금이 들어 있는 지갑의 개인키가 상당수 보관되어 있다고 한다. 이를 알았던 집의 건축 시공자 중 한 명이 제럴드가 죽었다는 소식을 듣고 그의 집으로 가봤다. 금고가 있던 자리에는 네 개의 나사 구멍만이 나 있었다.[61] 누군가 안에 든 것과 함께 금고를 들고 급히 달아난 것으로 보인다.

제럴드에게 세스나 경비행기를 판매하고 노바스코샤의 작은 항공클럽에서 같이 활동했던 에릭 슐레츠Eric Schletz는 공항에서 현금 5만 달러를 들고 유유히 걸어가는 제럴드를 본 적이 있다고 했으며,[62] 제럴드의 집에 보관된 돈뭉치들이 찍힌 사진도 있었다. 제럴드는 해외로 여행을 많이 다니는 동안 한 번도 세관 검색을 받아본 적이 없다고 자랑까지 했다고 한다. 이로 미루어볼 때, 제럴드가 매번 여행을 갈 때마다 투자자들의 자금 일부를 현금으로 몸에 지니고 나가 전 세계에 있는 해외 은행 계좌에 충분히 숨겨두었고, 만약 사람들이 믿는 것처럼 아직 살아 있다면 신분을 밝히지 않고도 살 수 있는 준비가 됐을 가능성이 상당히 커 보인다.

제럴드가 아직 살아 있는지, 살아 있다면 지금 어디에 있고 어떤 신분인지는 모른다. 만약 살아 있다면 적어도 신분을 세탁하기에 충분한 돈을 갖고 있을 것이다. 물론 그가 실제로 죽었을 가능성도 있지만, 아직 그렇게 믿는 사람을 암호화폐 업계에서는 만난 적이 없다. 다만 우리가 아는 것은 굉장히 많은 쿼드리가 사용자들이 출금이 막혀 의문을 제기하고 소송을 시작하고 나서야 쿼드리가에 대한 정식 조사가 들어갔고, 이후 제럴드가 유서를 쓰고 인도로 갔으며 사망진 단서에 있는 이름은 철자가 달랐고 사체를 넣은 관이 캐나다로 보내졌다는 것이다.

사체를 발굴해야
한다!

2019년 12월 13일, 쿼드리가 사용자를 대변하는 로펌은 캐나다 연방경찰에 사체를 발굴하라는 요청서를 보냈다. 이들은 사체의 신원과 사인을 분명히 밝히기 위해 부검이 반드시 필요하다고 주장했다.[63] 연방경찰에 사체 발굴을 강력하게 요청하고 있지만, 피해자들은 여름을 또 한 번 넘길 경우 실제로 있을지 모를 사체가 심각하게 부패하여 증거를 못 찾을까 봐 우려하고 있다.

현대 기술로 포장한
구식 사기

쿼드리가에 대한 새로운 수사를 통해 한 가지 결론은 분명해졌다. 쿼드리가 사태는 실수의 연속이었거나, 운이 나빴거나, 자금 관리를 하지 못해서가 아니었다. 온타리오 증권위원회가 짐작하기로 "쿼드리가에서 발생한 일은 현대 기술로 포장한 구식 사기"였다.[64] 증권위원회는 보고서에 이 사건을 아주 간결하게 요약해놨다.

제럴드가 죽었을 때, 고객들이 쿼드리가에 예치한 자산은 약 2억 1500만 달러였지만 쿼드리가는 고객에게 내어줄 수 있는 돈이 아예 없다시피 했다. 2016년 11월까지 제럴드는 쿼드리가로 상당량의 가짜 자산을 투입하여 파산은 거의 예고되어 있었다. 하지만 새로운 책임자가 쿼드리가를 결국 폐쇄하기 전까지 쿼드리가는 무너지기 직전의 상황에서도 신규 고객과 예치금을 계속 받았다.[65]

조사에 따르면 제럴드는 자금이 바닥나자 신규 고객들의 예치금으로 기존 고객에게 돈을 지급했다. 캐나다의 규제 기관 온타리오 증권위원회는 "사실상 쿼드리가 거래소는 폰지 사기처럼 운영됐다"고 정리했다.[66] 처음부터 계획된 진부한 폰지 사기나 마찬가지였다. 제럴드가 살아 있었더라도 쿼드리가는 필연적으로 무너졌을 것이고, 다만이 유감스러운 사건의 장본인에게서 좀 더 많은 대답을 들을 수 있을 뿐이었다.

CRYPTO
WARS

7장

마운트곡스

해킹,
수십억 달러 유출,
무허가 거래 프로그램

그렇게
사라졌다

　암호화폐 거래소 마운트곡스의 흥망성쇠 이야기는 사기와 무관하다. 오히려 연이은 해킹과 부실 경영, 잦은 실수와 불운이 겹치면서 암호화폐 초창기 시절 가장 많은 자산을 자랑했던 거래소는 전 재산을 잃었다. 암호화폐 총거래량의 80퍼센트 이상을 책임졌던 마운트곡스 거래소는 3년 만에 텅텅 빈 지갑과 함께 파산을 선언했다. 그 후 마치 운명의 장난처럼 비트코인 가격이 폭등하면서 보유 비트코인의 4분의 3을 해킹으로 잃고도 훨씬 많은 돈이 남았고 거래소 사용자들에게 예치금의 몇 배를 갚아줄 수 있었지만 아직 법정 분쟁 중인 마운트곡스는 일본의 파산법에 의해 그러지 못했다. 당시 마운트곡스는 암호화폐 업계에서 최대 피해액을 낸 해킹과 수십억 달러 규모로 이뤄진 자금 세탁의 희생양이었다.

2014년 이전 암호화폐에 투자했던 사람이라면 마운트곡스에 약간의 비트코인이라도 보유하고 있었을 것이므로 전 세계에 있는 거의 모든 비트코인 초기 투자자들이 마운트곡스의 영향을 받았다고도 볼 수 있다. 수없이 많은 해킹에 시달리고 조직 내 관리가 부실한데도 마운트곡스가 돈을 다 잃고 돌이킬 수 없는 상황이 되기까지 어떻게 아무도 몰랐는지 아직도 의문이다.

2014년 2월, 설립된 지 3년이 채 안 된 마운트곡스에서 전 세계 비트코인 거래의 80퍼센트 이상이 이뤄졌다.[1] 이달, 마운트곡스는 사내 비트코인 보유량을 확인했고, 당연히 있어야 할 100만 개의 비트코인은 어디론가 사라지고 없었다. 누가 훔쳐가는지도 몰랐지만 지갑은 비어 있었다. 세계 최대 암호화폐 거래소는 어떻게 수억 달러에 달하는 비트코인을 전부 잃어버렸을까?

수천 명의 투자자를 좌절시킨 마운트곡스는 수없이 많은 소송전을 치렀고 현재는 도쿄에 위치한 프랑스풍의 카페만이 한때 암호화폐 업계를 호령했던 거래소의 상징처럼 남아 있다. 대규모 기차역 근처 사무실 밀집 지역의 1층에 자리한 이 카페는 도쿄의 IT 전문가들이 암호화폐와 기술 혁신에 대해 이야기를 나누는 요충지 역할을 하며 비트코인을 결제 수단으로 받을 예정이었다. 이 카페를 만드는 데에는 100만 달러 이상이 들었다. 마운트곡스의 CEO 마크 카펠레스 Mark Karpeles는 프랑스식 달걀 파이 키슈quiche를 매우 좋아해서 마운트곡스보다 키슈에 더 애정이 있는 것이 아니냐는 소리를 들을 정도였다. 그는 메뉴 개발을 위한 전문 제빵사와 키슈를 구울 3만 5000달러짜리 고급 오븐을 카페에 들이기도 했다.[2] 하지만 카페는 문을 열지 못했다. 아직도 공사 중인 상태 그대로 입구에 간판만이 걸려 있을 뿐이다.

카드 게임에서
암호화폐로

'마운트곡스'가 어느 지역에 있는 산 이름이라고 생각하는 사람이 많다. 하지만 암호화폐와는 관련이 없어 보이는 이 이름은 마니아층에서 인기 있었던 카드 게임 '매직: 더 개더링Magic: The Gathering'에서 온 것이다. 'Mt. Gox'는 '매직: 더 개더링 온라인 거래소Magic: The Gathering Online Exchange'의 줄임말로, 많지는 않지만 이 카드 게임을 매우 즐겼던 사람들은 온라인으로 카드를 거래했다. 현재 암호화폐 시장의 주요 코인 두 개를 창시한 마운트곡스의 창립자 제드 매케일럽Jed McCaleb은 자칭 '게임덕후'였다. 몇 년 후 제드는 마니아를 위한 카드 거래 사이트를 운영하는 데 더 이상 시간을 투자할 만큼 매력을 느끼지 못했고 사이트를 키우는 데에도 크게 흥미가 없었다. 2010년쯤, 그는 주소만 제외하고 사이트를 싹 갈아엎었다. 카드 게임 거래소였던 마운트곡스는 한순간에 암호화폐 거래소가 됐다.

제드는 시기를 아주 잘 탔다. 이 시기는 암호화폐 시장이 막 형성

됐던 때로, 2009년에 비트코인이 발명되고 불과 1년밖에 되지 않아 비트코인을 살 수 있는 사이트가 많이 없었다. 비트코인을 거래할 수 있는 몇몇 사이트들은 사용이 어려운 데다 미덥지도 못했다. 당시에는 정부나 중앙은행이 발행하는 명목화폐와 암호화폐 사이에는 아주 큰 장벽이 있어서 마운트곡스도 사용이 쉽지는 않았지만 다른 거래소보다는 나았던 덕분에 달러를 주고 비트코인을 사려는 주문이 밀려들었고 거래량은 점점 더 많아졌다. 수만 달러 상당의 비트코인을 사려는 사람들에게서 주문이 쇄도하자 제드는 거래소 일에 회의감을 느껴 그만두고 싶었다. 초창기 암호화폐 커뮤니티는 워낙 작아서 거래소가 매물로 나왔다는 소문이 삽시간에 퍼졌고 제드도 알고 있는 마크 카펠레스라는 남자가 곧 인수했다.

마크에게는 세계 최대 암호화폐 거래소를 운영하거나 그에 따라오는 복잡한 규제들을 처리할 만한 자질이 애초에 없었던 것 같다. 그는 암호화폐를 좋아하는 컴퓨터광이었다. 온라인 커뮤니티에서 여전히 매지컬턱스MagicalTux라는 이름으로 통하는 마크를 두고 지인들은 그가 거래소를 안전하게 지키기 위해 보안 시스템을 구축하고 중요한 결정을 내리는 일보다 서버를 고치거나 키슈 요리법에 대해 고민하기를 더 좋아하는 것 같다고 말했다. [3] 제드는 마크에게 거래소를 넘겨주며 마운트곡스가 법률적으로 아무 문제가 없는지는 장담할 수 없으며 이후 일에 대해서는 책임을 지지 않는다고 했고, 마크는 후에 그를 괴롭힐 이 계약에 동의를 한 뒤 거래소를 매입했다. 마크는 제드에게 정해진 기간 동안 수익의 12퍼센트를 주는 조건으로 마운트곡스를 무상으

로 인수했고, 이제 책임은 전적으로 마크에게 있었다.[4]

해킹, 해킹
또 해킹

2011년 6월 20일, 마크가 하루가 다르게 성장하는 암호화폐 거래소 마운트곡스를 운영하는 데 막 익숙해졌을 때 처음으로 해킹 사고가 발생했다. 마운트곡스는 이후 수년간 해킹을 여러 차례 당했지만, 아마 이 첫 번째 해킹이 마운트곡스의 운명을 이미 결정지었던 듯하다.

마운트곡스의 첫 번째 해커는 제드의 기존 관리자 계정을 탈취한 뒤 마운트곡스 내부 시스템에 들어가 17달러였던 비트코인의 가격을 1센트로 떨어뜨렸다. 해커는 가격이 인위로 조작된 비트코인을 개당 1센트에 2000개를 산 다음 다시 마운트곡스 사용자들에게 정상가 17달러에 되판 후 수익을 챙겨 도망쳤다. 당시 피해액은 3만 4000달러 정도로 매우 크지는 않았지만 해커는 그 길로 사라져버리고 잡히지 않았다. 마침 해킹이 발생한 시점에 거래소에 접속해 있던 일부 사용자들은 운 좋게도 650개 이상의 비트코인을 떨어진 가격에 구매했다. 이들은 이 비트코인을 전 주인들에게 돌려주지 않고 거래소에서 빼냈다. 고객들은 돈을 잃었고 거래소도 마찬가지였지만, 거래소가 입은 가장 큰 손실은 전 세계에 해킹 소식이 대서특필되면서 업계에 생겨난 두려움이었다.[5]

암호화폐 업계는 공황 상태에 빠졌다. 해킹과 관련한 부정적인 뉴스가 비트코인 가격에 영향을 주면서 투자자들의 자산에도 영향을 미쳤다. 2011년, 암호화폐 업계의 주역들은 대개 서로 아는 사이였거나 최소한 들어는 본 사이여서 큰 문제가 생겼을 때 생태계가 원활히 돌아가도록 서로 도왔다. 마운트곡스 엔지니어들은 밤낮없이 일했고 암호화폐 투자자들도 일부는 세계 각지에서 날아와 자신의 돈과 시간을 들여 장비를 구매하고 문제점을 고치면서 거래소를 다시 정상 궤도에 올려놓았다. 어찌 됐든 이들 중 대다수가 마운트곡스에 비트코인을 보유하고 있는 상황이었다.

그런데 마크는 걱정이 덜해 보였다. 직원들뿐 아니라 도움을 자청한 사람들이 한곳에 모여 주말 내내 수습하며 거래소를 다시 정상으로 되돌려놓는 동안, 마크는 금요일 저녁부터 어디에도 보이지 않다가 월요일에 출근해서는 우선순위로 두어야 할 해킹 사고와는 전혀 관계없는 일을 진행했다. 개인 시간까지 내어 도와줬던 사람들은 마크가 이 일을 해결하려고 노력하거나 관심을 보이지 않자 상당히 화가 났다.[6]

이후 해킹이 수차례 더 발생하면서 이전만큼 언론에 대대적으로 보도되지는 않았지만 거래소는 더 심각한 재정적 피해를 입었고 보안 시스템에 훨씬 큰 구멍이 뚫렸다. 마운트곡스는 2011년 한 해에만 총 여섯 번의 해킹을 연이어 당하며 큰 타격을 입었다. 어떤 해커는 수십억 달러 상당의 훔친 비트코인 30만 개 중 1퍼센트에 해당하는 3000개를 수수료로 떼고 돌려주면서[7] 대신 소송을 걸거나 수사를 하지 말라는 암시를 남겼다. 마운트곡스에게는 운이 좋은 경우였다. 하지만 다른 해킹 사건들은 그렇지 못했고 다 합쳐 수십만 비트코인을 도난 당했다.

그해 9월, 한 해커 집단이 마운트곡스 데이터베이스의 관리자 권한을 획득한 뒤 다른 고객들의 비트코인을 빼냈는데, 추정하기로 그들은 7만 7500개의 비트코인을 훔쳤다.[8] 그다음 달에는 또 다른 해커가 거래소에 침투하여 돈을 훔치지 않고 넣어둔 것처럼 속여 훔친 사실이 바로 발각되지 않도록 했다.

이런 해킹 사건들에 대해 마운트곡스는 여러모로 허술한 자체 보안 시스템을 탓할 수밖에 없었다. 암호화폐 초창기에는 마운트곡스가 다른 곳보다 많은 비트코인을 보유하고 있었으므로 전체 암호화폐 생태계에서 주요 해킹 대상이 됐고 단연코 안전에 가장 취약한 기업이었다. 당시에는 지금처럼 암호화폐를 위한 보험이나 금융기관급 보안 체계가 없었다. 최첨단 사이버 보안 시스템이 꼭 필요한 실정이었고 이 수준으로 보안을 강화하려면 비용이 많이 들 뿐만 아니라 실행하기도 쉽지 않았지만, 허술한 보안 때문에 잃은 돈의 극히 일부를 들였다면 개선이 충분히 가능했을 것이다.

실수와 버그로 인한
비트코인 손실

마운트곡스는 대표가 컴퓨터 전문가나 다름없었지만 전혀 검증되지 않은 코드로 운영되고 있었다.[9] 이는 부실 경영 및 일부 심각한 회계 실수와 더불어 거래소의 비트코인 손실액을 키운 한 원인이 됐다. 해킹이 이미 한 차례 발생했던 2011년 10월, 마운트곡스는 실수로 48명의 사용자 계좌로 4만 4300개의 비트코인을 잘못 보냈다.[10] 공짜 비트코인을 받은 사람들 중 일부는 다시 돌려줬지만 대부분의 경우 생각지도 못한 공돈을 감사히 주머니에 챙겼다. 이 실수로 거래소는 3만 비트코인을 잃었다. 같은 달, 마크 카펠레스는 비트코인을 안전하게 보관하도록 고안된 새로운 지갑 소프트웨어로 기존의 지갑을 변경했다. 하지만 결함이 있었던 이 소프트웨어는 잘못된 주소로 2609개의 비트코인을 보내 영원히 되찾지 못하게 만들었다.[11] 이런 운영상의 실수와 해킹은 연이어 발생했고 거래소는 그때마다 비트코인을 손실했다.

거래소가 내부적으로 점점 더 잘못되고 비트코인을 더 많이 손실하고 있는 와중에도 거래소는 신규 사용자를 더 많이 끌어들이며 비트코인을 예치시켰다. 신규 사용자들은 마운트곡스로 비트코인을 계속 보냈고 거래소는 거래가 일어날 때마다 수수료를 받았으므로 거래소 계좌에는 항상 돈이 들어오고 있는 것처럼 보였다. 실수와 해킹으로 잃는 돈보다 신규 자금이 더 빨리 유입되면서 아무도 문제의 심각성을 눈치채지 못했거나 혹은 거래소가 비트코인을 얼마나 보유하고 있는지 한 번이라도 신경 쓰지 않은 듯했다.

법적
문제

2013년, 마운트곡스는 암호화폐 업계의 유명인사들이 대표로 있는 미국 기업 코인랩Coinlab이 거래소의 미국 사업을 운영하기로 하는 계약을 체결한 상태였다. 코인랩이 계약 조건들을 만족시켰지만 무슨 이유에서인지 마운트곡스는 이 사업 부문을 넘겨주지 않았다. 코인랩은 소송을 제기하며 7500만 달러의 손해배상을 청구했다.[12] 동시에 미국 국토안보부가 마운트곡스에 대해 영장을 발부했다. 마크는 제드에게서 마운트곡스를 인수받을 때 거래소가 법적으로 문제가 되더라도 전적으로 본인이 책임을 진다고 동의했었다. 그는 마운트곡스가 미국 법률과 관련된 사항을 준수하고 있는지 정확히 모른 채 제드가 정한 조건에 합의했다. 당시 이 부분을 도외시한 마크는 법적 서류를 제출해야 했을 때 암호화폐 거래와 관련하여 마운트곡스에 대한 중요한 질문 두 가지에 답해야 했다. 첫 번째 질문은 "마운트곡스는 고객을 위해 화폐를 거래합니까?"였고, 두 번째 질문은 "마운트곡스는 송금업자로서 고객들에게 자금을 받고 고객의 지시에 따라 자금을 보냅니까?"였다. 이 두 질문에 대한 합법적인 대답은 "그렇다"뿐이지만 마크는 둘 다 "아니요"라고 대답했다. 마크가 왜 그런 대답을 했는지는 모르나 법을 어겼으므로 마운트곡스는 미국 내 사업 때문에 은행 계좌에 있는 500만 달러 상당의 자금을 압류당했다.[13]

또한 미국 사법 당국이 마운트곡스에 몇 가지 금지 조치를 내리면서 마운트곡스는 1개월간 미국 달러를 받을 수 없었다. 결과적으로 달러 환전에 필요한 전자상거래 플랫폼을 사용할 수 없게 됐다. 마운트곡스의 고객 중 다수가 미국인이라는 점을 고려할 때 이는 다소 심각한 문제였다. 사실상 마운트곡스는 미국 달러를 받거나 내어줄 수가 없었고, 이는 곧 신규 자금을 유치할 수도, 거래소에 비트코인을 보유한 기존 사용자들에게 현금을 내어줄 수도 없다는 말이었다. 고객들은 출금하기까지 몇 개월간 기다려야만 했다. 일본 은행도 마운트곡스에 하루 30만 건이던 거래를 10건만 허용하며 과중한 제한 조치를 취했다. 이제 고객들은 거래소에 안전하게 보관했다고 생각했던 돈을 찾을 수가 없었다.

이때쯤 마크는 징역 5년형에 처해졌고,[14] 마운트곡스는 거래 요청을 거의 처리하지 못했다. 비트코인 거래의 80퍼센트를 차지하던 세계 최대 거래소인 마운트곡스는 진짜 암호화폐 거래보다는 돈세탁으로 명성이 자자한 러시아 거래소 BTC-e와[15] 슬로베니아 거래소 비트스탬프Bitstamp에 밀리며 3위로 떨어졌다. 2013년 말, 마운트곡스는 여전히 운영 중이고 100만 개의 비트코인을 보유하고 있다고 당시에는 믿고 있었다.

출금
정지

마운트곡스는 할 수 있는 한 출금을 계속 처리하고 있었으나 2월 7일에 출금 처리를 갑자기 정지했다. 거래소는 다른 거래소에서도 발생했던 소프트웨어 문제를 핑계로 대면서 고객들에게 제대로 된 설명을 하지 않았다.

며칠이 지나자 고객들은 거래소에 묶인 돈이 어떻게 되는지 걱정하기 시작했고 일주일이 지났을 때까지 초조한 상태로 거래소의 답변을 기다렸다. 이때쯤 고객의 21퍼센트가 돈을 출금하기 위해 3개월 넘게 기다리고 있었다.[16] 출금이 멈춘 지 2주가 되어갈 때쯤, 마운트곡스 거래소의 비트코인 가격이 곤두박질쳤다. 마운트곡스에서 비트코인은 이전의 절반에도 못 미치는 수준으로 거래됐고, 여기서 거래소에 대한 신뢰가 얼마나 무너졌는지를 분명히 알 수 있었다. 2월 24일, 거래소는 영원히 문을 닫았다. 마운트곡스는 제대로 된 설명을 하지 않았지만 문을 닫은 지 몇 시간 만에 내부 문서가 유출되어 급속도로 퍼져나갔다.[17] 거래소는 100만 개의 비트코인을 보유하고 있어야 했지만 해킹을 당해 계좌에는 단 한 개의 비트코인도 남아 있지 않았다. 4일 후, 마운트곡스는 파산을 선언했다.

줄줄 새는
비트코인

    거래소가 문을 닫자마자 인터넷을 강타한 유출 문서에 따르면 마운트곡스는 최근에 일어난 해킹 한 건에서가 아니라 2011년 첫 해킹을 당한 이래로 총 85만 개의 비트코인을 조금씩 도난당했다. 큰 등락이 있지만 2021년 초 기준 비트코인의 사상 최고가인 4만 8000달러로 계산하면 400억 달러가 넘는 금액이다. 이 비트코인 중 74만 개는 마운트곡스 사용자의 비트코인이었고, 나머지는 거래소 자체 보유분이었다. 2011년 당시 거래소는 잠재적 해커에게서 비트코인을 지킬 수 있는 보안 벽이 사실상 없었다. 거래소 데이터를 암호화하거나, 널리고 널린 사이버 보안 검사처럼 할 수 있는 보호 조치 중 어느 것이라도 했더라면, 해킹 공격은 당하지 않았을 수도 있다. 해킹이 내부 정보를 통해서 이뤄졌는지 아니면 해커 스스로 거래소 시스템에 침투했는지는 아직도 모르지만, 해커는 암호화폐를 안전하게 저장하는 데 사용되는 비밀번호인 마운트곡스의 개인키를 알아내어 전체 비트코인을 3년에 걸쳐 자동으로 조금씩 빼냈다.

    이론적으로는 해커들이 마음만 먹었다면 모든 비트코인을 한 번에 빼낼 수도 있었다. 하지만 이 당시 암호화폐는 특히 환금성이 문제였다.[18] 정부가 발행하는 명목화폐는 무한대로 찍어낼 수 있지만, 비트코인은 전체 2100만 개로 한정되어 있고 조금씩 발행된다. 해킹이 일어났던 당시에는 이 비트코인 중에서도 일부만 채굴되어 유통되고 있었다. 해커가 마운트곡스에 있는 비트코인 85만 개를 한 번에 훔쳤다면 절대 현금화할 수 없었을 것이다. 한마디로 그 정도의 환금은 불가능했다. 만약 해커가 훔친 비트코인이 전체 유통량에서 큰 비중을 차지하고 비트코인을 개인 하드 지갑에 보관했다면 거래소에서 거래되는 비트코인의 양이 적었을 것이고, 이를 한 번에 현금화하려 했을 때 시장에는 비트코인이 쏟아져 나왔을 것이다. 그러면 비트코인 가격이 완전히 폭락하면서 도둑질이 무의미해진다. 그래서 다량의 비트코인을 명목화폐로 현금화하기는 훨씬 힘들며 의심을 받지 않고 이런 일을 하기란 불가능할 수도 있다. 아마 마운트곡스와 사법 당국의 주의를 끌어서 잡혔을지도 모른다. 하지만 해커들이 한 행동으로 봤을 때 그들은 이런 사실을 제대로 알고 있었고 마운트곡스의 회계는 부실했다.

비트코인이 모두 없어질 때까지 3년 동안 마운트곡스의 어느 누구도 거래소에서 비트코인이 서서히 빠져나가고 있다는 사실을 몰랐다. 해커는 마운트곡스의 금고에서 돈을 아주 천천히, 매우 체계적으로 빼내 마치 거래소에서 이뤄지는 합법적인 거래처럼 보이게 했고, 마운트곡스 직원 중 어느 한 사람도 잔고를 확인해볼 생각을 하지 않았다.

추측건대 마크가 2011년에 거래소를 인수했을 때 이미 최대 8만 개의 비트코인이 없어진 상태였다. 마크가 회사를 운영하기도 전에 자신도 모르는 사이 거래소는 파산했을지도 모른다.[19] 마운트곡스에서 다른 문제가 터져 자세히 조사하기 전까지 거래소에서 비트코인이 전부 새어나가는 것을 어떻게 아무도 몰랐는지 이해하기는 어렵지만, 외부 정보에 입각한 관점에서 거래소를 지켜본 사람들은 조직의 무체계와 부실 경영을 이유로 들었다.[20]

해커는 비트코인을 훔치기 위해 마운트곡스의 개인키를 복사하고는 3년 동안 거래소에 예치되는 비트코인 중 90퍼센트를 예치되는 즉시 빼냈다. 돈은 바로바로 새어나가고 있었다. 하지만 마크는 전혀 몰랐다고 한다. 마운트곡스에는 항상 빠져나가는 돈보다 더 많은 예치금이 들어오고 있었기 때문에 아무도 비트코인이 거의 전부 사라지는 것을 눈치채지 못했다. 마크의 말에 따르면 비트코인은 줄어들었다기보다 늘어야 할 만큼 늘지 않았을 뿐이었다.[21]

우리 돈은
어디에 있나?

마운트곡스가 문을 닫고 고객들의 출금을 동결하자 사람들은 최악의 경우를 상정했다. 많은 이들이 거액을 잃을 판이었다. 사람들은 소셜미디어뿐 아니라 마운트곡스 건물 앞에 모여 시위를 했다. 한 시위자는 "마운트곡스, 우리 돈은 어디에 있나?"라는 팻말을 들고 건물 앞에서 2주가 넘도록 서 있었다.[22]

상황이 이런데 마크는 바깥에서 일어나는 시위를 피해 도쿄에 있는 자신의 펜트하우스에만 박혀 지냈다. 그는 오래된 데이터 기록과 텅텅 비어 있는 지갑을 살펴보기 시작했고 다소 좋은 소식을 찾아냈다. 잃어버린 85만 개의 비트코인 중 20만 개가 이전에 사용했던 지갑에 들어 있다는 사실을 이제야 발견한 것이다. 고객들의 자금을 안전하게 보관해서가 아니라 엉망인 회계 덕분이었다. 해커들조차 이 비트코인을 찾지 못했다. 다른 때 같았으면 고객들의 수많은 자금이 행방불명된 심각한 회계부실 사건이었겠지만, 이 상황에서는 정말 보기 드문 행운이었다.[23] 이로써 잃어버린 비트코인은 65만 개로 줄었다.

세계에서
가장 큰 퍼즐

마운트곡스에 비트코인을 보유했던 스웨덴의 소프트웨어 엔지니어 킴 닐손Kim Nilsson은 거래소 건물 앞에 서 있는 시위자들과는 다르게 이 사건에 접근했다. 킴은 블록체인을 다룬 적은 없었지만 퍼즐을 풀거나 소프트웨어 버그를 잡는 일을 재미있어 했고 문제의 진짜 원인을 잘 밝혀내기로 유명했다. 킴에게 이 사건은 당시 세계에서 가장 맞추기 어려운 퍼즐일 뿐이었다.[24] 킴은 우선 독학으로 블록체인을 분석하고 마운트곡스의 기록과 해킹 사건을 낱낱이 조사했다. 비트코인 블록체인에 기록된 모든 거래는 찾아볼 위치만 알면 영구적으로 볼 수 있으므로 그는 이 흔적들을 파헤쳤다. 킴은 이후 4년에 걸쳐 총 1년 반 정도의 시간을 이 사건을 조사하는 데 보냈다고 한다. 이 조사가 킴 자신에게 직접적으로 큰 이익이 될 가능성은 작다. 킴이 비트코인을 되찾는다 하더라도 그가 보유했던 12.7개의 비트코인은 상대적으로 아주 적은 양이기 때문이다.[25] 다만 킴은 탈중앙화된 비트코인 커뮤니티에 속한 한 사람으로서 노력했을 뿐이다.

킴은 마크가 비트코인 손실에 어느 정도의 역할을 했다고 판단하고 조사에 들어갔다. 하지만 마크에 대해 파악하고 난 후 이 생각이 틀렸으며 그도 자신만큼이나 비트코인의 행방을 알고 싶어 하는 사람이라는 것을 금방 깨달았다. 킴은 마크가 좋아하는 키슈 재료들을 사들고 마크의 집으로 찾아가 서서히 신뢰를 얻었고, 이 사건을 푸는 데 도움이 되는 데이터를 확보할 수 있었다.[26]

킴이 곧 밝혀낸 바에 의하면 마운트곡스는 엄밀히 따져 2012년부터 파산 상태였다.[27]

사건을 파헤치느라 수년간 애쓴 킴은 2016년 초에 범인으로 강력히 의심되는 사람을 찾아냈다. 도난당한 비트코인 중 63만 개는 WME라는 인물의 마운트곡스 지갑으로 들어갔었다. 이 WME라는 사람은 온라인 비트코인 커뮤니티에서 다른 거래소에 있는 자금이 동결됐다며 불평한 적이 한 번 있었고,[28] 여기에서 그는 자신의 이름이 다 공개되어 있는, 변호사에게서 받은 편지를 올렸다. 킴은 뉴욕에 있는 미국 국세청Internal Revenue Service에서 사이버 범죄자 체포를 전담하는 특별 수사관과 연락하고 있었고 그에게 조사 결과들을 보여줬다.[29]

범죄자의 돈세탁으로
사라진 마운트곡스의 돈

2017년 7월, 아내와 아이들과 함께 그리스 해변에서 휴가를 보내고 있던 한 남자를 경찰이 에워쌌다. 러시아인 알렉산더 비닉Alexander Vinnik은 38세의 IT 전문가였다. 경찰이 보고한 내용에 따르면 그는 2011년부터 세계 최대 인터넷 범죄 사이트를 만들어 운영한 범죄 조직의 두목으로 의심을 받았고, 이날 체포됐다.[30]

비닉은 암호화폐 역사상 최대인 40억 달러의 피해액을 냈던 마운트곡스에서 63만 개 비트코인을 훔쳐[31] 자금 세탁을 했을 뿐 아니라 비트코인을 훔치기 위해 다른 거래소도 해킹한 혐의로 기소됐다. 비닉은 러시아 암호화폐 거래소 BTC-e의 운영자이거나 그중 한 명이라고 여겨지며,[32] BTC-e는 공교롭게도 2011년 마운트곡스가 해킹을 당했던 시점 즈음에 설립됐다. BTC-e의 주목적은 마운트곡스에서 훔친 비트코인을 세탁하는 데 있다고 보는 시각도 존재하는데,[33] 사법 당국도 확실히 같은 생각인 듯하다. 해당 거래소가 기본적인 보안 점검도 하지 않은 것으로 보아 이런 생각이 틀린 것 같지는 않다. 마크는 마운트곡스를 강타한 일련의 해킹 사건들의 배후에 러시아 비트코인 거래소의 운영진이 있었다고 믿는다.[34] BTC-e는 비닉이 체포되면서 사법 당국에 의해 문을 닫았고, 2020년에 비닉은 돈세탁 혐의로 5년 징역형을 선고받았다.[35]

자동 거래 프로그램
'윌리'와 '마쿠스'

2014년, 마운트곡스가 몰락했을 때 거래 내역과 계좌 잔고, 출금 및 예금 내역 등의 정보가 담긴 데이터베이스가 인터넷상에 유출됐다. 모든 정보가 담겨 있지는 않았지만 수사관과 투자자를 비롯해 이 사건을 주의 깊게 지켜보던 사람들에게는 충분히 유용했다. 오래 지나지 않아 거래 내역에는 매우 수상한 행동 패턴이 드러났고, 자동 프로그램이 확실해 보였다. 이 자동 프로그램에는 '윌리'라는 이름이 붙었고 이후 이어진 법정 심리에서 이 이름이 계속해서 언급됐다.

곧 한 워드프레스WordPress 블로그에 윌리의 모든 행동을 분석하여 작성한 리포트가 게시됐고, 이름도 적절한 이 '윌리 리포트'에는[36] 유출된 데이터의 마지막까지 계속된 의심적은 패턴이 보였다. 이 리포트에 따르면 매 5~10분마다 각기 다른 계정이 10~20개의 비트코인을 구매했다. 이 숫자는 늘 특정 금액의 달러에 대략 맞춘 듯했다. 각 계정은 달러로 비트코인을 사기만 할 뿐 절대 팔지는 않았다. 거래는 매번 새로운 계정으로 이뤄졌고, 거래소가 운영되는 동안은 누군가의 의심을 사지 않도록 일련의 과정들이 작동되고 있었다. 마운트곡스가 사이트를 폐쇄하여 아무도 거래할 수 없었을 때조차 이 계정들은 거래를 할 수 있었다.

윌리는 이런 거래를 자동으로 수행하도록 만들어진 컴퓨터 프로그램이 분명했지만, 누구를 위한 것이었을까?

월리와는 다르게 비트코인 구매에 들이는 달러의 액수가 특이하거나 부정확해 보이는 패턴도 있었다. 두 프로그램은 분명 함께 작동하는 듯했다. 이 또 다른 프로그램은 '마쿠스'였다.[37]

월리와 마쿠스가 자동 거래를 하기 시작했을 때쯤 마운트곡스의 비트코인은 이미 대부분 도난당한 상태였고, 월리는 곤란한 상황에 처한 마운트곡스가 가진 문제 중 대다수에 대해 책임이 없었다. 하지만 월리가 매수한 비트코인은 다 합해 24만 개나 됐고 이는 충분히 비트코인의 가격에 영향을 미쳤으리라고 짐작된다. 그렇다면 이는 단지 거래소의 내부 조작이 아니라 암호화폐 시장 전반에 영향을 준 시장 조작이라고 볼 수 있다.[38]

이후 재판에서 마크는 '채권 거래'의 일부로 월리를 사용했다고 인정했지만 자동 프로그램은 회사를 위한 일로 불법이 아니라고 주장했다.[39] 그는 횡령과 데이터 조작에 관한 혐의를 부인했고, 결국 자동 프로그램은 거래소의 불가피한 몰락을 늦추기 위해 투입된 것으로 보인다. 마운트곡스는 2011년 해킹 사건 이후 이미 보유 비트코인 수가 부족했고, 거래소를 지속적으로 운영하기 위해서는 비트코인과 거래량이 더 많아야 했다. 그래서 자동 프로그램을 사용해 거래소의 거래량과 비트코인 보유분을 꾸며냈다.[40]

체포, 돈세탁, 소송, 아직도
진행 중인 소송과 잘못 사용된 자금 ────

마운트곡스를 둘러싼 재판이 진행되면서 하염없이 기다리고 있는 피해자들이 돈을 되찾을 가능성은 이전에 비해 더 커졌지만 재판 결과는 계속 미뤄지고 있다. 이 사건에는 몇 가지 반전과 함께 모든 피해자와 관련된 안타까운 모순이 있다.

피해자들이 마운트곡스에 보유했던 비트코인을 전부 회수할 수는 없다. 현재 남은 비트코인에 대해 권리를 주장하는 사람이 매우 많아 청구된 비트코인 하나당 0.23개만 줄 수 있는 실정이다.[41] 7500만 달러의 손해배상 소송을 걸었던 코인랩은 이후 배상 금액을 160억 달러로 상향 조정했다. 일부 펀드사는 투자자들의 청구권을 사들였고 이를 잘 행사할 것으로 보인다.

마운트곡스의 많은 피해자들은 수년간을 기다려왔지만, 마땅히 자신들의 것이라 믿는 비트코인을 되찾지 못할까 봐 걱정하고 있다. 비트코인의 가치가 크게 올랐으니 투자자들은 거래소에 처음 맡겼던 비트코인의 양만큼은 아니더라도 최소한 투자했던 명목화폐의 금액만큼은 모두 돌려받을 수 있으리라 기대된다. 마운트곡스 문제가 결국 해결되는 시점의 비트코인 가격에 따라 여러 가지가 달려 있다.

해커들은 생각보다 많은 돈을 벌지는 못했다. 그들은 훔친 비트코인을 명목화폐로 바로 바꾸면서 약 2000만 달러를 손에 넣었다. 아마 요즘이었다면 수십억 달러의 가치였을 것이다. 하지만 비트코인을

228　　　　　　　　　　　　　　　　　　　　암호화폐 전쟁

잃은 마운트곡스의 피해자들은 달러로 치면 해커가 훔친 금액보다 훨씬 더 많은 돈을 잃었다.

부실 경영 외에도 마크에게 완전히 죄가 없다고는 할 수 없다. 사건 담당 변호사 켈맨Kelman은 마운트곡스가 문을 닫기 직전 기간 동안 어찌 보면 폰지 사기처럼 운영됐다고 설명한다. "마운트곡스에 돈이 한 푼도 남지 않았을 때, 마크는 마치 버니 메이도프Bernie Madoff(수십 년 동안 미국 월스트리트에서 사상 최대 규모의 폰지 사기를 벌인 사기꾼 - 옮긴이)처럼 신규 고객들에게 받은 예치금으로 기존 고객에게 돈을 지급했다."[42] 마크는 거래소를 운영하며 돈을 많이 벌었지만 회사와 함께 자신도 파산했으므로 분명히 이 상황을 이용하여 이득을 보려 하지는 않았다. 그렇다고 해도 그가 횡령이 의심되는 돈으로 성매매를 한 혐의는 설명될 수 없는 것이고,[43] 아직도 돈 되찾기를 기다리는 피해자로서는 당연히 화가 날 수밖에 없었다. 2019년, 도쿄지방법원Tokyo District Court은 마크에게 재무 기록을 위조했다는 혐의로 유죄를 선고했지만 횡령을 비롯한 다른 혐의에 대해서는 무죄를 선고했다.[44] 마크는 집행유예 2년 6개월을 선고받았고, 4년 내로 또 다른 위법 행위를 저지르지 않는 한 징역을 살지 않는다.[45]

마크에 대해서는 조금 안타깝다. 그가 거래소의 보안을 철저히 하지 않았기 때문에 투자자들이 비트코인을 잃었다면, 사람들이 암호화폐 거래소를 통해 돈을 잃은 적이 이때가 처음이 아닐뿐더러 당연히 마지막도 아닐 것이다. 거의 모든 암호화폐 거래소가 어느 순간 해킹을 당했고 고객들은 암호화폐를 전부 잃기도 했다. 다소 불공평하게도 마크는 일부 사람들에 의해 교묘한 폰지 사기를 벌인 사이버 범죄 주동자라는 혐의로 기소됐다.[46] 주의를 기울이지 않았던 그는 본인도 인정하듯 벌어진 상황을 완전히 감당할 수 없는 상태였지만,[47] 이 책에 나오는 다른 여러 기업들과 달리 마크는 대표로서 무능했을지언정 사기를 치려는 의도는 없었던 듯하다.

끝나지 않은 이야기의 마지막 반전

관련 당사자들에게는 어이없고 슬픈 일이지만 이 이야기에는 마지막 반전이 있다. 그런데 먼저 알아둘 것이, 피해자들은 일본의 파산법에 따라 마운트곡스 파산 당시 보유했던 자산의 달러화 가치만큼 상환받을 수 있다는 점이다. 마운트곡스의 파산 시점에 비트코인은 489 달러에 거래됐다.[48] 비트코인의 가치가 급등락을 계속하긴 하지만 현재 한 개의 가치는 4만 8000달러 이상이다. 따라서 남은 20만 개의 비트코인을 지금 당장 팔아 피해자들에게 달러로 준다면 전체 피해자들이 다행히 달러 가치만큼은 모두 받을 수 있을 것이다. 피해자들에게 비트코인을 달러 가치로 환산해주는 것은 합리적인 해결책이며, 지금은 그 어느 때보다 현실적으로 가능해 보이는 방법이다. 하지만 법원과 정치적 이견은 지금까지 수년간 피해자들에게만 그 부담을 지우며 일을 지연시켰고, 이 상황이 앞으로도 몇 년간은 더 지속될 것으로 보여 거래소에 비트코인을 맡겼던 사람들이 언제 돈을 찾을 수 있을지는 확실하지 않다.

8장

암호화폐 채굴

무(無)에서
무(無) 창조

채굴
전쟁

최초의 암호화폐이자 가장 권위 있는 암호화폐인 비트코인은 '채굴'이라는 과정을 거쳐 만들어진다. 베일에 싸인 익명의 창시자 사토시 나카모토는 비트코인을 얻으려면 풀어야 하는 알고리즘을 만들었다. '블록'이라는 각 단위마다 알고리즘을 가장 빨리 푸는 컴퓨터가 비트코인을 획득한다. 비트코인이 2009년에 발명되고 얼마 지나지 않았을 때는 한 개 가격이 매우 저렴했고 사람들은 호기심 반, 투기심 반으로 이 새로운 디지털화폐를 채굴했다. 현재는 비트코인의 가격이 상당히 비싼 데다 최근 수년간 수요가 늘어나면서 비트코인을 비롯한 암호화폐 채굴은 이제 큰 사업이 됐다.

사용자들이 적고 암호화폐에 대한 수요도 크지 않던 초기에는 채굴 경쟁이 거의 없었기 때문에 이런 알고리즘을 푸는 데 컴퓨팅 에너지를 많이 소모하지 않았다. 이후 비트코인의 가치와 인기가 올라가면서 각 블록에서 비트코인을 획득하기 위해서는 다른 컴퓨터를 능가하는 강력한 컴퓨터가 더욱 필요해졌다. 최근 몇 년간은 고성능 그래픽처리장치GPU인 '채굴기'를 대형 창고나 공장에 대량으로 구비해놓은 전문적인 규모의 채굴 농장에서만 경쟁자를 제치고 비트코인을 얻고자 전력을 다해 알고리즘을 풀었다.

처음에 초기 사용자들은 개인 컴퓨터에서 비트코인을 채굴했지만 채굴에는 기술적 지식과 경험이 많이 필요했고 당시 비트코인의 가치보다 채굴에 사용한 전기료가 더 비싼 경우가 많았다. 암호화폐 채굴은 과정이 복잡해서 기술을 잘 모르는 일반인은 채굴이 거의 불가능했다. 비트코인의 가격이 치솟으며 인기를 얻자, 점점 더 많은 사람들이 채굴을 하고 싶어 했다. 암호화폐 거래는 위험도가 매우 높은 데다 시장의 변동성이 너무 심해 수많은 사람이 돈을 잃었지만, 채굴은 고정비용으로 암호화폐를 만들어내므로 잘만 하면 안정적인 수입원이 될 수 있다고 생각하거나 그렇게 적극 홍보됐다.

암호화폐 투자와 관련한 차선책으로 원격 채굴이나 클라우드 채굴을 제공하는 기업이 속속 등장했다. 이 기업들은 적어도 이론상으로는 채굴 장비를 구매 후 관리하면서 투자자들에게 불로소득을 제공할 것이었다. 하지만 위험성이 없지는 않았다. 고가의 채굴 장비는 구하기 어려웠지만 도난당하기는 쉬웠다. 이미 짐작했듯 대규모의 채굴 장비 도난 사건이 수없이 발생했다.

돈이 굴러들어
온다니까?

클라우드 채굴은 투자자들이 장비를 잘 간수해야 하는 등의 일을 일절 할 필요 없이 원격으로 암호화폐를 채굴할 수 있는 방법이었다. 별다른 노력 없이 쉽게 돈을 벌 수 있을 듯했다. 적어도 이론상 클라우드 채굴 업체들은 투자자들의 돈을 암호화폐 채굴에 필요한 채굴 장비와 전기료에 사용한다. 채굴한 암호화폐는 채굴에 드는 비용보다 더 가치가 있을 것이고, 채굴 업체는 새로 채굴된 암호화폐에서 채굴 비용과 수수료를 뗀 나머지 수익금을 투자자들에게 준다. 이론상으로 투자자들은 수익이 나야 돈을 돌려받는다.

이때 우후죽순처럼 생겨난 클라우드 채굴 업체들은 투자자들이 투자금만 내면 가만히 앉아 있어도 돈이 굴러들어온다고 약속했다. 오래 지나지 않아 클라우드 채굴은 암호화폐로 수익을 낼 수 있는 차선책으로 알려졌고, 간혹 매우 능수능란한 마케팅에 힘입어 사실상 돈을 찍어내는 기계나 마찬가지로 홍보되기도 했다.

이미 암호화폐 초창기 시절부터 사람들이 현실을 직시하게 됐던 2018년 급락 시장에서까지도 투자자들에게 채굴 서비스를 제공하는 진실한 기업들이 있었다. 하지만 새롭게 부상하는 기술 분야는 말할 필요도 없고 돈이 있는 곳이라면 사기와 해킹, 노골적인 도둑질이 있기 마련이다.

7억 2200만 달러짜리
돈 찍는 기계

클라우드 채굴이라는 개념은 곧 암호화폐 사기에서 빠지지 않는 요소로 이 책에서 수없이 다뤘던 다단계 마케팅과 합쳐졌다. 클라우드 채굴은 돈을 찍어내는 기계와 같았고, 거대 암호화폐 사기 사건에서 보았듯 다단계 마케팅은 회사가 거의 손을 쓰지 않고도 수천 명의 사람들에게서 투자금을 모을 수 있는 가장 쉬운 방법이었다. 이 둘은 암호화폐 사기를 벌이기 딱 좋은 조합이었다.

클라우드 채굴 분야 중에서도 한 기업이 급부상하며 최종적으로 7억 2200만 달러의 매출액을 올렸다.[1] 비트클럽네트워크BitClub Network 는 누구나 쉽고 안전하게 암호화폐에 투자할 수 있는 방법을 제공한다고 홍보했다. 비트코인을 만들어내는 기계에 손쉽게 투자할 수 있다는데 굳이 비트코인을 구매할 이유가 없지 않겠는가?

비트클럽네트워크가 알아서 다 해줄 테니 투자자들은 편안히 앉아서 들어오는 수익을 지켜보기만 하면 됐다. 이런 투자자들을 모집하기 위해 비트클럽네트워크는 피라미드 체계를 만들어 후한 추천 보상금을 제공하고, 세계를 누비는 화려한 라이프스타일로 사람들에게 선망의 대상이 될 최고의 영업사원들을 고용했다.

그리하여 비트클럽네트워크의 얼굴마담이자 일등 영업맨으로 조비 윅스Joby Weeks가 영입됐다.

비트코인 초기 투자자였던 조비는 85센트에 샀던 비트코인이 수천 달러로 폭등하는 과정을 지켜봤다. 투자에 성공한 그는 가격이 저렴할 때 비트코인을 충분히 사둔 덕분에 더 이상 돈 걱정은 하지 않아도 됐다.[2]

조비는 암호화폐에 투자하기 전, 전기에너지부터 보충제까지 다양한 상품들을 다단계로 판매했다. 다단계 판매에 일찍 뛰어든 조비는 영업에도 자신 있었기에 회사 내 먹이사슬에서 꼭대기를 차지할 수 있었다. 영업력이 뛰어난 사람들이 일찍 다단계 판매를 시작하면 매우 큰 수익을 낼 수 있다.

암호화폐 사기에는 한 가지 공통점이 있는데, 능력 좋은 영업사원들에게 의욕을 불어넣을 수 있으면 상품을 성공적으로 홍보할 수 있다. 다단계 판매 방식은 판매하는 상품이나 대상보다 그 결과가 더 중요한 영업사원에게 최고의 동기부여가 될 수 있다. 원코인이나 비트커넥트와 마찬가지로 다단계 피라미드의 상부에 있는 사람들은 신규 투자자를 데려올 때뿐 아니라 보통 몇 단계 아래까지 내려가며 신규 투자자가 새로운 투자자를 데려올 때도 수익금을 얻는다. 즉, 바로 밑에 단계의 투자자들만 끌어모으면 딱히 노력하지 않아도 수입을 계속해서 얻을 수 있다. 조비는 이런 식으로 성공하여 호화로운 집에 거주하며 언제든지 원하는 곳으로 떠날 수 있는 삶을 살았다.

꿈같은 삶

    조비는 고향 콜로라도에서 치과 수술을 받으러 갔다가 보조로 일하고 있던 스테파니Stephanie를 만났고 둘은 그 자리에서 눈이 맞았다. 3개월 후 이들은 첫 여행을 떠났고 이후 11년 동안 쉴 새 없이 전 세계를 여행하다 딸을 낳기 5주 전에 마침내 집으로 돌아와 휴식을 취했다.

    조비는 자유주의적 견해로 암호화폐 커뮤니티에서 인기를 얻었던 대통령 후보 겸 텍사스주 하원의원 론 폴Ron Paul을 굉장히 좋아해서 그가 대통령 선거에 나왔을 당시 후원금을 내기도 했다. 조비와 스테파니는 딸을 낳을 때 산부인과 의사였던 83세의 론이 아이를 받아주기를 원했다. 론은 그의 집과 가까운 곳에서 출산한다면 그러겠다고 했고, 이들 부부는 때를 맞춰 론이 있는 곳으로 이동하여 유명한 론 폴의 도움으로 출산을 했다. 이 부부는 이렇게 유명인과 만나기 시작했다.

    론 폴의 자유주의 운동에서 이름을 딴 조비의 딸 리버티Liberty는 생후 43일에 미국의 50개 주를 전부 방문하여 '50개 주 클럽All Fifty States Club'의 가장 어린 회원이라는 신기록을 세웠다. 아기 리버티의 인스타그램 계정에는 미국 전역의 명소에서 찍은 사진과 함께 "저는 최연소로 50개 주를 일주했어요. 42일 만인 생후 43일 차에 해냈죠! 그리고 4개 대륙과 45개 나라에 가봤답니다. 전 이렇게 여행했어요"라는 글이 올라왔다.[3] 조비는 딸 리버티와의 여행을 이제 막 시작했을 뿐이라며 리버티가 세계 일주를 했으면 좋겠다고 말했고 정말 그렇게 했다.[4]

조비와 스테파니는 전 세계를 여행하며 조비의 블로그에 여행 사진들을 올렸다. 이들은 남극, 사하라사막, 남태평양의 쿡제도, 마추픽추, 도쿄를 비롯해 암호화폐 투자자들이 세워 암호화폐 커뮤니티에서 인기가 많은 자유 국가 리버랜드Liberland에도 갔다. 조비는 여행 중 리처드 브랜슨Richard Branson을 만나 함께 포즈를 취한 모습도 여행 영상에 남겼다. 이 커플은 11년간 여행하면서 한곳에서 일주일 이상을 보내지 않으며 152개국 1241개 도시를 방문했다.[5] 대부분은 조비의 업무상 일로 갔지만 가는 곳마다 관광을 즐겼다. 조비는 아기와 함께 조금 더 편하게 여행하기 위해 전용 비행기를 구매했다. 이들은 꿈만 같은 인생을 살았다.

무정부주의자의 휴양지

조비는 일찍이 했던 투자가 성공한 후 암호화폐를 강력히 지지하게 됐고 해외 컨퍼런스를 다니며 연설자로 무대에 올랐다. 그가 가장 좋아한 암호화폐 컨퍼런스는 단연 아나카풀코Anarchapulco였다. 2015년, 유명한 암호화폐 무정부주의자anarchist 제프 버윅Jeff Berwick이 멕시코의 휴양지 아카풀코Acapulco에서 개최한 이 행사는 자유주의자 암호화폐 커뮤니티에 의해 유명해졌고 매년 규모가 커지면서 현재는 참석자가 수천 명에 이르고 유명인사들이 연설대에 오른다. 수십억 달러를 벌어들인 투자자들을 비롯하여 이제는 업계에서 이름만 대면 알 만한 비트코인 초기 투자자들이 매년 이곳에 모인다. 조비는 수백 명이 참석했던 첫 행사에 갔다. 컨퍼런스가 끝나고 몇 주가 지나도록 많은 이들이 아카풀코에 머무르면서 새로운 커뮤니티를 형성했고, 아예 이곳으로 이사하는 사람도 많았다.

휴양도시 아카풀코는 암호화폐에 호의적인 이 방문객들을 두 팔 벌려 맞이했다. 한때 인기가 많았던 멕시코의 해안 도시 아카풀코는 최근 수년간 서구에서 살인율이 가장 높은 도시 중 하나로 손꼽힐 정도로 위험했다. 이곳은 무법지대나 마찬가지였다. 미국은 자국민들에게 아카풀코가 속한 게레로Guerrero주에 가지 말 것을 권고했을뿐더러 미국 공무원들에게는 방문을 완전히 금지시키기까지 했다. 이것이 컨퍼런스 참석자들에게는 오히려 좋았고 무정부주의자 컨퍼런스를 개최하기에 최적의 장소였다.

이제 전 세계 수천 명의 사람들이 매년 이곳에 간다. 무정부주의자, 성공한 사업가, 음모론자, 히피 등의 다양한 참석자들은 집을 빌리거나 고급 호텔과 콘도에서 숙박하며 어디를 가나 암호화폐로 결제한다. 관광객이 없어 달러를 벌지 못하던 지역 상인들은 이제 주스나 과자뿐 아니라 마차 탑승에도 암호화폐를 결제 수단으로 받고 있다. 조비 웍스는 2015년에 처음 참석했던 아나카풀코 컨퍼런스가 너무 마음에 든 나머지 13개의 방이 있는 바다 전망의 대저택을 400만 달러에 구매하면서 비트코인으로 지불했다.[6] 이 같은 양의 비트코인은 2021년 초 미국 전기자동차 회사 테슬라가 비트코인을 구매했다는 뉴스가 나온 후 급등했던 가격으로 치면 거의 1억 8000만 달러에 육박한다.

조비 웍스는 아나카풀코에서 비트클럽네트워크를 접했고, 당시 비교적 알려지지 않았던 이 클라우드 채굴 회사는 2014년 누구나 암호화폐에 투자할 수 있는 길을 열어주겠다고 약속하며 창립한 지 1년이 된 상태였다.

황금알을 낳는 거위

비트클럽네트워크는 사람들을 쉽게 구슬릴 수 있는 솔깃한 제안을 했다. 영업사원들의 말로는 비트클럽네트워크가 돈을 찍어내는 암호화폐 채굴 기계를 투자자들과 공유한다고 약속했다. 조비는 이후 수년간 비트클럽네트워크에 투자하는 것을 '황금알을 낳는 거위를 사는 것'에 비유했다.[7] 당시 비트코인 구매는 여전히 어려웠으므로 비트클럽네트워크는 사람들에게 암호화폐를 쉽게 보유할 수 있을 뿐 아니라 유통 가격보다 저렴하게 채굴한 후 가격 상승까지 기대해볼 수 있다고 했다. 하늘에서 돈이 떨어진다는데 마다할 사람이 누가 있겠는가?

조비는 비트클럽네트워크에 제격인 인물이었다. 암호화폐에 대해 이야기하기 좋아하는 부자 블로거였고, 암호화폐로 번 돈으로 전 세계를 화려하게 여행하며 살고 있었다. 사람들은 조비가 블로그와 소설미디어에 자랑하려고 올린 사진과 영상을 통해 그가 어떻게 사는지 보면서 똑같은 삶을 누리고 싶어 했다. 연설대에 오른 조비는 자신감이 넘치고 말재주도 뛰어나 사람들을 설득할 수 있었고, 금방 비트클럽네트워크의 일등 영업맨이 됐다. 조비는 비트코인 채굴과 다단계 판매라는 자신이 아주 잘 아는 두 가지로 돈을 벌 수 있는 기회를 비트클럽네트워크에서 찾았다.

조비는 새로 주어진 역할로 이미 다녔던 여행만큼이나 호화스러운 휴양지를 여행하며 돈을 벌었다. 트레이드마크인 반바지와 티셔츠, 샌들 차림으로 북미 전역의 최고급 휴양지를 돌아다닌 그는 비트코인으로 이룬 부로 세계를 여행하며 최고급 숙소에 머무는 꿈같은 삶을 사람들에게 보여주면서 자기를 따라 한다면 누구든 이렇게 살 수 있다고 말했다.[8]

분명하지 않은 수익금, 멍청한 대표들, 가짜 추천서

비트클럽네트워크는 누구나 쉽게 암호화폐에 입문할 수 있게 해준다고 주장했다. 가입비 99달러에 최소 투자금 500달러만 내면[9] 누구나 비트코인 채굴 장비의 일부를 소유하고 이후 채굴을 통해 이론적으로는 수입을 계속 얻을 수 있었다. 아마도 분명하지 않았을 수익 금액과 더불어 채굴 장비가 어디에 있는지 누가 회사를 운영하는지에 대한 정보가 없었지만, 초기 투자자들은 돈을 받고 만족했으므로 구체적인 사항까지 굳이 따지지 않았다.

하지만 비트클럽네트워크를 지켜보던 다수의 사람들은 일찍부터 이미 비트클럽네트워크가 제대로 된 회사가 아님을 알아챘다. 비트클럽네트워크가 올린 유튜브 영상에서는 회사의 대표라는 사람들이 채굴장의 동작 방식이나 운영상의 리스크에 대해 전혀 모르는 듯했다. 멍청하다는 표현이 심하게 들릴 수 있을지 모르겠지만, 그들은 업계 전문가와는 정반대였다고 봐도 무방하다. 어울리지 않는 이름과 사진이 추천인으로 있는 웹사이트의 추천서는 모두 가짜처럼 보였고, 이 중 어느 하나라도 진짜였는지는 전혀 알 수 없다. 과거에 일어난 대부분의 암호화폐 사기를 봤을 때 추천서나 후기는 위조됐거나 돈을 주고 샀을 가능성이 크다. 그도 그럴 것이, 브라질의 빅토르 다이아즈라는 고객이 서비스에 만족하며 쓴 추천서에는 인도의 강간범 사진이 추천인으로 나와 있었다.[10] 브라질의 빅토르가 실제로 존재하는 사람인지는 모르지만 실존 인물이 아니기를 바란다.

비트클럽네트워크 대표들은 사기의 규모만큼이나 투자자에 대해 모욕적인 말을 해서 유명해졌다. 그들은 진심으로 투자자들이 투자금에 대한 수익이 약속과는 차이가 나도 못 알아채거나 의문을 제기하지 않을 정도로 너무 멍청하다고 생각하는 듯했다. 그들은 정말로 투자자들을 '바보'나 '팔랑귀'라고 불렀다.[11] 당연하게도 결국에는 사기 행각이 적발되고 창립자들이 체포됐을 때, 그들이 투자자들을 지칭한 일부 단어들 때문에 7억 2200만 달러 규모의 사기를 당한 사람들은 위로의 말을 많이 들을 수 없었다.

사기인지 아닌지 애매했던 비트클럽네트워크가 완전히 의심스러워진 이유가 몇 가지 있었다.

숫자
게임

비트클럽네트워크가 제시한 수치를 자세히 들여다보면 어떻게 해서 투자자들이 돈을 벌 수 있다는 말인지 도무지 알 수 없었고, 전문가의 눈에는 그럴 가능성이 조금도 보이지 않았다. 투자자들은 자신들의 투자금이 채굴 장비를 산다든지 전기료를 내는 등의 채굴 비용에 쓰이고 수익이 나면 돌려받는다고 생각했을지도 모른다. 투자자들은 채굴 수익을 바로 받을 수 없고 수익의 절반이 비트클럽네트워크에 반드시 재투자되며 그 외에는 운영비로 쓴다고 들었다. 그들은 돈이 실제로 그렇게 쓰인다고 생각했다. 타당한 추측이다. 하지만 투자자들에게는 채굴 수익에서 비트클럽네트워크의 기타 비용을 모두 제한 뒤 남은 수익이 지급됐고, 투자자들의 돈 중 60퍼센트를 차지한 이 기타 비용은 신규 투자자들을 모집해온 영업사원이나 다단계 판매원들에게 주는 수수료였다.[12]

투자자들은 자신의 돈이 어디에 쓰이는지 몰랐고 이는 내부 논의 중에 오고 간 대화를 통해 밝혀졌다. 이 대화에서 엔지니어가 "투자금의 40퍼센트만 채굴에 쓰이고 나머지는 수수료로 쓰이는 것을 대부분 모르는 것 같네요"라고 하자, 창립자 맷 괴체_{Matt Goettsche}는 "그것도 모르는 팔랑귀들이잖아"라고 대답했다.[13] 시작도 하기 전에 내가 낸 투자금의 60퍼센트가 영업사원들의 주머니를 두둑하게 채워주기 위해 사용된다는 것은 정말 화가 날 일이다. 비트클럽네트워크 운영진도 이 사실만큼은 계속 숨겼다.

비트클럽네트워크는 무엇보다 초기 투자자들과 다단계 판매원들에게 보상을 후하게 해줘야만 했다. 쏠쏠한 수익에 만족한 초기 투자자들은 좋은 후기를 남겼고 판매원들은 투자자들을 더 많이 데려왔으므로 결국 운영진에게 더 많은 수익을 가져다줬다. 초기 투자자들은 투자금 이상의 돈을 받자 비트코인 채굴로 괜찮은 수익을 실제로 내고 있는 듯했고, 이는 운영진의 의도대로 더 많은 사람들이 투자하도록 이끌었다.

2014년 창립 이래로 비트클럽네트워크는 숫자 조작을 밥 먹듯이 했다. 처음에는 본격적인 시작을 위해 첫 30일 동안만 숫자를 조작할 필요가 있다고 하며 괴체는 공동 창립자에게 회사의 수익 지표에 약간의 마법을 부리도록 지시했다.[14] 하지만 이 정도로는 충분하지 않았다. 괴체는 곧 일일 채굴 수익을 당장 60퍼센트까지 올리도록 제안했고,[15] 엔지니어는 다소 불안한 듯 "그건 지속 불가능합니다. 현금 잔고가 빠르게 바닥날 폰지 사기나 마찬가지라… 알겠습니다"라고 답했다.[16] 비트클럽네트워크의 주동자들은 사기 행각이 발각되리라고는 생각하지 않는 듯했다.

비트클럽네트워크는 당연히 실제 통계를 감추기 위해 할 수 있는 일을 다 했다. 초기 투자자들과 다단계 판매원들에게 지급한 추가 수익은 채굴에서 나온 것이 아니다. 이 돈은 다음 차례로 들어온 투자자들의 투자금이었다.[17] 신규 투자자에게서 받은 돈으로 기존 투자자에게 돈을 지급하는 것은 전형적인 폰지 사기이다. 곧, 외부 사람들은 비트클럽네트워크가 사기라는 사실을 인지하고 이를 공개적으로 알리기 시작했다.

사라진 마법의 채굴기

그다음으로 이해가 안 되는 일은 비트클럽네트워크가 한다고 주장하는 채굴 작업이었다. 2017년, 조비가 설명한 바에 따르면 비트클럽네트워크는 '돈 찍는 기계'를 판매했다.[18] 하지만 회사는 이 돈 제조기가 어디에 있으며 어떻게 관리되는지에 대해서는 자세한 내용을 밝히지 않았다.

엄청난 주장들을 펼친 조비는 비트클럽네트워크에 6000만 달러에 이르는 채굴 장비의 판매를 중개했다고도 했다.[19] 그는 영상을 통해 상당량의 채굴이 이뤄지고 있다는 아이슬란드의 데이터 센터를 소개했다. 비트클럽네트워크가 어떻게 발전해나갈지 궁금했던 지지자들은 예리한 눈으로 영상에 나오는 시설이 유명한 타 암호화폐 채굴 시설과 너무나도 똑같다는 점을 발견했다. 해당 시설의 소유주 베른 글로벌Verne Global의 대변인은 비트클럽네트워크와 어떠한 직접적인 관계도 맺은 적이 없으며 데이터 센터의 채굴 능력에 대해서는 언급할 수 없다고 밝혔다.[20] 허허!

비트클럽네트워크는 투자자들에게 세 가지 채굴장 중에 투자할 곳을 고를 수 있다고 했다. 비트클럽네트워크와 초창기부터 함께한 엔지니어 실비유 발라치Silviu Balaci는 2020년에 열린 재판에서 채굴장이 세 가지로 분리되어 운영된 적은 없으며, 투자자들이 보는 수치를 괴체가 불러주는 대로 바꿔 회사가 채굴을 통해 얻는 수익보다 더 많은 수익을 내는 것처럼 보이게 조작했다고 인정했다.[21] 이들이 채굴 장비를 하나라도 실제로 운영했는지는 확실하지 않다.

괴체는 채굴 능력을 과장하고 투자자들을 멸시했으며 수익금을 주저 없이 올렸다. 이 외에도 여러 정황상 그가 단기간에 돈을 최대한 끌어모은 후 사라질 계획이었다는 생각을 할 수밖에 없다.

연방 수사관이 입수한 내부 이메일과 채팅 내용에서 괴체는 발라치에게 "지급하는 수익금을 올리라"고 한 뒤 다시 "채굴 수익을 확 줄이라"고 지시하며, 비트클럽네트워크의 주동자들이 자기들 말대로 "X나 부자"로 달아날 수 있도록 준비를 한 것이 나온다.[22] 이런 사실들은 물론 사기가 무너지고 난 후에 전부 밝혀졌지만 채굴 능력에 대한 증거만큼은 추천서처럼 조작된 것이 분명했다.

맹물클럽
네트워크

비트클럽네트워크 운영진은 사람들이 회사가 어떻게 굴러가는지 혹은 투자금이 정확히 어디에 쓰이는지 관심 가지기보다 그저 신규 투자자를 데려오면 수수료를 받는 다단계 요소와 고수익을 낼 수 있는 가능성에만 집중하길 원했다.

창립자 괴체와 상위 사업자 조비는 이전에 다단계 판매업에 종사하면서 영양가가 있다거나 노화 방지가 된다고 위장된 제품을 판매했다. 이들이 몸담았던 회사들은 판매 상품이나 판매 대상에 대해 양심의 가책을 느끼기보다 판매원들이 벌어오는 돈에 더 관심이 있었다. 괴체가 일했던 한 회사는 사실 맹물이나 다를 바 없던 제품을 미네랄 함량이 높은 노화 방지 제품으로 속여 팔아 소송을 당했다.[23] 이런 일은 다단계 판매에서 상당히 흔하며 다단계 판매가 합법이기는 하나 그 판매업자들은 피해자나 사용자들이 아는 것보다 더 자주 법의 모호한 면을 이용한다.

비트클럽네트워크는 이들에게 맹물이나 마찬가지이던 제품과 크게 다르지 않았다. 돈을 벌게 해준다는 주장을 믿는 사람만 충분히 있으면 되는 듯했다. 마케팅에 쓰인 자료에는 투자 위험성이나 수익 창출법에 대한 언급은 없고 돈을 벌 수 있다는 커다란 달러 표시만 강조되어 있었다. 한 홍보 영상에서는 투자자가 3599달러를 투자할 경우, 매우 보수적으로 계산해도 3년간 25만 달러의 수익을 낼 수 있다고 약속했다.[24] 역시나 어떻게 이런 큰 수익을 내는지는 자세히 설명하지 않았다. 또한 매우 유한한 자원인 비트코인을 채굴하여 그렇게 큰 수익을 낼 수 있다면, 이런 대단한 돈벌이 재능을 가진 창립자들이 어째서 채굴이 가능한 기간 동안 비밀리에 돈을 투자하지 않는지 등 논리적으로 따라오는 질문에는 답하지 않았다.

어떠한 다단계 판매든지 언젠가는 신규로 끌어들일 사람이 더 이상 없게 되는 포화 단계에 이른다. 이 시점이 오면 다단계의 정체가 밝혀진다. 실체가 없는 다단계라면 이때 필연적으로 무너지며 많은 경우 폰지 사기로 드러난다. 이미 한참 전부터 비트클럽네트워크를 폰지 사기라고 주장하는 사람들이 있었고, 이때쯤 사기는 끝을 향해 가고 있었다.

'무너지기에는 너무 큰' 사기가 무너지다

2019년쯤 이 모든 것이 사기라는 말에 걱정도 되고 줄어든 수익에 화도 난 투자자들은 비트클럽네트워크에서 손을 떼기 시작했다. 그해, 회사 운영진이자 피고인 중 한 명이 공개적으로 회사를 떠났다. 조셉 프랭크 아벨Joseph Frank Abel은 새로 차린 회사의 신생 채굴기를 자랑하는 영상에서 항상 의심해봐야 하는 '막대한 보상'을 약속하면서[25] 다음과 같이 다소 늦은 경고의 말을 했다. "비트클럽네트워크는 문제가 많은 것 같다. 지금 비트클럽네트워크를 홍보하고 있다면 폰지 사기를 홍보하고 있는 것이다. ⋯ 비트클럽네트워크에 있어야 할 수억 개의 장비는 없다. ⋯ 모두 새빨간 거짓말이다."[26]

2020년의 시작과 함께 많은 이들의 꿈은 무너졌고 주동자 세 사람은 체포됐다. 창립자인 괴체는 거래 가격 150만 달러의 자택에서 검거됐다. 투자자들의 돈을 빼돌린 900만 달러 이상의 자산과 함께 여권도 압수됐다. 후에 밝혀진 바에 따르면 그의 계좌로만 2억 3300만 달러가 넘는 돈이 들어왔다 나갔고, 그중 7000만 달러가 단 2개월 사이에 계좌를 거쳐갔다.[27] 정말 큰돈인 데다 이때가 많은 투자자들에게 수익금 지급이 중단된 시점이라 안타까움을 더한다. 엔지니어였던 발라치는 금융 사기 행각과 무기명증권 판매 혐의를 인정했고 5년 이하의 징역형과 벌금 25만 달러에 처해졌다. 조비 윅스도 체포됐고 트럼프 대통령에게 보낸 탄원이 기각된 후 현재 최소 15년에서 최대 25년의 징역형을 앞두고 있다.[28]

홍보 영상에서 "세계 역사상 가장 청렴한 회사",[29] "무너지기에는 너무 큰 회사"[30]로 소개된 회사는 무너졌다. 이들은 투자자들에게서 총 7억 2200만 달러를 절취하며 역사상 손꼽히는 규모의 암호화폐 사기이자 최대 채굴 사기를 벌였다.[31] 비트클럽네트워크가 실제로 비트코인 채굴 장비를 보유했었는지는 아직까지도 알 수 없다.

CRYPTO
WARS

9장

시장 조작

암호화폐
'펌프앤드덤프' 사기

피뢰침

여러 암호화폐의 가격 차트를 보면 출시 초반에 가격이 급등하는 모습을 자주 보인다. 이후에는 대부분 가격이 서서히 올라가거나 내려가서 차트에는 사실상 일직선 형태로 나타나는데, 이는 가격 변동성이 크지 않아서가 아니라 암호화폐의 거래량이 적거나 해당 프로젝트에 대한 관심이 적어서라고 볼 수 있다.

때로 시장 조작 등에 영향을 받아 가격이 크게 상승하는 모습도 보이는데, 특히나 잘 알려지지 않은 암호화폐를 비롯해 여러 암호화폐 차트에서 최소 한 번 이상은 가격이 수백 퍼센트까지 치솟은 뒤 거의 곧바로 급락하여 원점으로 되돌아오는 경우가 있다. 너무 자주 발생하지만 않는다면 차트상의 일시적인 결함이거나 거래소의 실수 혹은 문제라고 생각하며 넘어갈 수 있을지도 모른다. 하지만 이러한 피뢰침 모양은 수없이 많은 소규모 암호화폐의 가격 차트에서 빈번히 나타나곤 했다. 수백 퍼센트의 급등락으로 그려진 피뢰침은 '펌프앤드덤프'라는, 법적으로 아주 애매한 종류의 특정 거래 때문에 발생한다.

암호화폐 펌프앤드덤프 세계에서는 돈을 버는 사람들, 그것도 아주 많이 버는 사람들이 있는 반면 대다수는 무슨 일이 일어났는지도 모른 채 눈 깜짝할 사이 돈을 전부 잃는다.

시장 조작은 거래가 시작됐을 때부터 있었다. 주식 등의 전통적인 자산 시장을 조작해서 이윤을 내려는 사람들에게는 안타깝지만, 시장 조작은 법적으로 엄격히 금지되어 있으며 이를 어길 경우 고액의 벌금과 징역형에 처할 수 있다. 하지만 탐욕과 돈, 성공이라는 것은 큰 자극제가 되어 원하는 목적을 달성하거나 부정행위로 걸릴 때까지 법의 애매한 영역을 계속 이용하는 사람들이 늘 존재하게 된다. 암호화폐 시장은 법적으로 모호한 영역이 많은 데다 변동성이 워낙 큰 탓에 개인들도 펌프앤드덤프를 위한 홍보를 진행해 수십만 명의 돈을 갈취할 만큼 시장을 조작할 수 있었다.

증권거래소가 주식 시장의 조작을 방지하기 위해 적절한 조치를 취하지 않을 경우 증권거래소는 무거운 법적 처벌을 받게 되므로 대부분 법을 지킨다. 이처럼 엄격한 감시와 통제를 받고 있는 기존의 증권 시장과 달리 암호화폐 시장은 앞에서 보았듯 무법천지와 같았다. 규제가 막 도입되고 있지만, 이전까지의 암호화폐 시장은 무슨 일이든 허용되는 무질서한 모험의 장으로 취급됐다.

앞서 1장에서 ICO 프로젝트가 수천 개씩 출시되며 전혀 어떠한 가치나 용도도 없는 수천 개의 소규모 암호화폐를 만들어내는 것을 보았다. 대개 이런 '잡코인'들은 환금성을 높여주는 대형 암호화폐 거래소에 상장되지 못했는데, 대형 거래소들은 상장 비용이 높고 심사 기준도 다소 까다로웠기 때문이다. 대신 소규모 암호화폐들은 더욱 탈중앙화된 소규모 거래소를 장악했다. 거의 2018년까지 이어진 암호화폐 버블기라는 무법지대에서 소규모 거래소는 완전히 차원이 다른 무법지대였다.

시가 총액이 낮고 소규모 거래소에서 거래되며 환금성이 낮은 암호화폐들은 조작이 쉬웠다. 1만 달러 정도만 있어도 개인 투자자들이 소규모 거래소에 있는 소규모 암호화폐의 가격을 왜곡할 수 있었다.

소규모 암호화폐 시장은 조작이 쉬워 매도나 매수 주문을 대량으로 넣기만 해도 가격을 끌어올리거나 내릴 수 있었다. 실제로 매매할 필요도 없이 대량의 위장 주문만으로도 다른 투자자들을 겁먹게 하는 게 가능했다. 투자자들은 대량 매물이 나오면 해당 암호화폐에 문제가 있다거나 대량 매물을 내놓은 사람만 아는 정보가 있을 거라고 생각했다. 그래서 투자자들은 혹시나 보유 코인을 팔지 못한 채 가격이 급락할지도 모른다는 두려움에 앞뒤 가리지 않고 팔아버리거나 대량 매도 주문보다 더 낮은 매도가에 매물을 내놓는다. 이렇게 되면 대량 매도 주문만으로도 특정 코인의 시장 전체를 급락시킬 수 있다. 마찬가지로 거래량이 많지 않던 암호화폐에 대량 매수 주문을 넣으면 소규모 거래소에 있는 해당 암호화폐의 가격을 즉시 올릴 수 있었고, 매매 주문을 넣은 뒤 상황을 지켜보다가 막판에 주문을 취소할 수 있었다. 가격을 급락시킬 목적이었다면 미리 비트코인을 준비해두고 해당 암호화폐를 저점에서 매수하거나 혹은 그 반대로 했을 것이다. 무규제의 시장에서는 이런 조작이 비일비재했다.

암호화폐 개인 투자자들은 매일 크고 작은 규모의 거래를 했다. 개인 투자자들조차 조작할 수 있을 정도로 변동이 심한 암호화폐 시장에서 전문가들이 벌이는 집단 조작은 시장에 대혼란을 불러왔다.

SNS
사기술

2017년과 2018년에 암호화폐 붐이 불자, 암호화폐를 거래하거나 투자해본 적 없던 사람들도 이 시장에 발을 들이기 시작했다. 주식 시장의 저가주보다 암호화폐가 더 투자하기 쉬운 데다 비트코인과 일부 ICO 암호화폐가 대박이 나며 부자가 된 이들을 본 사람들은 전 재산을 걸고서라도 그들과 똑같은 부를 이루려고 했다.

암호화폐와 소셜미디어 채팅방은 밀접하게 연관되어 있었다. 투자자들은 다양한 수준으로 사생활을 보호하는 신규 소셜 플랫폼으로 모여들었다. 투자자들이 각종 암호화폐의 거래와 투자에 관한 이야기를 나누기 위해 모여든 디스코드Discord, 슬랙Slack, 텔레그램에는 수천 개의 암호화폐 채팅방이 있었다. 이 중 다수의 단체 채팅방은 훌륭한 학습 환경을 조성하며 진심 어린 조언과 유용한 정보를 제공했다. 하지만 주로 익명의 운영자들이 쉬운 먹잇감을 노리기 위해 나쁜 의도로 만든 채팅방도 있었다. 펌프앤드덤프 행위를 일삼는 암호화폐 단체 채팅방이 SNS에 수도 없이 생겨났고, 많은 신규 투자자들은 무규제의 암호화폐 시장이 아니었다면 불법이었을 행위에 쉽게 휘둘리며 작전 세력의 먹잇감이 됐다.

펌프앤드덤프
단체 채팅방

　펌프앤드덤프 단체 채팅방은 암호화폐 생태계 내에서 자신들만의 세계를 구축했다. 유료 채팅방은 운영진에게 상당히 수익성이 좋은 돈벌이였다. 운영진은 인당 수백에서 수천 달러에 달하는 회비를 매달 암호화폐로 받았다. 말할 필요도 없이 수많은 유료 채팅방 운영자들은 암호화폐에 대한 지식을 활용하거나 거래를 해서가 아니라 이런 유료 채팅방 운영을 통해 돈을 더 많이 벌어들였다. 가장 먼저 산 뒤 가장 먼저 팔아서 다른 참가자들에게 물량을 떠넘기는 사기 주동자들은 펌프앤드덤프 작전을 벌일 때마다 고수익을 거의 보장받았다. 하지만 때때로 99퍼센트에 달하는 대부분의 참가자들은 돈을 잃었다.

　펌프앤드덤프 사기가 발생했던 수많은 암호화폐들은 이미 파산했거나 혹은 익명의 창립자나 개발자가 팀을 떠난 죽은 프로젝트였다. 프로젝트는 몇 달 혹은 심지어 몇 년씩 아무런 진척이 없었지만 사람들은 해당 암호화폐를 계속 거래했다.

펌프앤드덤프 사기는 이런 목적을 위해 만들어진 비공개 채팅방에만 국한되지 않았다. 이 비공개 채팅방 참가자들이 자의로 벌이는 조직적 시장 조작은 빙산의 일각이었다. 암호화폐 펌프앤드덤프 사기의 대부분은 공개적으로 일어났으며 소셜미디어 인플루언서들이 홍보했고 사람들은 자신도 모르게 작전 세력의 일부가 됐다. 인플루언서들과 유명인사들이 핵심 역할을 했고, 그중 몇몇은 암호화폐 시장을 조작한 혐의로 벌금을 물거나 체포되기도 했다.

유명인사
영입

암호화폐 세계는 인플루언서를 활용하는 방법을, 인플루언서는 암호화폐로 수익을 내는 방법을, 초기 암호화폐 지지자 중 일부는 인플루언서가 되는 방법을 단번에 파악했다.

영업력이 뛰어난 남자들과 암호화폐 프로젝트를 홍보하는 데 필요 이상으로 옷을 적게 걸친 젊고 다소 매력적인 여자들이 만든 유튜브 채널이 갑자기 등장했다. 그들은 특정 암호화폐에 대한 긍정적인 뉴스와 인터뷰들을 공유하며 시종일관 구독자들에게 해당 암호화폐의 구매를 권유했고 곧 가격이 올라갈 것이라 보장했다.

이런 신규 유튜버 중 일부는 본인들의 이익을 위해 특정 암호화폐를 일찍이 사들이고는 가격이 오르기를 바랐다. 소규모 암호화폐들은 거래량이 아주 적어 변동성이 컸으므로 한 유튜버의 구독자만으로도 특정 암호화폐의 가격을 끌어올리는 데는 충분했다. 이를 아는 유튜버 등의 인플루언서들은 팔로어들을 정확히 이 목적에 이용했다.

이들은 자신들이 선택한 암호화폐의 가격을 끌어올리기 위해 팔로어들에게 자신의 코인 보유 수량과 투자 금액 등을 말하며 신뢰를 주려 노력했다. 실제 팔로어를 많이 확보할수록 암호화폐의 매수세가 증가했고 그에 따라 가격이 점점 올라가자 이들을 신뢰하는 사람들은 더욱 많아졌다.

유튜버와 이들의 초기 구독자들만 배를 불리는 순환 구조였다. 유튜버들은 수천 명의 구독자에게 암호화폐 가격이 오르고 구독자 수가 늘어날수록 부풀 대로 부푼 무가치한 코인을 자신의 팬들에게 더욱더 떠넘길 것이라는 이야기는 하지 않았다. 이 유튜버들은 가격 상승을 계속 부채질하며 마지막 남은 보유분까지 비트코인이나 명목화폐로 바꾼 후 손을 털었고, 아무도 특정 코인의 가격을 올린 후 하락시켜 최대 수백만 달러의 수익을 내고 구독자들의 돈을 잃게 만든 사람이 유튜버라는 점을 눈치채지 못했다.

유명인사들은 프로젝트 팀에게 광고비를 받고 암호화폐를 홍보하기도 했는데, 그중에서도 존 맥아피의 명성을 넘볼 자는 없었다.

존
맥아피

　암호화폐 시장을 조작한 유명인사 중 특히 한 명이 암호화폐 커뮤니티에서 악명을 떨쳤다. 존 맥아피는 1989년에 현재 세계적인 컴퓨터 백신 기업인 맥아피McAfee를 창립했고, 수년 후 회사 주식을 팔아 하루아침에 1억 달러를 벌었다. 이후, 그의 다음 사업들만큼이나 쾌락주의적인 삶을 즐기는 성향에 따라 그는 꽤 여러 가지로 이름을 날렸다.

　맥아피는 중남미 국가 벨리즈Belize로 이사했다. 그는 2008년 금융위기 때 재산의 96퍼센트를 잃어서 거처를 옮길 수밖에 없었다고 했지만, 실제로는 미국의 세금 문제를 회피하려 했거나 새로 시작했던 항공 여행 사업 도중 자신의 조카와 승객 한 명의 목숨을 앗아간 초경량 비행기의 추락사고에 관한 법적, 재정적 문제를 피하려는 의도였을 수도 있다. 소문은 무성하지만 맥아피에 관한 이야기는 아무도 확신할 수 없다. 그는 이야기를 위한 이야기를 즐겨 말했고, 특히 사실을 파헤치려 하는 기자들을 헷갈리게 할 만한 이야기를 했다.[1] 맥아피는 벨리즈에서 손녀뻘의 젊은 여자들과 시간을 보냈고[2] 수행원을 대동하고 다니면서[3] 술과 담배뿐 아니라 입욕제와 유사하게 생긴 합법적 합성 환각제 배스솔트Bath Salt를 마약으로 즐겨 사용하곤 했다.[4] 맥아피는 그날의 기분에 따라 식물로 자연 항생제를 만들기도 하고 여성 비아그라나[5] 자신이 중독되어 있던 배스솔트를 만들며 벨리즈에서 시간을 보냈다고 했지만, 아마 질문을 던지는 기자가 자기 마음에드는지에 따라 멋대로 말한 이야기일 거라서 믿거나 말거나이다. 그의 말이 진실인지 아닌지 혹은 작정하고 기자들을 속이려고 한 말이 무엇인지는 아무도 알 수 없다.[6]

맥아피는 법적 분쟁에 휘말렸었다. 2012년, 벨리즈의 경찰 특수 기동대는 필로폰을 제조한 혐의로[7] 맥아피의 뒤를 밟다가 그의 개를 사살했다. 그해 11월, 맥아피의 이웃에 살던 한 미국인이 머리에 총상을 입고 죽은 채 발견됐고, 요주의 인물로 맥아피가 지목됐다. 사망자 파울Faull은 맥아피의 반려견들과 경호원 문제로 그와 실랑이를 벌인 적이 있지만, 파울이 살해당한 이유는 아직도 밝혀지지 않았다.[8] 맥아피는 살인자가 아마 자신을 찾고 있었던 것 같다고 주장하지만 당국은 맥아피가 이 사건의 배후에 있다고 생각하는 것 같았다. 맥아피는 배를 타고 과테말라로 도주했고, 미국 디지털 매체 〈바이스Vice〉의 기자들을 불러 그를 따라오게 했다. 여기서 바이스는 위치 데이터가 포함된 사진을 올려 맥아피의 위치를 드러내는 실수를 했다.[9] 맥아피는 불법 입국으로 체포됐지만 연줄이 좋은 과테말라인 여자 친구를 통해 상황을 모면했고, 벨리즈로의 송환을 피하기 위해 심장 발작 연기를 하며 변호사에게 시간을 벌어주면서 결국 미국으로 돌아갈 수 있었다.[10]

미국으로 돌아온 날 밤, 맥아피는 여전히 벨리즈에서 이웃을 죽였다는 혐의를 받고 있는 상황에서 마이애미의 한 카페에 갔다. 이 카페에서 맥아피는 매춘부 제니스Janice를 만나 불같은 사랑에 빠졌다.[11] 이 둘은 2013년에 결혼했고 여러 가지 굴곡이 있었지만, 싸구려 모텔과 맥아피의 요트를 왔다 갔다 하며 여행을 하다가 스페인에서 비밀리에

붙잡혔다.[12] 미국 대통령 선거에 출마 선언을 두 번이나 했던 맥아피는 2016년에 자유당 후보 경선에서 2위를 하며 기술 분야 외에서도 이름을 널리 알리고 언론에 장단을 맞추는 법을 배웠다. 하지만 이때쯤, 수년간의 도주 생활로 재산을 거의 다 탕진한 맥아피는 돈이 필요했다.

시장 조작법
배우기

2016년, 맥아피는 페니스톡penny stocks(동전주) 기업 MGT캐피털MGT Capital에서 연락을 받았다. MGT캐피털은 주당 1달러 미만인 소규모 회사의 페니스톡을 거래했다. 이 무렵 MGT캐피털은 사실상 페이퍼 컴퍼니였다. 회사는 이미 자산을 전부 처분하여 아무런 가치가 없었지만, 까다로운 뉴욕증권거래소에 상장되어 있다는 장점이 있었다. 그래서 투자자들에게 투자를 받을 수 있고 어느 정도 신뢰를 얻을 수 있었지만 회사는 맥아피처럼 돈이 필요했다. 이들은 맥아피가 사이버 보안 업계의 선두 주자이고 여러 이유로 언론에도 이름이 많이 오르내렸으므로 그를 끌어들이면 회사가 사이버 보안 기업으로 브랜드 이미지를 새롭게 하는 데 어느 정도 신뢰를 주는 동시에 회사에 매우 필요했던 이목까지 끌 수 있겠다고 생각했다. 회사는 맥아피에게 25만 달러의 높은 연봉에 보너스 25만 달러를 추가로 지급하고 사이버 보안 기업이라는 새로운 브랜드에 그의 이름을 사용했다. 맥아피의

이름과 명성을 가져온 MGT캐피털은 이제 투자금이 필요했다.[13]

　MGT캐피털은 플로리다의 투기꾼 배리 호니그Barry Honig에게 다량의 주식을 주고 투자금 85만 달러를 받았다. 이후에 있었던 재판에서 언급된 말에 따르면 배리는 거래량이 적은 페니스톡의 가격을 조작해 매력적인 투자처럼 보이도록 만들면서 페니스톡 시장에서 전문적으로 펌프앤드덤프 사기를 벌였고,[14] 이후 각종 시장 조작에 연루된 혐의로 미국 증권거래위원회에 의해 기소됐다.[15] 아무튼 배리의 노력은 효과가 있었다. 주당 37센트였던 신규 주식은 4.15달러로 뛰었고,[16] 이에 언론은 "현재 미국에서 가장 인기 있는 주식 종목은 존 맥아피의 미스터리한 신생 기업"이라는 제목을 달아 보도했다.[17] 이때 맥아피가 돈을 내어줬다면 배리의 주식은 8000만 달러였을 것이다. 하지만 맥아피가 회사의 경영권을 쥐고 있었으므로 그가 정한 규칙을 따라야 했다.[18] 맥아피는 기존의 지분 구조가 투자자들에게 너무 후하다고 판단해 구조를 변경했고, 그에 따라 배리는 116억 5500만 달러를 추가로 투자해야 돈을 받을 수 있었다. 배리의 반응을 보기도 전에 매도 물량이 쏟아지며 주가는 곧 곤두박질쳤다.[19] 증권거래위원회는 소송이 빗발치자 곧 단속에 들어갔다. 2016년 중순, MGT캐피털은 펌프앤드덤프를 당했다.

　맥아피는 2016년에 MGT캐피털의 경영을 맡은 지 얼마 되지 않아 그가 회사에서 새로 만든 암호화폐 자문 위원단에 비트코인 재단Bitcoin Foundation의 이사인 브루스 펜턴Bruce Fenton을 임명했다. 비트코인이 차세대 핵심 사업이라는 말을 믿은 맥아피는 MGT캐피털을 비트코인 채굴 회사로 탈바꿈했다. 회사가 채굴기를 구매할수록 사이버 보안에 대한 언급은 줄어갔고, 결국 사이버 보안 상품은 더 이상 나오지 않았다.[20] MGT캐피털은 비트코인을 채굴하여 금전적 수익을 많이 냈지만, 암호화폐 채굴은 화려한 사업이 아니라 느리고 뻔한 유행 사업이었다. 맥아피처럼 자극적인 일에 중독된 사람에게 암호화폐 채굴은 무언가 부족했고, 진짜 돈은 암호화폐 시장의 변동성에 따라 움직이고 있었다.

맥아피는 배리를 통해 거래량이 적고 변동성이 큰 시장을 유리하게 조작하는 법을 배웠다. 조작은 쉬웠으나 규제를 받고 있는 페니스톡 시장을 조작했다가는 증권거래위원회의 단속에 걸릴 터였다. 하지만 새로 생겨난 암호화폐 시장은 당시에 규제 대상이 아니었다. 사법 당국은 주목할 만하지 않은 암호화폐 시장에 손을 놓고 있었다. 맥아피는 곧 암호화폐가 다른 시장보다 조작이 쉽고 위험성이 낮다고 생각했다. 이때쯤 암호화폐에 대한 열기가 뜨거워지고 있었다. 거의 가치가 없었던 비트코인은 약 500달러까지 뛰었고 그해 말까지 다시 두 배 가까이 올랐다. 암호화폐가 대중적인 관심을 받기 시작했다. 1년 후인 2017년 초여름, 암호화폐의 종류는 2000개를 넘었고 비트코인 가격이 천정부지로 치솟자 수천 개의 소규모 알트코인에 대한 관심과 거래도 늘어났다.

암호화폐 가격이 폭등한 상태였던 2017년 말, 수많은 코인들의 가격이 올랐고 수많은 사람들이 투기적인 돈을 쓸어 담았으며 암호화폐에 대해 이야기하지 않는 사람이 없었다. 모든 사람들이 부를 이룰 수 있

암호화폐 전쟁

는 또 한 번의 기회가 오기를 갈망하며 다음 투자 대상을 찾고 있었다.

다음 큰
투자판

특히 유튜버 등의 인플루언서들을 비롯한 암호화폐 지지자들은 거래 내역 추적이 불가능하여 주로 다크웹에서 마약 등의 불법 거래에 사용되는 비공개 암호화폐 '프라이버시 코인'을 밀기 시작했다. 프라이버시 코인을 구매했다고 해서 모두가 불법 거래 목적으로 코인을 사용한 것은 아니었다. 프라이버시 코인은 하루가 다르게 정부에 대한 불신이 커지고 인권이 침해되는 세상에서 어느 정도의 사생활이나 자치권을 보호하기 위한 필수적인 기술로서 여겨지기도 한다. 하지만 그저 가격 상승만을 기대하며 투기성으로 구매하는 사람들도 있었다. 사용도가 가장 높은 인기 프라이버시 코인인 모네로Monero는 이때쯤 가격이 이미 상당히 뛰었지만 아직 거의 주목을 받지 못한 프라이버시 코인들도 있었다.

보통 이미 고가인 코인보다는 저가 코인의 가격이 10배, 100배씩 상승하기가 더 쉽다고 생각했고, 매우 많은 암호화폐 커뮤니티 사람들이 다음 잭팟이 될 수 있는 프라이버시 코인을 찾기 시작했다. 잘 알려지지 않았던 한 프라이버시 코인은 심벌로 XVG를 사용하는 암호화폐 버지Verge였다.

20억 달러짜리
트윗

2013년, 일본의 시바견 짤이 전국적으로 유명해졌다. 그해에 장난 삼아 시바견 짤로 로고를 만든 코인이 나왔다. 도지코인Dogecoin은 진지한 의도로 만들어진 코인이 결코 아니었고 용도도 전혀 없었지만, 암호화폐 세계에서 유명해지면서 주로 이에 재미를 느낀 사람들과 시바견에 매료된 듯한 일본인에게서 인기를 얻었다. 버지코인은 사생활 보호를 중점에 두고 대중화된 암호화폐 복사 방법인 '포크Fork'를 통해 도지코인을 복사하여 만들어졌다. 버지코인의 가격은 아직 도지코인만큼 이해할 수 없을 정도로 치솟지 않았었다. 하지만 몇몇 희망에 찬 사람들은 이 저렴한 프라이버시 코인이 인기 있는 도지코인과 유사하고 프라이버시 보호 기능이 있으니 다음 펌프 때나 혹은 다음 급등 시기에 가격이 올라갈 잠재력이 있다고 봤다.

투자자 피터 갤랑코Peter Galanko는 저렴한 버지코인을 대량으로 구매했다. 그러자 가격이 거의 곧바로 오르더니 투자금은 어느새 네 배로 불어나 있었다. 짭짤한 수익을 올리며 재미를 본 피터는 돈을 더 벌고 싶었다. 피터는 다량의 코인 보유자를 부르는 명칭인 '고래'를 붙여 'XVGWhale'이라는 트위터 아이디를 만들고, 버지코인을 좋아하는 6만 명의 팔로어를 모았다. 하지만 버지코인은 수천 개의 암호화폐 중 하나에 불과했고, 이를 눈에 띄게 할 수 있는 방법이 필요했다. 피터는 IT 분야에서 명성이 있는 맥아피가 전 세계적으로 팔로어를 보유

암호화폐 전쟁

하고 있으며 회사 가치를 올리는 능력이 있다는 이야기를 듣고 한 가지 결론에 도달했다. 그가 버지코인의 가격을 폭등시켜 진짜 부자가 되기 위해서는 맥아피의 도움이 필요했다.[21]

당시 맥아피는 그의 파란만장한 과거와 더불어 암호화폐 업계에서도 꽤 유명해졌는데, 트윗 하나로 암호화폐 업계에서 입지를 굳혔다. 2017년 7월 17일, 맥아피는 트위터를 통해 비트코인 가격이 3년 안에 50만 달러를 넘지 않으면 전국 방송에 나가 자신의 중요 신체 부위를 먹겠다고 약속했다.[22] 그런데 3년 후, 그는 예상대로 약속을 지키지 않았고 그의 신체 부위는 어디 하나 없어진 곳이 없었다.[23] 그럼에도 불구하고 맥아피는 해당 트윗으로 암호화폐 세계에서 원하던 유명세와 언론의 관심을 얻었다. 지금도 인터넷 곳곳에서 이 트윗에 대한 언급을 찾을 수 있고, 이 하나의 트윗이 암호화폐 커뮤니티 안에서 받은 관심을 알고 싶다면 작명 센스가 넘치는 팬 사이트 www.dickening. com(맥아피의 '거시기' 운명을 카운트다운한 사이트 - 옮긴이)을 확인해보면 된다.

이 시기에 맥아피는 암호화폐 관련 이슈를 만들어내는 데 사용되는 주요 소셜 플랫폼인 트위터에서 70만 명 이상의 팔로어를 보유하면서 아주 큰 영향력을 과시했다. 피터 갤랑코는 맥아피가 버지코인에 대한 트윗을 올리도록 설득해야 했다. 피터는 맥아피와 전화로 약속을 잡고 맥아피의 집에 찾아갔다가 그곳에서 일주일간 머물렀다. 공식적인 계약은 없었지만 오래 지나지 않아 맥아피는 버지코인을 사면 무조건 득이라는 칭찬을 트위터에 올렸다. 그러자 버지코인의 시가 총액이 20억 달러까지 치솟았다. 트윗 하나가 버지코인의 가격을 1800퍼센트 오르게 한 것이다. 연초에 버지코인에 투자한 1달러는 이제 1만 달러 이상의 가치가 됐다.[24]

맥아피는 MGT캐피털의 투자자 배리가 엄청난 수익을 냈을 때처럼 또 한 번 속았다고 느꼈다. 그는 트윗으로 만들어낸 20억 달러의 투기성 자금에서 자신의 몫을 받길 원했고, 피터에게 트윗 값으로 200만 달러 상당의 암호화폐를 요구했다. 하지만 피터는 줄 마음이 없었다. 그는 버지코인의 창립자나 팀원도 아니었고 그렇다고 가격 폭등으로 이익을 본 투자자들의 대표도 아닌 한 명의 투자자일 뿐이었다. 피터는 버지코인 프로젝트 팀에게 이야기했지만 그들 역시 원치 않아서든 할 수 없어서든 매한가지였다. 버지코인 팀은 맥아피에게 7만 달러를 제시했다. 이에 맥아피는 10만 달러를 주지 않으면 프로젝트에 그가 불러온 호재보다 더한 악재를 줄 수도 있다고 비공개 협상 자리에서 말했다.[25] 아니나 다를까 그가 버지코인에 대해 남긴 다음 트윗은 시장 폭락을 의도한 듯하다. 그는 트위터에 자신이 큰 착오를 범했다며 변명의 여지가 없는 실수에 대해 사과했고 버지코인은 무가치하다고 정정했다.[26] 그러자 예상대로 버지코인의 가격은 폭락했다. 맥아피는 시장 조작 사실을 부인하지만 이곳 암호화폐 세계에서는 여러 가능성이 존재하며 아마 진실은 영원히 밝혀지지 않을 것이다.[27]

하지만 맥아피는 이때 펌프앤드덤프 기술을 배웠을 뿐 아니라 자신의 팔로어와 영향력으로 암호화폐 시장을 좌지우지할 수 있다는 더 중요한 사실을 알았다. 이제 암호화폐 시장은 펌프앤드덤프 롤러코스터를 타게 된다. 수없이 많은 이들이 이후에 일어난 일에 말려들어 일부는 돈을 좀 벌었지만 대부분은 돈을 잃었으며 그 외 사람들은 그냥 옆에서 롤러코스터를 구경하기 위해 말 그대로 팝콘을 먹으며 줄줄이 발생한 암호화폐 참사를 컴퓨터 화면으로 지켜봤다.

난무한 트윗

맥아피는 버지코인에 대한 트윗을 하고 나서 암호화폐로 돈을 얼마나 쉽게 벌 수 있는지 맛봤다. 단 한 번의 트윗으로 20억 달러까지 시장을 조작했다면 또 안 될 이유는 없었다. 그리고 그렇게 하기에 맥아피가 적격인 듯했다. 맥아피는 IT 분야의 귀재였다. 그는 세상 사람들이 백신을 필요로 하기 전, 컴퓨터 바이러스가 실제로 출현하기도 전에 백신 기업을 설립했다. 누가 무엇이라 하든 그는 똑똑하다. 그리고 암호화폐를 둘러싼 과장된 열기와 돈이 그의 반권위주의적이고 자유주의적인 정신에 적합하다고 생각했다. 암호화폐와 관련한 예측이 지금까지 들어맞은 것도 한몫했다. 비트코인에 대해 트윗을 올린 후 비트코인 가격이 올랐다. 비트코인에 대해 한 번 더 언급하자 가격이 또 올랐다. 아무도 몰랐을 버지코인을 그가 트윗하자 갑자기 20억 달러의 가치를 만들어냈고 부정적인 트윗을 올리자 가격은 다시 고꾸

라졌다. 버지코인 가격을 오르락내리락하게 만들었던 원인이 오로지 맥아피의 영향력 때문이었는지는 굳이 알 필요도 없이 꽤 많은 사람들이 맥아피가 컴퓨터 바이러스와 사이버 보안처럼 암호화폐에도 선견지명이 있다고 생각하기 시작했다.

맥아피가 이런 생각을 활용할 때가 왔다. 2017년 12월, 그는 트위터에 '코인 보고서'를 올리며 트윗마다 각기 다른 암호화폐를 추천했다. 맥아피는 왜 그날 그 암호화폐를 사야 하는지에 대해서는 자세히 말하지 않았고 단지 추천 암호화폐들의 창립자 중 한 명이 아마 멍청하지 않다는 이유 등을 들었다.[28]

이후 1개월이 지나지 않은 2018년 새해에 맥아피는 트위터에 이렇게 선언했다. "매주 100개 이상의 ICO가 진행되는데 여러분이 이 프로젝트들을 전부 펌프앤덤프할 수 없다고 해서 한 주에 하나만 진행하는 것은 말이 안 된다. 다수의 ICO가 보석이므로 나는 주당 최소 세 번을 무작위로 진행할 것이다."[29] 맥아피는 이후 얼마 안 되어 하루에 한 코인씩 트윗을 올렸다. 그러더니 트윗당 10만 5000달러를 요구하기 시작했다.[30] 맥아피가 홍보한 암호화폐 프로젝트들은 원래도 별로였지만 질이 더 나빠졌다. 그는 오로지 돈을 받은 암호화폐에 대해서만 트윗을 하는 듯했다. 그중에는 사기 프로젝트를 비롯하여 대부분 증권거래위원회에서 "본질적으로 무가치하다"고 기술한 프로젝트들이었다.[31] 맥아피가 홍보한 프로젝트들은 보통 장기적인 사용성이나 가치가 없는 위험한 투자처였고 오히려 그에게 광고비를 주는 프로젝트였다.[32] 하지만 꽤 많은 사람들이 돈을 벌 수 있는 기회를 좋아했고

'펌프아피'[33]로 알려진 맥아피의 트윗을 매주, 매일 기다렸다. 12월 말, 이런 공공연한 펌프앤드덤프에 반발이 꽤 거세지자 맥아피는 다시 한 주에 하나의 코인만 언급했다.

초반에는 그가 올린 트윗의 영향력이 정말 대단했다. '맥아피 트윗'이 트위터에 게시된 지 몇 초 만에 트윗에서 언급한 코인의 가격이 오르기 시작했고 몇 분 만에 50퍼센트에서 350퍼센트 혹은 그 이상까지도 올라갔다.[34] 수천, 수만 명의 개인 투자자들은 맥아피의 트윗이 올라올 예상 시각에 매일 컴퓨터 앞에 앉아 최대한 빨리 맥아피의 펌프에 동참하기 위해 여러 거래소에 비트코인을 준비해놓은 채 기다렸고, 매수 후 가격이 계속 오르길 간절히 바라며 미친 듯이 코인을 사들였다. 성공적으로 돈을 번 사람도 있지만 대다수가 돈을 잃었다. 암호화폐 세계에서 이런 광적인 펌프앤드덤프는 단지 사람들 간의 속도 경쟁이 아니라는 것도 문제다. 암호화폐 거래소에서 이뤄지는 거래의 상당 부분이 자동 프로그램으로 진행된다. 이런 프로그램들은 인간이 거래를 명령할 필요도 없이 소셜미디어 글이나 거래량의 증가, 사람들과 프로그램들의 구매에 즉각 반응했다. 이 프로그램들은 코인을 빠르게 매수했지만 그럼에도 불구하고 엄청나게 많은 사람들이 원래는 환금성과 거래량이 낮았을 코인을 트윗과 거의 동시에 매수하려 하면서 항상 수익을 낼 만큼 저가에 사거나 떨어지기 전에 빨리 팔아치우지는 못했다. 어떤 투자자들은 맥아피의 트윗에서 언급된 코인의 이름을 읽어올 수 있는 프로그램을 만들어 해당 코인을 자동으로 사들였다. 자동 프로그램들은 맥아피의 트윗에 인간보다 반응 속도가 좋았다. 하지만 그럼에도 트윗이 올라오기 한참 전에 저렴한 가격으로 코인을 구매했거나 적시에 번개같이 팔아 치운 사람들만 돈을 벌고 있었다. 대부분은 자동 프로그램까지 사용하면서도 돈을 잃었다.

12월 27일, 맥아피가 트윗으로 뉴스거리를 만들려고 했는지, 아니면 사이버 보안의 천재가 트위터 계정을 해킹당했는지 모르겠지만 이날 맥아피의 트위터 계정으로 소규모 암호화폐 프로젝트를 추천하는 다섯 개의 트윗이 올라왔다.[35] 이 암호화폐들의 가격은 모두 올랐다가 떨어졌고, 자동 프로그램들은 이 암호화폐들을 모두 사들였지만 사람들은 의심하기 시작했다.

이상 끝

맥아피는 경험을 통해 배웠는지, 아니면 그가 남긴 메시지의 행간을 봤을 때 위험을 꽤 느꼈는지 더 이상 부실한 ICO 프로젝트와 소규모 암호화폐를 홍보하지 않았다. 1년 후, 그가 트윗으로 홍보했던 코인들은 2017년에 정점을 찍은 후 거의 바닥까지 떨어졌고, 이런 사기 및 무가치한 코인의 구매 권유에 속았던 사람들에게 맥아피는 위로의 말 한마디 없는 트윗을 올렸다. 그의 메시지는 "증권거래위원회의 협박 때문에 더 이상 ICO를 연구하거나 추천할 수 없으며 ICO 진행자들은 체포될 수도 있다"였다.[36]

맥아피는 적어도 소규모 암호화폐에 관해서는 가장 큰 영향력을 행사했고 제일 유명한 펌프앤드덤프 주동자였다. 그의 펌프 트윗이 끝나자 줄을 잇던 ICO는 감소했고 암호화폐 시장은 내리막길을 걷기 시작했다. 비공개 채팅방으로 운영된 펌프앤드덤프 조직은 여전히 존재하고 있지만, 희망에 찼던 수많은 신규 투자자들은 암호화폐 시장을 떠났고 쓸모없는 코인의 가격을 올렸던 과장된 열기는 다행히도 거의 없어졌다.

존 맥아피는 결국 사법 당국에 덜미를 잡혔다. SNS에 남긴 주장과 그의 요트에서 이뤄졌던 컨퍼런스 및 영상 인터뷰에도 불구하고 맥아피는 요트에서 지내고 있다고 말한 기간 동안 실제로는 아내와 함께 스페인에서 숨어 지낸 것으로 드러났다. 맥아피는 체포됐고, 증권거래위원회는 2310만 달러의 수익을 낸 '사기성 ICO 홍보' 혐의로 맥아피를 기소했다.[37]

10장

사람들을 위한
암호화폐

베네수엘라: 닭이 먼저냐 달걀이 먼저냐, 그것보다 가격이 문제로다

구글에서 '베네수엘라에서 닭 사기'를 한번 검색해보라.

그럼 음식을 사기 위해 필요한 돈이 산더미처럼 쌓인 사진들이 줄줄이 검색될 것이다. 이 유명한 사진들이 찍혔을 당시, 닭 한 마리 값이 현지 화폐로 1460만 볼리바르였다. 지폐 더미의 부피는 닭보다 몇 배나 더 컸다. 이후로 인플레이션은 더욱 심해졌으니 닭을 사는 데 필요한 지폐의 양은 심지어 더 늘어났을 것이다.

검색 결과 중에서도 인플레이션을 가장 잘 보여주는 사진은 아마 두루마리 휴지 한 롤을 사는 데 필요한 돈뭉치의 양일 듯하다. 이것을 사는 데 필요한 260만 볼리바르 뭉치 옆에서 두루마리 휴지는 더욱 보잘것없어 보인다.[1] 베네수엘라에서는 은행권 지폐가 휴지보다 싸기 때문에 지폐를 휴지로 사용한다.

노동자들은 임금을 여행 가방에 담아야 하고, 슈퍼마켓에 가려면 현금을 수레에 담아 끌고 가야 한다. 베네수엘라의 최고액권은 10만 볼리바르이지만 그 가치는 23센트에 불과하며[2] 아마 지금은 더 낮아졌을 것이다. 파스타 1킬로그램을 사려면 이 고액권이 대략 25장 필요하다. 디지털 뱅킹이 활성화되면서 거의 무가치한 현금 더미를 실어 날라야 하는 물리적인 문제는 줄어들고 있지만, 지폐에 적힌 숫자의 가치는 점점 더 나빠지고 있다.

베네수엘라에서 하이퍼인플레이션은 손을 쓸 수 없는 상태이다. 최저 임금은 수백만 볼리바르 단위로 변동되지만 달러로 치면 암시장 환율로 1개월에 1달러 수준일 정도로 국가 화폐가 평가 절하됐다.[3] 정부는 수년 전부터 인플레이션율을 더 이상 밝히지 않고 있지만[4] 자료 출처에 따라 인플레이션율은 최대 1000만 퍼센트에 달한다.[5] 게다가 달러 환율은 어디에서 환전을 하는지에 따라 매우 크게 차이 난다. 1년 만에 볼리바르는 달러 대비 97.5퍼센트까지 평가 절하됐다.

인플레이션 속도가 워낙 빨라 사람들은 슈퍼마켓에서 얼마를 내야 할지 모른다. 가격은 슈퍼마켓에 들어갈 때부터 물건을 골라 계산을 할 때까지 계속해서 바뀌며 때로는 급격히 변경되기도 한다. 음식과 식재료들은 몇 주 만에 수백 퍼센트까지 가격이 오를 수도 있다. 자국 통화의 가치가 너무 떨어져 정부가 기본적인 식품의 가격을 정해뒀지만 외국에서 달러를 보내주는 가족이 없는 사람들에게는 여전히 감당할 수 없을 정도의 가격이다. 많은 베네수엘라인들이 해외에서 돈을 송금해주는 가족과 친구에게 전적으로 의존한다. 평범한 가정이 기본적인 욕구만이라도 충족시키기 위해서는 공식 최저 임금의 100배 이상이 필요하다.[6] 대학교수 같은 고급 인력은 육류나 달걀을 살 수 있을 만큼 돈을 충분히 벌지 모르나[7] 그 외에는 현지 화폐로 지급되는 기본 월급으로 구매할 수 있는 것이 없다.

정부의 물가 통제는 현지 화폐에만 의존하여 식품을 구매하는 사람들에게 큰 도움이 되지 않는다. 계속 오르기만 하는 금리에 따라 다르지만, 1개월치 최저 임금으로는 대략 달걀 24개, 토마토 2.6킬로그램, 설탕 6.5킬로그램, 귀리 0.5킬로그램, 감자 1.7킬로그램, 오렌지주스 2.8리터, 커피 300그램, 피자 4분의 3판, 햄버거 반 개 중에 하나를 살 수 있다.[8]

베네수엘라의 일부 회사는 사원들에게 보수를 돈으로만 지급하는 것을 포기했다. 괜찮은 인재를 데려오고 이들이 제시간에 와서 일할 수 있도록 하기 위해서는 식품을 보너스로 지급해야 했다. 노동자들은 매주 달걀 등의 식품이 한가득 쌓인 상자를 보너스로 받아 집에 들고 갔다.[9] 달걀은 급여만큼의 가치가 있으면서 돈보다 불확실성이 적었다.

특정 요일에만 개방되는 슈퍼마켓에서는 인당 식품 구매량을 한정해도 진열대는 텅텅 빌 때가 잦았고 계산을 하려면 몇 시간 동안 줄을 서야 했다. 정부가 가격을 통제한 마트에서 생필품을 사려면 꼬박 한나절이 걸리기도 한다. 베네수엘라는 세계 최대 산유국이지만 원유를 자체적으로 정제할 돈은 없다. 휘발유는 거의 공짜나 다름없을 정도로 헐값이다. 자동차에 기름을 넣을 돈이 없다면 달걀 한 개나 담배 한 대로 대신할 수 있다. 휘발유가 얼마나 싼가 하면 주유소 직원에게 주는 팁이 자동차에 기름을 가득 넣는 비용보다 훨씬 많은데, 200볼리바르면 보통 크기의 자동차에 기름을 가득 채울 수 있지만 직원에게 주는 적정 팁은 적어도 500볼리바르이다. 커피 한 잔은 휘발유 값의 1만 배인 200만 볼리바르 정도이다.[10]

경제 파탄과
암호화폐

2017년 이후 베네수엘라 경제는 몰락의 길을 걸었다. 한때 부유했던 나라는 하이퍼인플레이션으로 한없이 가난해졌다. 베네수엘라가 극도로 심각한 경우이기는 하지만 슬프게도 특별한 경우는 아니다. 부패가 만연하고 국정 운영이 부실하며 잘못된 결정을 반복하는 세계 모든 나라의 경제와 국가화폐에 충분히 일어날 수 있는 하나의 예일 뿐이다.

어쩌면 당연하게도 베네수엘라는 미국과 중국을 비롯한 다른 강대국을 제치고 암호화폐 수용 수준이 세계 3위이다. 베네수엘라의 암호화폐 수용은 선택이 아니라 필수였다. 심각하게 불안정한 국가화폐는 급격한 인플레이션으로 인해 사실상 무가치해졌고, 안정적인 통화로 돈을 보유하고 있지 않는 한 모아놓은 돈의 가치는 하룻밤 사이 중

발하여 생존에 필요한 식량조차 구할 수 없었다. 2018년까지 달러 사용이 금지됐고 암시장 환율은 볼리바르화에 불리했으므로 사람들은 가족에게 돈을 보내기 위해 대안을 찾아야 했다. 해외에서 일하는 사람들은 웨스턴유니온_{Western Union} 같은 해외 송금 서비스를 제공하는 기업을 통해 고향 베네수엘라로 돈을 보낼 수 있었지만, 14퍼센트 이상의 터무니없이 높은 수수료를 내야 했다. 그래서 암호화폐는 그 나름의 변동성에도 불구하고 베네수엘라인에게는 피난처와 같았고, 국민 전체가 경제난에 허덕이는 나라로서는 굉장히 큰 금액인 80억 달러 상당의 암호화폐를 보유했다.

추정하기로 베네수엘라 정부는 미국의 제재를 피하고 하이퍼인플레이션을 해결하기 위해 원유 본위제의 자체 암호화폐 '페트로_{Petro}'를 출시하려 했다. 하지만 발행 주체인 정부에 대한 불신 때문에 페트로를 실패 프로젝트로 보는 분위기가 짙었고 널리 신뢰를 받지는 못했다.[11] 이와 달리 비트코인 등의 기존 암호화폐는 그 변동성에도 불구하고 많은 베네수엘라인에게 한 줄기 빛과도 같았다. 암호화폐는 베네수엘라에서 돈을 좀 더 안정적으로 보유할 뿐 아니라 정부의 제재를 받지 않고 국가 간에 송금을 할 수 있는 거의 유일한 방법이다. 안타깝게도 돈을 찍어내는 국가는 베네수엘라만이 아니다. 미국을 비롯한 여러 나라들은 코로나19로 일부 지역을 봉쇄 조치하면서 침체된 경제를 활성화하기 위해 매우 우려스러운 속도로 돈을 발행하고 있다. 화폐를 통제하는 정부와 중앙은행의 옛 아성은 무너졌거나 점점 무너지고 있다. 많은 이들이 비트코인과 탈중앙화된 화폐가 진정한 생명줄 내지는 경제적 자유의 원천이 될 수 있다고 생각한다. 이는 암호화폐가 애초에 만들어진 이유이기도 하다.

암호화폐의
시작

1990년대 초, 샌프란시스코만 지역에서 작은 규모의 단체가 생겨났다. 이들은 사생활 보호를 매우 중요시했고, 당시만 해도 군대나 스파이 단체에서만 비밀리에 사용하던 암호해독에 대해 이야기를 나누며 자신들을 사이퍼펑크Cypherpunk라고 불렀다. 이들의 행동은 시대에 앞서 있었다. 정부는 현재 우리가 어디를 가고 돈을 어떻게 쓰는지 등의 정보를 쥐고 우리 삶의 모든 영역에서 사생활을 침해하고 있다. 잘못된 정부의 손에는 이제 감시를 할 수 있는 기술적 도구까지 있으니 무서운 일이다. 감시 기술과 더불어 정부가 이미 우리의 돈을 통제할 수 있다는 점을 생각하면, 돈의 미래는 캄캄하다. 솔직히 섬뜩하기까지 하다. 정부는 이제 원하면 우리가 돈에 접근할 수 없도록 막아서 이동을 제한할 수 있으며, 일부는 이미 그렇게 하고 있다. 정부는 이를 더 수월하게 통제하기 위해 얼굴 인식 기술의 도입을 고려하거나 주목하고 있다. 아마 섬뜩하다는 말로는 표현이 부족한 것 같다.

사이퍼펑크 운동은 10년이 넘는 기간 동안 발전되어 2008년 10월 31일, 정체를 알 수 없는 인물이 새로운 디지털화폐 비트코인의 개념을 설명한 논문이 온라인 커뮤니티에 올라왔다.

오늘날까지 비트코인을 만든 익명의 인물 사토시 나카모토가 누구인지, 개인인지 단체인지 혹은 비트코인이 실제로 어떻게 나왔는지 아무도 모른다. 하지만 이 책에서 봤듯 암호화폐 생태계의 변동성과 과장된 열기가 만들어낸 버블, 각종 사기 사건에도 불구하고 비트코인은 꾸준히 성장하면서 세계가 돈을 바라보는 시각을 변화시켰다. 암호화폐 세계에서 벌어진 사기 사건들은 안타깝지만, 이 때문에 놀라운 기술의 잠재력이 가려지고 있다.

금융 혁명

암호화폐는 놀라운 기술 혁명이다. 암호화폐로 인해 역사상 처음으로 은행이나 지급 결제 기업, 정부 등 제3자를 통하지 않고도 누구나 돈을 보내거나 받을 수 있고, 높은 수수료나 처리 지연은 물론 차단이나 제재를 피할 수 있다. 이 사실이 저평가되어서는 안 된다. 암호화폐는 전 세계 수십억 명의 삶을 바꿀 수 있는 잠재력을 지녔다. 모든 사람이 정치적으로나 경제적으로 자유로운 나라에 살지는 않는다. 비트코인이 나오기 전까지 돈을 저렴하고 자유롭게 보낼 수 있는 능력은 소수의 특권이었다. 은행과 송금 회사들은 돈을 처리하는 데 상당히 높은 수수료를 부과하여 적게 벌수록 수수료가 크게 느껴질 수밖에 없다.

전 세계 인구의 대략 3분의 1인 25억 명이 금융 서비스를 받지 못한다. 은행은 이들에게 서비스를 제공하는 일이 경제적으로 불가능하다고 여기며, 일자리를 찾아 반강제적으로 고향을 떠나야 했던 극빈층이 고향에 있는 가족들에게 생활비를 보내는 데 수입의 상당 부분을 쓰도록 내버려두었다. 많은 사람들에게 돈을 보내는 유일한 방식인 송금은 평균 수수료가 거래당 6.9퍼센트이지만 최대 30퍼센트에 이르기도 한다. 하루 몇 센트에 불과한 돈이라도 가족의 끼니를 해결해준다면 큰돈이라 할 수 있다.

그런데 암호화폐가 발명되면서 보내는 암호화폐의 종류에 따라 다르지만 거의 무료로 돈을 즉시 전송할 수 있게 됐다. 암호화폐로 인해 이미 수백만 명이 금융 자유화를 이루었고, 이제 시작에 불과하다.

주류 화폐로
가는 길

암호화폐는 이제 주류 시장에서 가치를 인정받고 있다.

페이팔은 비트코인을 비롯한 암호화폐를 결제 수단으로 채택한다고 발표했다.[12] 암호화폐 채택과 관련하여 가장 최근에 나온 이 소식으로 인해 이제 페이팔의 판매자 2600만 명과 사용자 3억 4600만 명은 암호화폐를 구매하고 보관하거나 주고받을 수 있을 것이다.

기존 은행들이 현재 고전을 면치 못하고 있는 가운데 챌린저뱅크 Challenger Bank(경쟁력 있는 상품과 금리, 수수료 등으로 대형 은행에 대항하는 소규모 특화은행 - 옮긴이)의 사용자 경험과 고객 서비스가 훨씬 나은 실정이다. 챌린저뱅크는 사용하기가 훨씬 쉽고 친숙하며 더욱 효율적이다. 또한 현재는 코로나19 봉쇄 조치와 재택근무로 인해 비어 있는 큰 사무실의 유지 비용 등을 아껴 고객들에게 더 나은 서비스를 저렴한 수수료로 제공한다. 게다가 챌린저뱅크의 대상 고객은 기술을 가장 빠르게 수용하면서 주위에 홍보까지 해주는 밀레니얼 세대 및 청년 근로자들과 컴퓨터에 능숙한 사람들이다. 기술이나 혁신과 관련된 분야에서 일하는 사람에게 무슨 은행의 카드를 사용하는지 물어보라. 아마 챌린저뱅크를 대표하는 밝은 색깔의 카드이지 기존 은행의 카드가 아닐 것이다. 이런 챌린저뱅크들이 암호화폐를 수용하고 있고 계좌에 암호화폐를 넣어두고 챌린저뱅크의 최신 직불카드로 결제할 수 있게 되면서 암호화폐는 빠르게 일반적인 결제 수단의 면모를 갖추고 있다.

페이스북

페이스북의 일간 사용자 수는 17억 9000만 명이고 월간 사용자 수는 27억 명이다.[13] 페이스북은 전 세계의 어떤 은행이나 중앙정부보다 더 광범위한 지역에 있는 더 많은 사람들에게 영향을 주고 있으며,

다큐멘터리 영화 〈거대한 해킹The Great Hack〉에서 볼 수 있듯 그 영향력 또한 엄청나다. 이미 수많은 지적이 있었듯이 이 영화에서도 페이스북이 선거 결과와 정치에 영향을 줄 뿐 아니라 엄청나게 많은 사용자 데이터를 보유하여 사용자들의 구매 활동에도 충분히 영향을 끼칠 수 있다고 지적한다.

몇 년 전, 페이스북은 부수적인 사업을 비밀리에 시작했다. 직원들도 이 사실을 몰랐거나 함구해야 했으니 기존의 사무실과는 완전히 다른 건물에서 진행됐던 것 같다. 이제 이 사업은 누구나 다 아는 사실이다. 페이스북은 이름을 새롭게 변경한 암호화폐 디엠Diem을 아직 출시하지는 않았지만, 이미 그 잠재력으로 세계 각국의 정부와 중앙은행, 결제 서비스 기업들을 위협하며 큰 파장을 일으켰다. 페이스북은 야심이 지나쳤고, 각국 정부의 규제로 직면하게 될 수많은 반대와 어려움에 맞서지 않은 것은 틀림없다. 하지만 디엠은 비트코인이 했던 것처럼 세계가 돈을 바라보는 시각을 흔들어놨다. 그리고 디엠이 세상에 제공할 수 있는 한 가지 이점은 송금 산업의 개혁이다.

세계 송금 산업은 엄청나게 크다. 전 세계 수십억 명의 사람들이 고향에 있는 가족들에게 돈을 보내거나 그 돈을 받아 생활하기 위해 송금에 의존한다. 예외는 있겠지만 일반적으로 송금 회사가 운영하는 방식은 야만적이다. 이들은 전 세계 수십억 명의 빈곤층 사람들에게서 돈을 최대한으로 짜낸다.[14] 하루 수입이 몇 달러도 되지 않는 사람들에게서 말이다. 이 얼마 되지 않는 돈은 종종 식구 전체를 먹여 살리는 금액이지만, 송금 회사는 가족에게 돈을 보내기 위해 송금 회사를 이용하지 않고는 달리 방법이 없는 사람들에게서 최대한의 이익을 낸다. 세계은행에 따르면 송금은 개발도상국에서 국외 자금을 조달하는 최대 공급원이 되고 있다.[15] 사람들은 송금 회사에 의존하며, 송금 회사는 대체로 이런 상황을 악용한다.

암호화폐는 소액 결제에 최적화되어 있다. 소규모 가게에 갔을 때 최소 5파운드나 10파운드 이상의 금액만 카드 결제가 된다는 문구를 자주 봤을 것이다. 최소 금액보다 적은 금액을 결제하면 수수료가 너무 많아 가게는 수익을 거의 낼 수 없다. 정부에서 발행하는 명목화폐로 송금할 때에도 약 50펜스보다 적은 금액을 송금할 경우 역시나 비싼 수수료 때문에 판매자들에게는 경제성이 없다. 암호화폐는 이러한 여러 비용들을 없앨 수 있다. 앞으로 암호화폐는 개발도상국인 고향으로 일당을 보내는 등의 수많은 소액 송금 및 결제를 위한 유일한 방법이 될 것으로 보인다. 암호화폐라고 불안정해야 할 필요는 없으므로 각국의 중앙은행들은 이제 국가화폐에 대한 디지털 대체재로 혹은 그 대안으로 안정된 암호화폐를 주목하고 있거나 이미 발행 중이다.

플라스틱과 바다: 행복한 이야기

어디에 살든 우리가 버리는 플라스틱은 대부분 바다로 흘러 들어간다. 생산된 플라스틱은 겨우 9퍼센트만이 재활용될 뿐이다. 바다에 떠다니는 플라스틱의 80퍼센트가 육지에서 흘러 들어갔고, 플라스틱 때문에 매일 죽는 거북과 고래, 돌고래, 물개, 바닷새의 수가 1년에 수백만 마리에 이른다. 2050년쯤에는 바다에 물고기보다 플라스틱이 더 많을 것이라고 한다. 그런데 바다를 더럽히는 플라스틱의 상당 부분이 쓰레기 관리 시설이 부족한 가난한 해안가 마을에서 온다.

플라스틱 쓰레기는 지금까지 무가치하다고 여겨졌다. 재활용 플라스틱을 만들거나 사는 비용보다 아예 새로 만드는 비용이 더 저렴한 데다, 사람들은 깨끗한 세상을 바라기만 했지 육지나 바다에 버려진 플라스틱 쓰레기를 줍겠다는 의지는 없었다. 하루하루 먹고사는 문제로 버거운 사람들에게 가족을 부양하는 일 외에 시간을 들여 플라스틱 쓰레기를 줍는 일은 사치에 불과하다. 또한 애초에 플라스틱 쓰레기를 줄이려는 의욕이 없었다.

플라스틱 쓰레기가 특히 문제인 여러 사회에서 사람들은 낮은 임금을 받으며 가난하게 산다. 세계 인구의 3분의 1과 마찬가지로 이들은 은행 계좌를 만들 수가 없었고 수입이 워낙 적다 보니 저축하기도 어렵다. 다양한 프로젝트를 시행해 플라스틱을 줍는 사람들에게 보상금을 줬지만, 보상금은 안전과는 거리가 먼 현금으로 지급되어 도난당하기 십상이었다.

급속도로 성장 중인 캐나다 스타트업 플라스틱뱅크Plastic Bank는 전 세계 지역사회에 폐플라스틱을 화폐로 사용하는 방법을 만들었고 쓰레기를 모아오면 돈을 지급했다. 플라스틱뱅크는 플라스틱을 디지털 화폐로 교환할 수 있는 '플라스틱 은행'으로, 사람들이 가져온 플라스틱을 재활용한다.

플라스틱뱅크는 플라스틱을 수거하는 사람들이 저렴한 기종의 아무 스마트폰에서 앱을 통해 돈을 안전하게 보관하고 쉽게 사용할 수 있는 디지털 지갑을 만들었다. 휴대폰을 잃어버리거나 도난당해도 돈은 안전하다. 이들은 난생처음으로 저축을 하고 예산을 세울 수 있었다. 플라스틱뱅크는 사람들에게 디지털 신원을 비롯해 신용 점수와 유사한 제도를 만들었고, 수천 명의 사람들이 이제 주택 구매나 교육, 생필품에 쓸 돈을 빌리거나 대출받을 수 있다. 수거해온 플라스틱을 돈 대신 식료품이나 청소용품으로 바꾸거나 아이들의 학교 등록금으로 사용할 수도 있다. 이런 기반 구조를 통해 바다와 환경은 깨끗해지고 전 세계 지역사회는 희망의 빛과 함께 경제적 자유를 얻었다.

이 모든 것은 암호화폐의 기반 기술 때문에 가능했다. 암호화폐 덕분에 수수료를 거의 들이지 않고 소액 결제 및 송금이 바로 가능하고, 디지털 지갑 덕분에 사람들은 은행 계좌 없이도 돈을 보유하고 주고받을 수 있다. 기존의 은행과 금융 시스템이 버렸던 지역사회 모두가 이제 현금이 필요 없는 금융 서비스를 이용할 수 있게 됐다. 암호화폐는 이런 것이다. 사기 사건들에 이 진정한 가치가 다소 가려졌지만, 많은 이들의 인생을 바꿔줄 놀라운 기술에 대해 많은 관심과 애정을 가져주기를 바란다.

미주

서문

1. Lee, C (2017) I've been asked what I think about Bitconnect. From the surface, seems like a classic ponzi scheme. I wouldn't invest in it and wouldn't recommend anyone else to. I follow this rule of thumb: 'If it looks like a (duck emoji), walks like a (duck emoji), and quacks like a (duck emoji) then it's a ponzi' (laugh emoji), Twitter, 30 November, https://twitter.com/satoshilite/status/936306965860401152?lang=en (아카이브 주소: https://perma.cc/3YNP-8XLK)

2. Seth, S (2018) 80 per cent of ICOs are scams: Report, Investopedia, 2 April, https://www.investopedia.com/news/80-icos-are-scams-report/ (아카이브 주소: https://perma.cc/9Z2Y-6UWM)

1장

1. CoinMarketCap (live) Bitcoin, CoinMarketCap, https://coinmarketcap.com/currencies/bitcoin/ (아카이브 주소: https://perma.cc/R893-ZNEF)

2. Coinist (nd) Poor returns, failed technology and outright scams make ICO investors leery, https://www.coinist.io/6-worst-icos-of-all-time/ (아카이브 주소: https://perma.cc/6M6P-PV9F)

3. Hester, J (2017) Internet browser company Brave raised $35m from its initial coin offering (ICO) in less than 30 seconds, Capital.com, 1 June, https://capital.com/internet-company-brave-raises-35m-in-less-than-30-seconds (아카이브 주소: https://perma.cc/W3GG-JDEC)

4. Rogers, S (2017) 6 months on, Bancor explains what happened after its $153 million ICO, VentureBeat, 12 December, https://venturebeat.

com/2017/12/12/6-months-on-bancor-explains-what-happened-after-its-153-million-ico/ (아카이브 주소: https://perma.cc/R5KW-JPBP)

5   Stroe, L (2021) EOS price hangs by a thread as the $4 billion ICO that failed, FXStreet, https://www.fxstreet.com/cryptocurrencies/news/eos-price-hangs-by-a-thread-as-the-4-billion-ico-that-failed-202101271851 (아카이브 주소: https://perma.cc/FL6E-WNKQ)

6   CoinMarketCap (live) Veritaseum, CoinMarketCap, https://coinmarketcap.com/currencies/veritaseum/ (아카이브 주소: https://perma.cc/8PZW-FLSL)

7   US Securities and Exchange Commission (2019) United States District Court, Eastern District of New York, Case 1:19-cv-04625-CBR-RER US Securities and Exchange Commission, 12 August, https://www.sec.gov/litigation/complaints/2019/comp-pr2019-150.pdf (아카이브 주소: https://perma.cc/BRM2-T4ZL)

8   Seth, S (2018) 80 per cent of ICOs are scams: Report, Investopedia, 2 April, https://www.investopedia.com/news/80-icos-are-scams-report (아카이브 주소: https://perma.cc/6YRR-AV6S)

9   Mix (2018) Cryptocurrency startup Prodeum pulls an exit scam, leaves a penis behind, TNW, 29 January, https://thenextweb.com/hardfork/2018/01/29/cryptocurrency-prodeum-scam-exit-penis/ (아카이브 주소: https://perma.cc/Q8QB-JU8C)

10 Mix (2018) Shady cryptocurrency touting Ryan Gosling as their designer raises $830K in ICO, TNW, 5 March, https://thenextweb.com/hardfork/2018/03/05/ryan-gosling-cryptocurrency-ico/ (아카이브 주소: https://perma.cc/E8JM-P3VW)

11 Financial Times (2018) The ICO whose team members are literally cartoon characters, Financial Times, 18 July, https://www.ft.com/content/57805b32-0bbe-34cb-940c-66cdd1aec5e2 (아카이브 주소: https://perma.cc/RE7D-USTR)

12 ScamcoinICO (nd) The only ICO you can be certain of! Get 0 per cent return from 100 per cent of your investments, guaranteed! Reddit, https://www.reddit.com/r/BitcoinScamCoins/comments/7tzcoz/the_only_ico_you_can_

be_certain_of_get_0_return/ (아카이브 주소: https://perma.cc/HRD8-58GS)

13 Useless Ethereum Token (2017) The world's first 100 per cent honest Ethereum ICO, Useless Ethereum Token, https://uetoken.com/ (아카이브 주소: https://perma.cc/DB37-SW2F)

14 Volpicelli, G (2017) The $3.8bn cryptocurrency bubble is a huge deal. But it could break the blockchain, Wired, 14 July, https://www.wired.co.uk/article/what-is-initial-coin-offering-ico-token-sale (아카이브 주소: https://perma.cc/ZZ7E-MHBJ)

15 Zhao, W (2018) Tea tokenizers arrested in China for alleged $47 million crypto fraud, Coindesk, 18 May, https://www.coindesk.com/tea-tokenizers-arrested-china-alleged-47-million-crypto-fraud (아카이브 주소: https://perma.cc/NQ7F-BSFB)

16 Shome, A (2018) Benebit ICO scammed investors for at least 2.7 million: The scam was well orchestrated - the team spent almost $500,000 on marketing, Finance Magnates, 24 January, https://www.financemagnates.com/cryptocurrency/news/benebit-ico-scammed-investors-least-2-7-million/ (아카이브 주소: https://perma.cc/RGQ6-LCZC)

17 Deign, J (2018) The ICO scams hurting energy blockchain's credibility, GTM, 10 July, https://www.greentechmedia.com/articles/read/the-ico-scams-hurting-energy-blockchains-credibility (아카이브 주소: https://perma.cc/AM6B-SKMV)

18 Shapira, A and Leinz, K (2017) Long Island Iced Tea soars after changing its name to Long Blockchain, Bloomberg, 21 December, https://www.bloomberg.com/news/articles/2017-12-21/crypto-craze-sees-long-island-iced-tea-rename-as-long-blockchain (아카이브 주소: https://perma.cc/5789-HCMK)

19 Klein, J (2018) From SpankChain to Bigboobscoin, startups keep trying to get people to pay for sex on the blockchain, Vice, 3 April, https://www.vice.com/en/article/3k7ek8/spankchain-bigboobscoin-cryptocurrency-for-porn-startups (아카이브 주소: https://perma.cc/5RJ8-MJ9M)

20 Sedgwick, K (2017) The most pointless cryptocurrency tokens ever invented,

Bitcoin.com, 17 December, https://news.bitcoin.com/the-most-pointless-cryptocurrency-tokens-ever-invented/ (아카이브 주소: https://perma.cc/ZYG2-3QU4)

21　Powell, D (2018) Sex industry blockchain startup intimate raises $4.5 million in pre-sale ahead of full ICO next month, SmartCompany, 12 February, https://www.smartcompany.com.au/startupsmart/news/sex-industry-blockchain-startup-intimate-4-5-million-ico-pre-sale/ (아카이브 주소: https://perma.cc/64RW-96PP)

22　Hay, M (2018) Cryptocurrency finally takes off in the porn industry, Forbes, 31 October, https://www.forbes.com/sites/markhay/2018/10/31/cryptocurrency-finally-takes-off-in-the-porn-industry/?sh=11b41c71629e (아카이브 주소: https://perma.cc/5FRC-GB6X) 다음도 참조하라. Team, E (2018) Sex industry poised to penetrate cryptocurrency, CryptoBriefing, 4 March, https://cryptobriefing.com/sex-industry-penetrate-cryptocurrency/ (아카이브 주소: https://perma.cc/9DW6-TE3L)

23　Zetter, K (2018) Hackers finally post stolen Ashley Madison data, Wired, 8 August, https://www.wired.com/2015/08/happened-hackers-posted-stolen-ashley-madison-data/ (아카이브 주소: https://perma.cc/4352-YA39)

24　Sedgwick, K (2017) The most pointless cryptocurrency tokens ever invented, Bitcoin.com, 17 December, https://news.bitcoin.com/the-most-pointless-cryptocurrency-tokens-ever-invented/ (아카이브 주소: https://perma.cc/ZYG2-3QU4)

25　Bitcointalk (2018) [ANN] [NO ICO] The Wine Project (WINE·) Buy your wine with crypto! [AIRDROP], Bitcointalk, 12 March, https://bitcointalk.org/index.php?topic=3113664.0 (아카이브 주소: https://perma.cc/SX6C-DUST)

26　Bitcointalk (2017) [ANN] [FUNDROP] Trash cash [TRASH] ERC20 token | No ICO |, Bitcointalk, 15 November, https://bitcointalk.org/index.php?topic=2410056.0 (아카이브 주소: https://perma.cc/6ATC-7PUG)

27　Seth, S (2018) 80 per cent of ICOs are scams: Report, Investopedia, 2 April, https://www.investopedia.com/news/80-icos-are-scams-report/ (아카이브 주소: https://perma.cc/9Z2Y-6UWM)

28 Financial Times (2018) The baroness, the ICO fiasco, and enter Steve Wozniak, Financial Times, 2 September, https://www.ft.com/content/fc9d3b82-de7b-3e67-bd3c-835575172608 (아카이브 주소: https://perma.cc/L94R-FCP8)

29 Haan, C (2019) Post-disaster clean up: ICO class-action portal goes online, Crowdfund Insider, https://www.crowdfundinsider.com/2019/03/145420-post-disaster-clean-up-ico-class-action-portal-goes-online/ (아카이브 주소: https://perma.cc/H89E-PF7B)

30 Bitcointalk (2018) [ANN] [ICO] Gems protocol - decentralized mechanical turk, Bitcointalk, 6 January, https://bitcointalk.org/index.php?topic=2700804.0 (아카이브 주소: https://perma.cc/F3ZH-SQA9)

31 Popper, N (2018) Floyd Mayweather and DJ Khaled are fined in ICO crackdown, The New York Times, 29 November, https://www.nytimes.com/2018/11/29/technology/floyd-mayweather-dj-khaled-sec-fine-initial-coin-offering.html (아카이브 주소: https://perma.cc/LS88-ZQFP)

32 Popper, N (2018) Floyd Mayweather and DJ Khaled are fined in ICO crackdown, The New York Times, 29 November, https://www.nytimes.com/2018/11/29/technology/floyd-mayweather-dj-khaled-sec-fine-initial-coin-offering.html (아카이브 주소: https://perma.cc/LS88-ZQFP)

33 US Securities and Exchange Commission (2020) SEC charges John McAfee with fraudulently touting ICOs, Sec.gov, press release, https://www.sec.gov/news/press-release/2020-246 (아카이브 주소: https://perma.cc/7NYC-YAX8)

34 Dodds, S (2018) Cryptocurrency markets are wide open to insider trading, US regulators say, Telegraph, 19 September, https://www.telegraph.co.uk/technology/2018/09/19/cryptocurrency-markets-wide-open-insider-trading-us-regulators/ (아카이브 주소: https://perma.cc/9G7Q-VGZ4)

35 Seth, S (2018) 80 per cent of ICOs are scams: Report, Investopedia, 2 April, https://www.investopedia.com/news/80-icos-are-scams-report/ (아카이브 주소: https://perma.cc/9Z2Y-6UWM)

36 Seth, S (2018) 80 per cent of ICOs are scams: Report, Investopedia, 2 April, https://www.investopedia.com/news/80-icos-are-scams-report/ (아카이브

주소: https://perma.cc/9Z2Y-6UWM)

37 99Bitcoins (2021) DeadCoins, 99Bitcoins, https://99bitcoins.com/deadcoins/ (아카이브 주소: https://perma.cc/ACR2-E4GZ)

2장

1 Hankir, Y (2018) Thanks guys! Over and out⋯ #savedroidICO, Twitter, 18 April, https://twitter.com/YassinHankir/status/986551967932735488? (아카이브 주소: https://perma.cc/FWQ6-ZHTW)

2 Qader, A (2018) German ICO Savedroid pulls exit scam after raising $50 million, Finance Magnates, 18 April, https://www.financemagnates.com/cryptocurrency/news/german-ico-savedroid-pulls-exit-scam-raising-50-million/ (아카이브 주소: https://perma.cc/EVJ5-MFKZ)

3 Zuckerman, M (2018) In apparent exit scam CEO of German startup is 'over and out' after $50 mln ICO, Cointelegraph, 18 April, https://cointelegraph.com/news/in-apparent-exit-scam-ceo-of-german-startup-is-over-and-out-after-50-mln-ico (아카이브 주소: https://perma.cc/TR3Y-758D)

4 Varshney, N (2018) Savedroid ICO's exit scam was actually a very dumb PR stunt, The Next Web, 26 November, https://thenextweb.com/hardfork/2018/04/19/savedroid-ico-not-gone/ (아카이브 주소: https://perma.cc/4B24-ABTB) 다음도 참조하라. Golovtchenko, V (2018) Savedroid: Worst prank in crypto history or a reckless publicity stunt? Finance Magnates, 19 April, https://www.financemagnates.com/cryptocurrency/news/savedroid-worst-prank-crypto-history-reckless-publicity-stunt/ (아카이브 주소: https://perma.cc/K75L-5Z63)

5 Rice, J (2018) Yassin Hankir of Savedroid on exit scams and ICO sustainability, Crypto Briefing, 26 May, https://cryptobriefing.com/yassin-hankir-savedroid-exit-scams-ico/ (아카이브 주소: https://perma.cc/RH24-XZDB)

6 Coingecko (live) Savedroid, https://www.coingecko.com/en/coins/savedroid (아카이브 주소: https://perma.cc/C47U-722T)

7 u/ICOClassAction (2020) Savedroid class action is accepting class members,

Reddit, https://www.reddit.com/r/ico/comments/b3r5z7/savedroid_class_action_is_accepting_class_members/ (아카이브 주소: https://perma.cc/3PYP-P6ZE)

8 Rice, J (2018) Yassin Hankir of Savedroid on exit scams and ICO sustainability, Crypto Briefing, 26 May, https://cryptobriefing.com/yassin-hankir-savedroid-exit-scams-ico/ (아카이브 주소: https://perma.cc/RH24-XZDB)

9 Pearson, J (2018) Ethereum startup vanishes after seemingly making $11, leaves message: 'penis', Vice, 29 January, https://www.vice.com/en/article/yw5ygw/ethereum-startup-prodeum-vanishes-after-seemingly-making-11-leaves-message-penis (아카이브 주소: https://perma.cc/2C2V-RR8R)

10 Mix (nd) Cryptocurrency startup Prodeum pulls an exit scam, leaves a penis behind, The Next Web, https://thenextweb.com/hardfork/2018/01/29/cryptocurrency-prodeum-scam-exit-penis/ (아카이브 주소: https://perma.cc/Q8QB-JU8C)

11 Alexander, D (2020) Quadriga downfall stemmed from founder's fraud, regulators find, Bloomberg, 11 June, https://www.bloomberg.com/news/articles/2020-06-11/quadriga-downfall-stemmed-from-founder-s-fraud-regulators-find (아카이브 주소: https://perma.cc/LF4N-CDSZ)

12 Kim, C (2017) South Korea bans raising money through initial coin offerings, Reuters, 29 September, https://www.reuters.com/article/us-southkorea-bitcoin-idUSKCN1C408N (아카이브 주소: https://perma.cc/EV74-GJZT)

13 Manning, L (2018) Fraudulent South Korean exchange Pure Bit nabs $2.8m in ICO exit scam, Bitcoin Magazine, 9 November, https://bitcoinmagazine.com/articles/fraudulent-south-korean-exchange-pure-bit-nabs-28m-ico-exit-scam (아카이브 주소: https://perma.cc/XCP3-A5CX)

14 Manning, L (2018) Fraudulent South Korean exchange Pure Bit nabs $2.8m in ICO exit scam, Bitcoin Magazine, 9 November, https://bitcoinmagazine.com/articles/fraudulent-south-korean-exchange-pure-bit-nabs-28m-ico-exit-scam (아카이브 주소: https://perma.cc/XCP3-A5CX)

15 Angelreyes (2018) Pure Bit ICO returns investor funds after exit scam,

Crypto.iq, 20 November, https://www.cryptoiqtrading.com/pure-bit-ico-returns-investor-funds-after-exit-scam/ (아카이브 주소: https://perma.cc/DVQ8-ZJEP)

16 Shome, A (2019) Coinroom exchange disappeared overnight with customers' funds, Finance Magnates, 3 June, https://www.financemagnates.com/cryptocurrency/news/coinroom-exchange-disappeared-overnight-with-customers-funds/ (아카이브 주소: https://perma.cc/P9ND-YAHG)

17 Vitáris, B (2019) Polish cryptocurrency exchange coinroom exit scams with customer funds, CCN, 23 September, https://www.ccn.com/polish-cryptocurrency-exchange-coinroom-exit-scams-with-customer-funds/ (아카이브 주소: https://perma.cc/WM4F-T3GU)

18 US Securities and Exchange Commission (2020) Report of the Provisional Administrator concerning the request to obtain a declaratory judgment, Case No: 358421-0001, US Securities and Exchange Commission, 26 February, https://www.sec.gov/divisions/enforce/claims/docs/plexcorp-receiver-report-2-26-2020.pdf (아카이브 주소: https://perma.cc/7R23-4M4F) 다음도 참조하라. PlexCoin (2017) PlexCoin: The next cryptocurrency, Whitepaper version 2.71, https://assets.bwbx.io/documents/users/iqjWHBFdfxIU/rwzk2_HjYOjw/v0 (아카이브 주소: https://perma.cc/ZQA9-GN3T)

19 Coinisseur.com (2018) PlexCoin: The anatomy of an ICO scam, 12 September, https://www.coinisseur.com/the-anatomy-of-an-ico-scam/ (아카이브 주소: https://perma.cc/9Q7T-U7TS)

20 Bitcointalk (2017) What do you think about PlexCoin? Bitcointalk, 8 July, https://bitcointalk.org/index.php?topic=2010097.0 (아카이브 주소: https://perma.cc/435P-JTZ4)

21 PlexCoin (2017) PlexCoin: The next cryptocurrency, PlexCoin, August, https://assets.bwbx.io/documents/users/iqjWHBFdfxIU/rwzk2_HjYOjw/v0 (아카이브 주소: https://perma.cc/ZQA9-GN3T)

22 US Securities and Exchange Commission (2020) Report of the Provisional Administrator concerning the request to obtain a declaratory judgment, Case No: 358421-0001, US Securities and Exchange Commission, 26 February,

https://www.sec.gov/divisions/enforce/claims/docs/plexcorp-receiver-report-2-26-2020.pdf (아카이브 주소: https://perma.cc/7R23-4M4F)

23 PlexCoin (2017) PlexCoin: The next cryptocurrency, PlexCoin, August, https://assets.bwbx.io/documents/users/iqjWHBFdfxIU/rwzk2_HjYOjw/v0 (아카이브 주소: https://perma.cc/ZQA9-GN3T)

24 PlexCoin (2017) PlexCoin: The next cryptocurrency, PlexCoin, August, https://assets.bwbx.io/documents/users/iqjWHBFdfxIU/rwzk2_HjYOjw/v0 (아카이브 주소: https://perma.cc/ZQA9-GN3T)

25 PlexCoin (2017) PlexCoin: The next cryptocurrency, PlexCoin, August, https://assets.bwbx.io/documents/users/iqjWHBFdfxIU/rwzk2_HjYOjw/v0 (아카이브 주소: https://perma.cc/ZQA9-GN3T)

26 PlexCoin (2017) PlexCoin: The next cryptocurrency, PlexCoin, August, https://assets.bwbx.io/documents/users/iqjWHBFdfxIU/rwzk2_HjYOjw/v0 (아카이브 주소: https://perma.cc/ZQA9-GN3T)

27 PlexCoin (2017) PlexCoin: The next cryptocurrency, PlexCoin, August, https://assets.bwbx.io/documents/users/iqjWHBFdfxIU/rwzk2_HjYOjw/v0 (아카이브 주소: https://perma.cc/ZQA9-GN3T)

28 US Securities and Exchange Commission (2020) Report of the Provisional Administrator concerning the request to obtain a declaratory judgment, Case No: 358421-0001, US Securities and Exchange Commission, 26 February, https://www.sec.gov/divisions/enforce/claims/docs/plexcorp-receiver-report-2-26-2020.pdf (아카이브 주소: https://perma.cc/7R23-4M4F)

29 United States Department of Justice (2020) Quebec trio charged with running fraudulent cryptocurrency, 24 July, https://www.justice.gov/usao-ndoh/pr/quebec-trio-charged-running-fraudulent-cryptocurrency (아카이브 주소: https://perma.cc/N9LZ-Q44R)

30 Qader, A (2017) SEC freezes assets of PlexCoin ICO organizer, halts $15 million scam, Finance Magnates, 12 April, https://www.financemagnates.com/cryptocurrency/news/sec-freezes-assets-plexcoin-ico-organizer-halts-15-million-scam/ (아카이브 주소: https://perma.cc/KB3J-U4K2)

31 Neironix.io (2018) Shopin whitepaper 3.3, English 010818, https://neironix.

암호화폐 전쟁

io/documents/whitepaper/1e88063f4a7625640100102d4a810eab.pdf (아카이브 주소: https://perma.cc/7D43-YBHF)

32 US Securities and Exchange Commission (2019) SEC charges founder, digital-asset issuer with fraudulent ICO, US Securities and Exchange Commission, 11 December, https://www.sec.gov/news/press-release/2019-259 (아카이브 주소: https://perma.cc/VJN9-PEV5)

33 Canellis, D (2019) SEC: Crypto 'entrepreneur' illegally raised $42m, spent funds on dating and rent, TNW, 12 December, https://thenextweb.com/hardfork/2019/12/12/cryptocurrency-ico-blockchain-shopin-sec-coin-offering-fraud/ (아카이브 주소: https://perma.cc/9RCC-RV56)

34 US Securities and Exchange Commission (2019) SEC charges founder, digital-asset issuer with fraudulent ICO, US Securities and Exchange Commission, 11 December, https://www.sec.gov/news/press-release/2019-259 (아카이브 주소: https://perma.cc/VJN9-PEV5)

35 Vu, K (2018) Vietnam calls for tougher measures on cryptocurrency deals amid alleged scam, Reuters, 11 April, https://www.reuters.com/article/us-vietnam-cryptocurrency-idUSKBN1HI1YV (아카이브 주소: https://perma.cc/3FED-XQQJ)

36 Biggs, J (2018) Exit scammers run off with $660 million in ICO earnings, TC, 13 April, https://techcrunch.com/2018/04/13/exit-scammers-run-off-with-660-million-in-ico-earnings/ (아카이브 주소: https://perma.cc/8WT8-BUCD)

37 Biggs, J (2018) Exit scammers run off with $660 million in ICO earnings, TC, 13 April, https://techcrunch.com/2018/04/13/exit-scammers-run-off-with-660-million-in-ico-earnings/ (아카이브 주소: https://perma.cc/8WT8-BUCD)

38 Suberg, W (2018) Vietnam: PinCoin, Ifan ICOs exposed as scams that allegedly stole $660 million, Cointelegraph, 10 April, https://cointelegraph.com/news/vietnam-pincoin-ifan-icos-exposed-as-scams-that-allegedly-stole-660-million (아카이브 주소: https://perma.cc/9HY8-LHTS)

39 Biggs, J (2018) Exit scammers run off with $660 million in ICO earnings, TC, 13 April, https://techcrunch.com/2018/04/13/exit-scammers-run-off-with-660-million-in-ico-earnings/ (아카이브 주소: https://perma.cc/8WT8-BUCD)

3장

1 BBC (2019) Cryptoqueen: How this woman scammed the world, then vanished, BBC, 24 November, https://www.bbc.com/news/stories-50435014 (아카이브 주소: https://perma.cc/U4LW-FQQE)

2 Trading Education (2021) OneCoin: The biggest on-going cryptocurrency scam ever, Trading Education, 17 February, https://trading-education.com/onecoin-the-biggest-on-going-cryptocurrency-scam-ever (아카이브 주소: https://perma.cc/4BH4-NN6Z)

3 Justice.gov (2019) United States of America v Konstantin Ignatov, https://www.justice.gov/usao-sdny/press-release/file/1141986/download (아카이브 주소: https://perma.cc/T3D4-DGZV) (21쪽)

4 Marson, J (2020) OneCoin took in billions. Then its leader vanished, Wall Street Journal, 27 August, https://www.wsj.com/articles/onecoin-took-in-billions-then-its-leader-vanished-11598520601 (아카이브 주소: https://perma.cc/DE55-AHVT)

5 Bartlett, J (2019) The £4bn OneCoin scam: How crypto-queen Dr Ruja Ignatova duped ordinary people out of billions - then went missing, The Times, 15 December, https://www.thetimes.co.uk/article/the-4bn-onecoin-scam-how-crypto-queen-dr-ruja-ignatova-duped-ordinary-people-out-of-billions-then-went-missing-trqpr52pq (아카이브 주소: https://perma.cc/GW8A-TBJL)

6 BBC (2019) Cryptoqueen: How this woman scammed the world, then vanished, BBC, 24 November, https://www.bbc.com/news/stories-50435014 (아카이브 주소: https://perma.cc/U4LW-FQQE)

7 Penman, A (2016) Who wants to be a OneCoin millionaire? YOU don't - here's why hyped-up web currency is virtually worthless, Mirror, 10 February, https://www.mirror.co.uk/news/uk-news/who-wants-onecoin-millionaire-you-7346558 (아카이브 주소: https://perma.cc/TZ3X-ZVJB)

8 Benji (2020) The complete story behind the OneCoin cryptocurrency scam, Hackernoon, 12 January, https://hackernoon.com/onecoin-scam-that-became-a-religion-3zr3xds (아카이브 주소: https://perma.cc/4RNA-VXJY)

9 BBC (2019) 'Cryptoqueen' brother admits role in OneCoin fraud, BBC, 14 November, https://www.bbc.co.uk/news/technology-50417908 (아카이브 주소: https://perma.cc/C8TS-KBDA)

10 BBC (2019) Cryptoqueen: How this woman scammed the world, then vanished, BBC, 24 November, https://www.bbc.com/news/stories-50435014 (아카이브 주소: https://perma.cc/U4LW-FQQE)

11 BBC (2020) The missing cryptoqueen, BBC, 6 August, https://www.bbc.co.uk/programmes/p07nkd84 (아카이브 주소: https://perma.cc/JCU5-NN7U)

12 Behind MLM (2019) New DealShaker abandoned. Is this OneCoin's final collapse? Behind MLM, 24 May, https://behindmlm.com/companies/onecoin/new-dealshaker-abandoned-is-this-onecoins-final-collapse/ (아카이브 주소: https://perma.cc/EQK5-5EZT)

13 BBC (2020) The missing cryptoqueen, BBC, 6 August, https://www.bbc.co.uk/programmes/p07nkd84 (아카이브 주소: https://perma.cc/JCU5-NN7U)

14 Behind MLM (2017) OneLife suspend OneCoin withdrawals, affiliates can't cash out, Behind MLM, 15 January, https://behindmlm.com/companies/OneCoin/OneLife-suspend-OneCoin-withdrawls-affiliates-cant-cash-out/ (아카이브 주소: https://perma.cc/6ZSM-5YBW)

15 BBC (2020) The missing cryptoqueen, BBC, 6 August, https://www.bbc.co.uk/programmes/p07nkd84 (아카이브 주소: https://perma.cc/JCU5-NN7U)

16 Marson, J (2020) OneCoin took in billions. Then its leader vanished, Wall Street Journal, 27 August, https://www.wsj.com/articles/onecoin-took-in-billions-then-its-leader-vanished-11598520601 (아카이브 주소: https://perma.cc/DE55-AHVT)

17 Justice (2019) United States of America V Konstantin Ignatov, US Department of Justice, 9 March, https://www.justice.gov/usao-sdny/press-release/file/1141986/download (아카이브 주소: https://perma.cc/T3D4-DGZV) 다음도 참조하라. BBC (2019) Cryptoqueen: How this woman scammed the world, then vanished, BBC, 24 November, https://www.bbc.com/news/stories-50435014 (아카이브 주소: https://perma.cc/U4LW-FQQE)

18 Carter, A (2020) The notorious Igor E Alberts. #AntiMLM. Hey hun, you woke up! (Podcast) https://podcasts.apple.com/us/podcast/the-notorious-igor-e-alberts-antimlm/id1439473213?i=1000493805775 (아카이브 주소: https://perma.cc/8XEN-A55X)

19 Business for Home (2017) Top 200 worldwide earners in MLM - April 2017, Business for Home, 3 April, https://www.businessforhome.org/2017/04/top-200-worldwide-earners-in-mlm-april-2017/ (아카이브 주소: https://perma.cc/KWV4-FQRC)

20 Forklog (2020) Scam of the decade: The story of a doctor of law who organized the OneCoin Ponzi scheme and vanished with billions of euros, Forklog, 10 January, https://forklog.media/scam-of-the-decade-the-story-of-a-doctor-of-law-who-organized-the-onecoin-ponzi-scheme-and-vanished-with-billions-of-euros/ (아카이브 주소: https://perma.cc/XK8U-AVSV)

21 BBC (2019) Cryptoqueen: How this woman scammed the world, then vanished, BBC, 24 November, https://www.bbc.com/news/stories-50435014 (아카이브 주소: https://perma.cc/U4LW-FQQE)

22 BBC (2020) The missing cryptoqueen, BBC, 6 August, https://www.bbc.co.uk/programmes/p07nkd84 (아카이브 주소: https://perma.cc/JCU5-NN7U)

23 Behind MLM (2018) To promote DagCoin, Igor Alberts slams Ponzi he earned millions in, Behind MLM, 13 January, https://behindmlm.com/companies/to-promote-dagcoin-igor-alberts-slams-ponzi-he-earned-millions-in/ (아카이브 주소: https://perma.cc/UZM4-3N23)

24 Justice (2019) United States of America V Konstantin Ignatov, US Department of Justice, 9 March, https://www.justice.gov/usao-sdny/press-release/file/1141986/download (아카이브 주소: https://perma.cc/T3D4-DGZV) (6쪽)

25 BBC (2019) The missing cryptoqueen, BBC, 4 November, https://www.bbc.co.uk/programmes/p07sz990 (아카이브 주소: https://perma.cc/T8GL-C66B)

26 BBC (2019) The missing cryptoqueen, BBC, https://www.bbc.co.uk/sounds/brand/p07nkd84 (아카이브 주소: https://perma.cc/GS28-5ZTL) 다음도 참조하라. Tyson, E (1994)《바보들을 위한 개인 재무관리Personal Finance For Dummies》, John Wiley & Sons Inc and Happyscribe (2019) Episode 7: In plain sight, Happyscribe, 28 October, https://www.happyscribe.com/public/

the-missing-cryptoqueen/episode-7-in-plain-sight-5c5ba8c8-d571-4b71-8634-f0475b866765 (아카이브 주소: https://perma.cc/ERL6-LEN2)

27 Lamando, M (2016) Dr Ruja Ignatova's introducing the Tycoon+ and Ultimate Packages, YouTube, 25 July, https://www.youtube.com/watch?v=WBiqEJc1IRo (아카이브 주소: https://perma.cc/Z3N3-VMA4)

28 BBC (2019) Cryptoqueen: How this woman scammed the world, then vanished, BBC, 24 November, https://www.bbc.com/news/stories-50435014 (아카이브 주소: https://perma.cc/U4LW-FQQE)

29 D'Anconia, F (2016) Keep money in the game: OneCoin moves on to new fantasy blockchain, Cointelegraph, 6 October, https://cointelegraph.com/news/keep-money-in-the-game-onecoin-moves-on-to-new-fantasy-blockchain (아카이브 주소: https://perma.cc/3QU4-SREX)

30 Redman, J (2016) Buyer beware! The definitive OneCoin Ponzi exposé, News.bitcoin.com, 27 June, https://news.bitcoin.com/beware-definitive-onecoin-ponzi/ (아카이브 주소: https://perma.cc/8EQ9-PWVM)

31 Lamando, M (2016) OneCoin split strategies and doubling of coins, explained by Dr Ruja Ignatov, YouTube, 26 July, https://www.youtube.com/watch?v=ft3FtWoP04s (아카이브 주소: https://perma.cc/X8HN-BA4H)

32 Business for Home (2016) OneCoin Launches New Blockchain Appoints Pablo Munoz As CEO, Business for Home, 1 October, https://www.businessforhome.org/2016/10/onecoin-launches-new-blockchain/ (아카이브 주소: https://perma.cc/DV7L-EHCN)

33 D'Anconia, F (2016) Keep money in the game: OneCoin moves on to new fantasy blockchain, Cointelegraph, 6 October, https://cointelegraph.com/news/keep-money-in-the-game-onecoin-moves-on-to-new-fantasy-blockchain (아카이브 주소: https://perma.cc/3QU4-SREX)

34 DealShaker (nd) Miss Onelife - bronze sponsor advertising package 100 per cent OneCoin, DealShaker, https://dealshaker.com/en/deal/miss-onelife-bronze-sponsor-advertising-package-100-onecoin/XY782DJ2hP0sc0nCeW iqncwxO073mFp*BL8-nV5uT6k~ (아카이브 주소: https://perma.cc/TB2Q-LS6L)

35 kusetukset. blogspot. com (2019) OneCoin members are idiots, 28 March, http://kusetukset. blogspot. com/2019/03/onecoin-members-are-idiots. html (아카이브 주소: https://perma. cc/9VCM-EB4X)

36 BBC (2019) The missing cryptoqueen, BBC, https://www. bbc. co. uk/sounds/ brand/p07nkd84 (아카이브 주소: https://perma. cc/GS28-5ZTL)

37 Redman, J (2019) OneCoin websites suspended as the $4 billion Ponzi crumbles, Bitcoin. com, 4 December, https://news. bitcoin. com/multiple-onecoin-websites-suspended-as-the-4-billion-dollar-ponzi-crumbles/ (아카이브 주소: https://perma. cc/6HK6-RQWY)

38 BBC (2019) The missing cryptoqueen, BBC, https://www. bbc. co. uk/sounds/ brand/p07nkd84 (아카이브 주소: https://perma. cc/GS28-5ZTL)

39 Behind MLM (2019) Ruja Ignatova's warning underscores OneCoin mafia ties, Behind MLM, 18 November, https://behindmlm. com/companies/onecoin/ ruja-ignatovas-warning-underscores-onecoin-mafia-ties/ (아카이브 주소: https://perma. cc/NR3Z-M7FS)

40 Soundcloud (2020) Inner City OneCoin's Ruja Ignatova tells Armenta to watch out for Russian guys, Soundcloud, https://soundcloud. com/innercitypress/ onecoins-ruja-ignatova-tells-armenta-to-watch-out-for-russian-guys (아카이브 주소: https://perma. cc/7XDK-N5ZK)

41 BBC (2019) Cryptoqueen: How this woman scammed the world, then vanished, BBC, 24 November, https://www. bbc. com/news/stories-50435014 (아카이브 주소: https://perma. cc/U4LW-FQQE)

42 BBC (2019) Cryptoqueen: How this woman scammed the world, then vanished, BBC, 24 November, https://www. bbc. com/news/stories-50435014 (아카이브 주소: https://perma. cc/U4LW-FQQE)

43 BBC (2019) The missing cryptoqueen, BBC, https://www. bbc. co. uk/sounds/ brand/p07nkd84 (아카이브 주소: https://perma. cc/GS28-5ZTL)

44 Behind MLM (2017) Ruja Ignatova arrested in Germany, report Bulgarian media, Behind MLM, 3 November, https://behindmlm. com/companies/ onecoin/ruja-ignatova-arrested-in-germany-report-bulgarian-media/ (아카이브 주소: https://perma. cc/BE8S-WGA9)

45. Justice (2020) Manhattan US attorney announces charges against leaders of 'OneCoin,' a multibillion-dollar pyramid scheme involving the sale of a fraudulent cryptocurrency, US Department of Justice, 30 April, https://www. justice.gov/usao-sdny/pr/manhattan-us-attorney-announces-charges-against-leaders-onecoin-multibillion-dollar (아카이브 주소: https://perma.cc/6NBA-CVX5)

46 Englund, P (2020) Dagcoin the next scam from Ponzi schemers OneCoin, Go Cryptowise, 18 June, https://gocryptowise.com/blog/dagcoin-the-next-scam-from-ponzi-schemers-onecoin/ (아카이브 주소: https://perma.cc/DQ3X-K4A9) 다음도 참조하라. Behind MLM (2017) Dagcoin review: OneCoin affiliate launches Ponzi points clone, Behind MLM, 19 July, https://behindmlm.com/mlm-reviews/dagcoin-review-onecoin-affiliate-launches-ponzi-points-clone/ (아카이브 주소: https://perma.cc/4YRM-6T7J)

47 Behind MLM (2017) Dagcoin review: OneCoin affiliate launches Ponzi points clone, Behind MLM, 19 July, https://behindmlm.com/mlm-reviews/dagcoin-review-onecoin-affiliate-launches-ponzi-points-clone/ (아카이브 주소: https://perma.cc/4YRM-6T7J)

48 Business for Home (2019) Igor Alberts and Andreea Cimbala achieve $1.6 million per month with success factory - Dagcoin, Business for Home, 15 April, https://www.businessforhome.org/2019/04/igor-alberts-and-andreea-cimbala-achieve-1-6-million-per-month-with-success-factory-dagcoin/ (아카이브 주소: https://perma.cc/SBN9-LMHD)

4장

1 GitHub (nd) Bitconnectcoin, GitHub, https://github.com/Bitconnectcoin/Bitconnectcoin (아카이브 주소: https://perma.cc/855X-8LPB)

2 Mix (2018) How Bitconnect pulled the biggest exit scheme in cryptocurrency, TNW The Next Web, 17 January, https://thenextweb.com/hardfork/2018/01/17/bitconnect-bitcoin-scam-cryptocurrency/ (아카이브 주소: https://perma.cc/J2C8-VXXD)

3 Tepper, F (2018) Bitconnect, which has been accused of running a Ponzi

scheme, shuts down, TC, 17 January, https://techcrunch.com/2018/01/16/
Bitconnect-which-has-been-accused-of-running-a-ponzi-scheme-shuts-
down/ (아카이브 주소: https://perma.cc/D7JU-CM9F)

4   Mix (2018) How Bitconnect pulled the biggest exit scheme in cryptocurrency,
    The Next Web, 17 January, https://thenextweb.com/hardfork/2018/01/17/
    bitconnect-bitcoin-scam-cryptocurrency/ (아카이브 주소: https://perma.cc/
    J2C8-VXXD)

5   The Calculator Site (nd) Compound Interest Calculator, The Calculator
    Site, https://www.thecalculatorsite.com/finance/calculators/
    compoundinterestcalculator.php (아카이브 주소: https://perma.cc/36QS-
    PBNT)

6   Ponciano, J (2020) Jeff Bezos becomes the first person ever worth
    $200 billion, 26 August, Forbes, https://www.forbes.com/sites/
    jonathanponciano/2020/08/26/worlds-richest-billionaire-jeff-bezos-first-200-
    billion/?sh=48e98f8f4db7 (아카이브 주소: https://perma.cc/PU6U-JTDR)

7   Morris, D (2018) New leaked chats reveal alleged Bitconnect scammers in
    action, 28 September, BreakerMag, https://breakermag.com/new-leaked-
    chats-reveal-alleged-bitconnect-scammers-in-action/ (아카이브 주소: https://
    perma.cc/UA6K-R44U)

8   Mix (nd) How Bitconnect pulled the biggest exit scam in cryptocurrency,
    The Next Web, https://thenextweb.com/hardfork/2018/01/17/bitconnect-
    bitcoin-scam-cryptocurrency/ (아카이브 주소: https://perma.cc/J2C8-VXXD)

9   Sedis, T (2018) The most bizarre Ponzi marketing event you'll ever see, 17
    January, Behind MLM, https://behindmlm.com/companies/bitconnect/the-
    most-bizarre-ponzi-marketing-event-youll-ever-see/ (아카이브 주소: https://
    perma.cc/X265-MPL8)

10 Matos, C (2018) Bitconnect, Genius, 23 January, https://genius.com/Carlos-
    matos-bitconnect-annotated (아카이브 주소: https://perma.cc/ZC3Q-36N7)
    다음도 참조하라. Chronosceptor (2018) Bitconnect annual ceremony high
    lights (Carlos Matos from NY), YouTube, 17 January, https://www.youtube.
    com/watch?v=vabXXkZjKiw (아카이브 주소: https://perma.cc/ED5D-PKMP)

11 Fitzgerald, B (2017) Bitconnect official music video we've got a good thing, YouTube, https://www.youtube.com/watch?v=q1ezZ7pBtrA (아카이브 주소: https://perma.cc/9QBE-VANM)

12 MyCryptoCoin (2017) Blockchain expo North America and private yacht party with bitconnect promoters, Bitconnect, 28 October, https://bitconnectcash.wordpress.com/2017/10/28/blockchain-expo-north-america-and-private-yacht-party-with-bitconnect-promoters/ (아카이브 주소: https://perma.cc/RE49-W7XQ)

13 Companies House (nd) Bitconnect Ltd, company number 10278342, https://find-and-update.company-information.service.gov.uk/company/10278342/filing-history (아카이브 주소: https://perma.cc/JMY9-VSTW)

14 Mix (2017) UK threatens to shut down popular Bitcoin investment site Bitconnect, The Next Web, 13 November, https://thenextweb.com/hardfork/2017/11/13/bitcoin-bitconnect-uk-ponzi-investment/ (아카이브 주소: https://perma.cc/5G6V-6LQE)

15 Mix (2018) How Bitconnect pulled the biggest exit scheme in cryptocurrency, 17 January, The Next Web, https://thenextweb.com/hardfork/2018/01/17/bitconnect-bitcoin-scam-cryptocurrency/ (아카이브 주소: https://perma.cc/J2C8-VXXD)

16 Mix (2018) How Bitconnect pulled the biggest exit scheme in cryptocurrency, 17 January, The Next Web, https://thenextweb.com/hardfork/2018/01/17/bitconnect-bitcoin-scam-cryptocurrency/ (아카이브 주소: https://perma.cc/J2C8-VXXD)

17 Trading Education (2020) The Bitconnect scam: The biggest price plunge in crypto history, Trading Education, 15 June, https://trading-education.com/the-bitconnect-scam-the-biggest-price-plunge-in-crypto-history (아카이브 주소: https://perma.cc/8738-AKLZ) 다음도 참조하라. Mix (2018) How Bitconnect pulled the biggest exit scheme in cryptocurrency, 17 January, The Next Web, https://thenextweb.com/hardfork/2018/01/17/bitconnect-bitcoin-scam-cryptocurrency/ (아카이브 주소: https://perma.cc/J2C8-VXXD)

18 Texas State Securities Board (2018) Emergency cease and desist order no

ENF-18-CDO-1754, 4 January, Texas State Securities Board, https://www. ssb. texas. gov/sites/default/files/BitConnect_ENF-18-CDO-1754. pdf (아카이 브 주소: https://perma. cc/W8UR-52BF)

19 Mix (2018) Bitconnect handed yet another cease and desist letter - this time in North Carolina, The Next Web, 11 January, https://thenextweb. com/ hardfork/2018/01/11/bitconnect-served-yet-another-cease-desist-order/ (아 카이브 주소: https://perma. cc/7F6Y-H8AH)

20 Mix (2018) How Bitconnect pulled the biggest exit scheme in cryptocurrency, 17 January, The Next Web, https://thenextweb. com/hardfork/2018/01/17/ bitconnect-bitcoin-scam-cryptocurrency/ (아카이브 주소: https://perma. cc/ J2C8-VXXD)

21 McKay, T (2018) Bitconnect, anonymously-run crypto exchange, crashes after states issue cease and desists, Gizmodo, 17 January, https://gizmodo. com/bitconnect-anonymously-run-crypto-exchange-crashes-af-1822144652 (아카이브 주소: https://perma. cc/6USZ-SLNH)

22 CoinMarketCap (live) Bitconnect, CoinMarketCap, https://coinmarketcap. com/currencies/bitconnect/ (아카이브 주소: https://perma. cc/P9G2-A774)

23 Osborne, C (2018) Alleged head of Bitconnect cryptocurrency scam arrested in Dubai, 20 August, ZDNet, https://www. zdnet. com/article/alleged-bitconnect-head-arrested-in-dubai/ (아카이브 주소: https://perma. cc/Z66D-2TYW) 다음도 참조하라. newsbtc (2018) The Bitconnect Ponzi scheme finally collapsed - scam becomes evident, newsbtc, https://www. newsbtc. com/news/bitconnect-ponzi-scheme-finally-collapsed-exit-scam-becomes-evident/ (아카이브 주소: https://perma. cc/8W3R-V65E)

24 Sedgwick, K (2018) Not content scamming $1. 5 billion, Bitconnect wants another $500 million for ICO, Bitcoin. com, 20 January, https://news. bitcoin. com/not-content-with-scamming-1-5-billion-bitconnect-wants-another-500-million-for-its-ico/ (아카이브 주소: https://perma. cc/4NLN-K7FG)

25 u/Quinchonez (nd) Bitconnect X ICO price switched from $5 to $50!! Reddit, https://www. reddit. com/r/Bitconnect/comments/7pd1m5/bitconnect_x_ ico_price_switched_from_5_to_50/ (아카이브 주소: https://perma. cc/6CVE-

RJZ8) 다음도 참조하라. Bitcoin Forum (2021) What you think of BitconnectX? Bitcointalk, https://bitcointalk.org/index.php?topic=2751009.0 (아카이브 주소: https://perma.cc/WC2T-RAMJ)

26 Sedgwick, K (2018) Not content scamming $1.5 billion, Bitconnect wants another $500 million for ICO, Bitcoin.com, 20 January, https://news.bitcoin.com/not-content-with-scamming-1-5-billion-bitconnect-wants-another-500-million-for-its-ico/ (아카이브 주소: https://perma.cc/4NLN-K7FG)

27 Alford, T (2020) Bitconnect scam: The $2.6 BN Ponzi scheme (2020 update), Totalcrypto, 5 March, https://totalcrypto.io/bitconnect-scam/ (아카이브 주소: https://perma.cc/VE42-MZYL)

28 Varshney, N (2018) Arrested Bitconnect kingpin is connected to yet another cryptocurrency scam, TNW, 20 August, https://thenextweb.com/hardfork/2018/08/20/bitconnect-cryptocurrency-scam-india/ (아카이브 주소: https://perma.cc/QGF5-XT35)

29 Cuthbertson, A (2019) Bitcoin millionaire 'on the run' after second cryptocurrency scam, Independent, 5 June, https://www.independent.co.uk/life-style/gadgets-and-tech/news/bitcoin-scam-bitconnect-cryptocurrency-regal-coin-a8945291.html (아카이브 주소: https://perma.cc/6TWC-5TP4)

30 Dean (2020) What is Regalcoin? Another crypto Ponzi scheme (2020), Quick Penguin, 15 April, https://quickpenguin.net/regalcoin-scam/ (아카이브 주소: https://perma.cc/6FCF-2VRY)

31 Rodrigues, J (2018) Cryptokidnapping, or how to lose $3 billion of Bitcoin in India, Hindustan Times, 10 August, https://www.hindustantimes.com/india-news/cryptokidnapping-or-how-to-lose-3-billion-of-bitcoin-in-india/story-D82N2NAbgheQl7dPJIYs1K.html (아카이브 주소: https://perma.cc/MV87-CFY3)

32 Rodrigues, J (2018) Cryptokidnapping, or how to lose $3 billion of Bitcoin in India, Hindustan Times, 10 August, https://www.hindustantimes.com/india-news/cryptokidnapping-or-how-to-lose-3-billion-of-bitcoin-in-india/story-D82N2NAbgheQl7dPJIYs1K.html (아카이브 주소: https://perma.cc/MV87-

CFY3)

33 Huillet, M (2018) Police arrest alleged India head of now-defunct Bitconnect scam, Cointelegraph, 20 August, https://cointelegraph.com/news/police-arrest-alleged-india-head-of-now-defunct-bitconnect-scam (아카이브 주소: https://perma.cc/JA4A-TUE6)

34 Varshney, N (2018) Arrested Bitconnect kingpin is connected to yet another cryptocurrency scam, TNW, 20 August, https://thenextweb.com/hardfork/2018/08/20/bitconnect-cryptocurrency-scam-india/ (아카이브 주소: https://perma.cc/QGF5-XT35)

35 Rodrigues, J (2018) Cryptokidnapping, or how to lose $3 billion of Bitcoin in India, Hindustan Times, 10 August, https://www.hindustantimes.com/india-news/cryptokidnapping-or-how-to-lose-3-billion-of-bitcoin-in-india/story-D82N2NAbgheQl7dPJIYs1K.html (아카이브 주소: https://perma.cc/MV87-CFY3)

5장

1   Silkjaer, T (2020) Is this $3 billion crypto Ponzi still alive? Forbes, 6 July, https://www.forbes.com/sites/thomassilkjaer/2020/07/06/is-this-3-billion-crypto-ponzi-still-alive/?sh=56eaf53d4d42 (아카이브 주소: https://perma.cc/73SH-REW7)

2   Harper, C (2019) How the PlusToken scam absconded with over 1 percent of the Bitcoin supply, Bitcoin Magazine, 19 August, https://bitcoinmagazine.com/articles/how-the-plustoken-scam-absconded-with-over-1-percent-of-the-bitcoin-supply (아카이브 주소: https://perma.cc/9ZWG-SQ8R)

3   Harper, C (2019) How the PlusToken scam absconded with over 1 percent of the Bitcoin supply, Bitcoin Magazine, 19 August, https://bitcoinmagazine.com/articles/how-the-plustoken-scam-absconded-with-over-1-percent-of-the-bitcoin-supply (아카이브 주소: https://perma.cc/9ZWG-SQ8R)

4   Tech Telegraph (2020) PlusToken guide: The scam that brought cryptocurrency prices down, Tech Telegraph, 16 January, https://www.techtelegraph.co.uk/plus-token-guide-the-scam-that-brought-

cryptocurrency-prices-down/ (아카이브 주소: https://perma.cc/9HGR-A68R)

5   McIntosh, R (2019) PlusToken scam could be much larger than $2.9 billion, Finance Magnates, 3 September, https://www.financemagnates.com/ cryptocurrency/news/plustoken-scam-could-be-much-larger-than-2-9-billion/ (아카이브 주소: https://perma.cc/V3RS-3DVD)

6   Gash, L (2020) China arrests PlusToken primary suspects, currency.com, 30 July, https://currency.com/china-arrests-plustoken-primary-suspects (아카이브 주소: https://perma.cc/W23Q-ZDZV)

7   PlusToken Wallet (nd) Plus Token Wallet make your dream come true, Plus Token Wallet, https://plustokenwallet.biz/ (아카이브 주소: https://perma.cc/ TZP3-DUPL)

8   Chainalysis (2020) The 2020 State of Crypto Crime, Chainalysis, January, https://go.chainalysis.com/rs/503-FAP-074/images/2020-Crypto-Crime-Report.pdf (아카이브 주소: https://perma.cc/YWF7-QC8W)

9   Plus Token Wallet (nd) Plus Token: How to open AI Dog robot, add fund, withdrawal in details, Plus Token Wallet, https://plustokenwallet.com/plus-token-how-to-open-ai-dog-robot-add-fund-withdrawal-in-details/ (아카이브 주소: https://perma.cc/57TC-QYTE)

10 McIntosh, R (2019) PlusToken scam could be much larger than $2.9 billion, Finance Magnates, 3 September, https://www.financemagnates.com/ cryptocurrency/news/plustoken-scam-could-be-much-larger-than-2-9-billion/ (아카이브 주소: https://perma.cc/V3RS-3DVD)

11 Chainalysis (2020) The 2020 State of Crypto Crime, Chainalysis, January, https://go.chainalysis.com/rs/503-FAP-074/images/2020-Crypto-Crime-Report.pdf (아카이브 주소: https://perma.cc/YWF7-QC8W)

12 Plus Token Wallet (nd) Plus Token Wallet make your dream come true, Plus Token Wallet, https://plustokenwallet.biz/ (아카이브 주소: https://perma.cc/ TZP3-DUPL)

13 Jit (2018) PlusToken marketing plan - active user, PlusToken Wallet, 18 October, https://plustokenwallet.com/plus-token-marketing-plan-active-user/ (아카이브 주소: https://perma.cc/MY62-8THC)

14 Harper, C (2019) How the PlusToken scam absconded with over 1 percent of the Bitcoin supply, Bitcoin Magazine, 19 August, https://bitcoinmagazine. com/articles/how-the-plustoken-scam-absconded-with-over-1-percent-of-the-bitcoin-supply (아카이브 주소: https://perma.cc/9ZWG-SQ8R)

15 Huillet, M (2019) $3b Ponzi scheme is now allegedly dumping Bitcoin by the hundreds, Cointelegraph, 15 August, https://cointelegraph.com/news/3b-ponzi-scheme-is-now-allegedly-dumping-bitcoin-by-the-hundreds (아카이브 주소: https://perma.cc/M8PA-T3N5)

16 Jit (2018) PlusToken marketing plan - active user, PlusToken Wallet, 18 October, https://plustokenwallet.com/plus-token-marketing-plan-active-user/ (아카이브 주소: https://perma.cc/MY62-8THC)

17 Jit (2018) PlusToken marketing plan - active user, PlusToken Wallet, 18 October, https://plustokenwallet.com/plus-token-marketing-plan-active-user/ (아카이브 주소: https://perma.cc/MY62-8THC)

18 Roots, S (2020) Plustoken exit scam - tales from the Crypt - chapter two, Changelly, 27 October, https://changelly.com/blog/plustoken-exit-scam/ (아카이브 주소: https://perma.cc/QD6C-CGKR)

19 Harper, C (2019) How the PlusToken scam absconded with over 1 percent of the Bitcoin supply, Bitcoin Magazine, 19 August, https://bitcoinmagazine. com/articles/how-the-plustoken-scam-absconded-with-over-1-percent-of-the-bitcoin-supply (아카이브 주소: https://perma.cc/9ZWG-SQ8R)

20 Harper, C (2019) How the PlusToken scam absconded with over 1 percent of the Bitcoin supply, Bitcoin Magazine, 19 August, https://bitcoinmagazine. com/articles/how-the-plustoken-scam-absconded-with-over-1-percent-of-the-bitcoin-supply (아카이브 주소: https://perma.cc/9ZWG-SQ8R)

21 Michael (2020) PlusToken (PLUS) scam - anatomy of a Ponzi, Boxmining, 27 November, https://boxmining.com/plus-token-ponzi/ (아카이브 주소: https://perma.cc/KX8T-F9P2)

22 Blocking (nd) Media: PlusToken is suspected of crashing, the current wallet can not withdraw coins, Blocking, https://blocking.net/8802/media-plustoken-is-suspected-of-crashing-the-current-wallet-can-not-withdrawcoins/ (아카이브 주소: https://perma.cc/8ZSL-QC3P)

23 Michael (2020) PlusToken (PLUS) scam - anatomy of a Ponzi, Boxmining, 27 November, https://boxmining.com/plus-token-ponzi/ (아카이브 주소: https://perma.cc/KX8T-F9P2)

24 Pick, L (2016) Bitcoin celebrates 7th birthday, Finance Magnates, 3 January, https://www.financemagnates.com/cryptocurrency/education-centre/ bitcoin-celebrates-7th-birthday/ (아카이브 주소: https://perma.cc/MZU3-RCTZ)

25 Silkjær, T (2020) Is this $3 billion crypto Ponzi still alive? Forbes, 6 July, https://www.forbes.com/sites/thomassilkjaer/2020/07/06/is-this-3-billion-crypto-ponzi-still-alive/?sh=a07235d4d42 (아카이브 주소: https://perma. cc/2RQR-VURP)

26 PlusToken Wallet (nd) PlusToken: How to open AI dog robot, add fund, withdrawal in details, PlusToken Wallet, https://plustokenwallet.com/plus-token-how-to-open-ai-dog-robot-add-fund-withdrawal-in-details/ (아카이브 주소: https://perma.cc/57TC-QYTE)

27 Vigna, P (2020) Cryptocurrency scams took in more than $4 billion in 2019, The Wall Street Journal, 8 February, https://www.wsj.com/articles/ cryptocurrency-scams-took-in-more-than-4-billion-in-2019-11581184800 (아카이브 주소: https://perma.cc/K9YS-MN7J)

28 Osborne, C (2020) China arrests over 100 people suspected of involvement in PlusToken cryptocurrency scam, ZDnet, 31 July, https://www.zdnet. com/article/china-arrests-over-100-people-suspected-of-involvement-in-plustoken-cryptocurrency-scam/ (아카이브 주소: https://perma.cc/Q3G6-WBNU)

29 Harper, C (2019) How the PlusToken scam absconded with over 1 percent of the Bitcoin supply, Bitcoin Magazine, 19 August, https://bitcoinmagazine. com/articles/how-the-plustoken-scam-absconded-with-over-1-percent-of-the-bitcoin-supply (아카이브 주소: https://perma.cc/9ZWG-SQ8R)

30 Power, J (2019) Is Vanuatu's deportation of six Chinese nationals an erosion of its democratic rights at Beijing's bidding? This Week in Asia, 10 July,

https://www.scmp.com/week-asia/geopolitics/article/3018076/vanuatus-deportation-six-chinese-nationals-erosion-its (아카이브 주소: https://perma.cc/5FGV-LS94)

31 Harper, C (2019) How the PlusToken scam absconded with over 1 percent of the Bitcoin supply, Bitcoin Magazine, 19 August, https://bitcoinmagazine.com/articles/how-the-plustoken-scam-absconded-with-over-1-percent-of-the-bitcoin-supply (아카이브 주소: https://perma.cc/9ZWG-SQ8R)

32 Qader, A (2019) Crypto wallet PlusToken pulls off alleged exit scam, Finance Magnates, 1 July, https://www.financemagnates.com/cryptocurrency/news/crypto-wallet-plustoken-pulls-off-alleged-exit-scam/ (아카이브 주소: https://perma.cc/T7J8-HXNS)

33 Harper, C (2019) How the PlusToken scam absconded with over 1 percent of the Bitcoin supply, Bitcoin Magazine, 19 August, https://bitcoinmagazine.com/articles/how-the-plustoken-scam-absconded-with-over-1-percent-of-the-bitcoin-supply (아카이브 주소: https://perma.cc/9ZWG-SQ8R)

34 Team, C (2019) PlusToken scammers didn't just steal $2+ billion worth of cryptocurrency. They may also be driving down the price of Bitcoin [updated 3/12/2020], Insights, 16 December, https://blog.chainalysis.com/reports/plustoken-scam-bitcoin-price (아카이브 주소: https://perma.cc/46WT-6ZGJ)

35 Ciphertrace (2020) Cryptocurrency Crime and Anti-Money Laundering Report, Spring 2020, Ciphertrace, https://ciphertrace.com/wp-content/uploads/2020/06/spring-2020-cryptocurrency-anti-money-laundering-report.pdf (아카이브 주소: https://perma.cc/UYM3-YH3A)

36 Wo Token World Team (nd), https://wotokenworldteam.com/ (아카이브 주소: https://perma.cc/ZZ2P-ECJT)

37 Haig, S (2020) PlusToken scammer implicated in China's second ten-figure crypto Ponzi, Cointelegraph, 16 May, https://cointelegraph.com/news/plustoken-scammer-implicated-in-chinas-second-ten-figure-crypto-ponzi (아카이브 주소: https://perma.cc/9S7L-MNVZ)

38 Haig, S (2020) PlusToken scammer implicated in China's second ten-figure crypto Ponzi, Cointelegraph, 16 May, https://cointelegraph.com/news/

plustoken-scammer-implicated-in-chinas-second-ten-figure-crypto-ponzi (아카이브 주소: https://perma.cc/9S7L-MNVZ)

39 Redman, J (2020) 6 members of the multi-billion dollar PlusToken scam charged with fraud in China, Bitcoin.com, 9 September, https://news.bitcoin.com/6-members-of-the-multi-billion-dollar-plustoken-scam-charged-with-fraud-in-china/ (아카이브 주소: https://perma.cc/JYZ7-KVNK)

40 Gash, L (2020) China arrests PlusToken primary suspects, currency.com, 30 July, https://currency.com/china-arrests-plustoken-primary-suspects (아카이브 주소: https://perma.cc/W23Q-ZDZV)

6장

1 Saminather, N (2020) Canadian cryptocurrency firm collapsed due to Ponzi scheme by late founder, regulator says, Reuters, 11 June, https://www.reuters.com/article/us-crypto-currencies-quadriga/canadian-cryptocurrency-firm-collapsed-due-to-ponzi-scheme-by-late-founder-regulator-says-idINKBN23I3AF?edition-redirect=in (아카이브 주소: https://perma.cc/3KJN-YFKR)

2 Rushe, D (2019) Cryptocurrency investors locked out of $190m after exchange founder dies, Guardian, 4 February, https://www.theguardian.com/technology/2019/feb/04/quadrigacx-canada-cryptocurrency-exchange-locked-gerald-cotten (아카이브 주소: https://perma.cc/B3FW-Z9GH)

3 Rich, N (2019) Ponzi schemes, private yachts, and a missing $250 million in crypto: The strange tale of Quadriga, Vanity Fair, 22 November, https://www.vanityfair.com/news/2019/11/the-strange-tale-of-quadriga-gerald-cotten (아카이브 주소: https://perma.cc/K6C9-RWU2)

4 Rich, N (2019) Ponzi schemes, private yachts, and a missing $250 million in crypto: The strange tale of Quadriga, Vanity Fair, 22 November, https://www.vanityfair.com/news/2019/11/the-strange-tale-of-quadriga-gerald-cotten (아카이브 주소: https://perma.cc/K6C9-RWU2)

5 Rich, N (2019) Ponzi schemes, private yachts, and a missing $250 million in crypto: The strange tale of Quadriga, Vanity Fair, 22 November, https://www.

vanityfair.com/news/2019/11/the-strange-tale-of-quadriga-gerald-cotten (아카이브 주소: https://perma.cc/K6C9-RWU2)

6 Castaldo, J (2019) Before Quadriga: How shady ventures in Gerald Cotten's youth led to the creation of his ill-fated cryptocurrency exchange, The Globe and Mail, 24 November, https://www.theglobeandmail.com/business/article-before-quadriga-how-shady-ventures-in-gerald-cottens-youth-led-to/ (아카이브 주소: https://perma.cc/U5DF-GNNP)

7 Rich, N (2019) Ponzi schemes, private yachts, and a missing $250 million in crypto: The strange tale of Quadriga, Vanity Fair, 22 November, https://www.vanityfair.com/news/2019/11/the-strange-tale-of-quadriga-gerald-cotten (아카이브 주소: https://perma.cc/K6C9-RWU2)

8 Castaldo, J (2019) Before Quadriga: How shady ventures in Gerald Cotten's youth led to the creation of his ill-fated cryptocurrency exchange, The Globe and Mail, 24 November, https://www.theglobeandmail.com/business/article-before-quadriga-how-shady-ventures-in-gerald-cottens-youth-led-to/ (아카이브 주소: https://perma.cc/U5DF-GNNP)

9 Vanderklippe, N (2019) How did Gerald Cotten die? A Quadriga mystery, from India to Canada and back, The Globe and Mail, 1 March, https://www.theglobeandmail.com/world/article-how-did-gerald-cotten-die-a-quadriga-mystery-from-india-to-canada/ (아카이브 주소: https://perma.cc/9Y39-H6EW)

10 BBC (2019) Quadriga: Lawyers for users of bankrupt crypto firm seek exhumation of founder, 13 December, https://www.bbc.co.uk/news/world-us-canada-50751899 (아카이브 주소: https://perma.cc/W385-4B99)

11 Vanderklippe, N (2019) How did Gerald Cotten die? A Quadriga mystery, from India to Canada and back, The Globe and Mail, 1 March, https://www.theglobeandmail.com/world/article-how-did-gerald-cotten-die-a-quadriga-mystery-from-india-to-canada/ (아카이브 주소: https://perma.cc/9Y39-H6EW)

12 Beauregard, M (2019) Show us the money! Quadriga investors demand answers over Gerald Cotten's mystery death, The Times, 8 February, https://

www. thetimes. co. uk/article/show-us-the-money-quadriga-investors-demand-answers-over-gerald-cottens-mystery-death-kzxk06z6m (아카이브 주소: https://perma. cc/N3QB-HD6T)

13 Rich, N (2019) Ponzi schemes, private yachts, and a missing $250 million in crypto: The strange tale of Quadriga, Vanity Fair, 22 November, https://www. vanityfair. com/news/2019/11/the-strange-tale-of-quadriga-gerald-cotten (아카이브 주소: https://perma. cc/K6C9-RWU2)

14 OSC (2020) QuadrigaCX: A review by staff of the Ontario Securities Commission, Ontario Securities Commission, 14 April, https://www. osc. gov. on. ca/quadrigacxreport/web/files/QuadrigaCX-A-Review-by-Staff-of-the-Ontario-Securities-Commission. pdf (아카이브 주소: https://perma. cc/F92R-9FKN)

15 Moskvitch, K (2019) How a tragic death (and paranoia) wiped out £145m of crypto wealth, Wired, 6 February, https://www. wired. co. uk/article/quadrigacx-cryptocurrency-exchange-canada (아카이브 주소: https://perma. cc/6TUY-XNUR)

16 Webb, S (2019) 'It's like burning cash': QuadrigaCX's Gerald Cotten spoke about losing keys in 2014, Coin Rivet, 18 February, https://coinrivet.com/its-like-burning-cash-quadrigacxs-gerald-cotten-spoke-about-losing-keys-in-2014/ (아카이브 주소: https://perma. cc/36DZ-GCJX)

17 Rich, N (2019) Ponzi schemes, private yachts, and a missing $250 million in crypto: The strange tale of Quadriga, Vanity Fair, 22 November, https://www. vanityfair. com/news/2019/11/the-strange-tale-of-quadriga-gerald-cotten (아카이브 주소: https://perma. cc/K6C9-RWU2)

18 OSC (2020) QuadrigaCX: A review by staff of the Ontario Securities Commission, Ontario Securities Commission, 14 April, https://www. osc. gov. on. ca/quadrigacxreport/web/files/QuadrigaCX-A-Review-by-Staff-of-the-Ontario-Securities-Commission. pdf (아카이브 주소: https://perma. cc/F92R-9FKN)

19 De, N (2019) Mystery Man, Coin Desk, https://www. coindesk. com/most-influential/2019/gerald-cotten (아카이브 주소: https://perma. cc/3CR9-DERS)

20 De, N (2019) A big four audit firm lost $1 million in Bitcoin. Victims are losing patience, Coin Desk, 16 August, https://www.coindesk.com/a-big-four-audit-firm-lost-1-million-in-bitcoin-victims-are-losing-patience (아카이브 주소: https://perma.cc/A8AY-Z64G)

21 Rich, N (2019) Ponzi schemes, private yachts, and a missing $250 million in crypto: The strange tale of Quadriga, Vanity Fair, 22 November, https://www.vanityfair.com/news/2019/11/the-strange-tale-of-quadriga-gerald-cotten (아카이브 주소: https://perma.cc/K6C9-RWU2)

22 Bloomberg (2019) After Singh brothers' alleged fraud, new Fortis CEO plans fixes, The Economic Times, 20 August, https://economictimes.indiatimes.com/industry/healthcare/biotech/healthcare/after-singh-brothers-alleged-fraud-new-fortis-ceo-plans-fixes/articleshow/70747663.cms?from=mdr (아카이브 주소: https://perma.cc/WS3U-VS5M)

23 Murphy, M (2015) Revealed: London bank accounts could hold key dead crypto tycoons, Telegraph, 15 March, https://www.telegraph.co.uk/technology/2020/03/15/revealed-london-bank-accounts-could-hold-key-dead-crypto-tycoons/ (아카이브 주소: https://perma.cc/LU2G-Q4EP)

24 Leeder, J (2019) A laptop, a sudden death and $180-million gone missing: Quadriga investors search for their cryptocurrency, The Globe and Mail, 7 February, https://www.theglobeandmail.com/business/article-nova-scotia-judge-plans-to-grant-stay-of-proceedings-for-embattled/ (아카이브 주소: https://perma.cc/4SJH-PKZJ)

25 Rich, N (2019) Ponzi schemes, private yachts, and a missing $250 million in crypto: The strange tale of Quadriga, Vanity Fair, 22 November, https://www.vanityfair.com/news/2019/11/the-strange-tale-of-quadriga-gerald-cotten (아카이브 주소: https://perma.cc/K6C9-RWU2)

26 Rich, N (2019) Ponzi schemes, private yachts, and a missing $250 million in crypto: The strange tale of Quadriga, Vanity Fair, 22 November, https://www.vanityfair.com/news/2019/11/the-strange-tale-of-quadriga-gerald-cotten (아카이브 주소: https://perma.cc/K6C9-RWU2)

27 Rich, N (2019) Ponzi schemes, private yachts, and a missing $250 million in crypto: The strange tale of Quadriga, Vanity Fair, 22 November, https://www. vanityfair. com/news/2019/11/the-strange-tale-of-quadriga-gerald-cotten (아 카이브 주소: https://perma. cc/K6C9-RWU2)

28 Rich, N (2019) Ponzi schemes, private yachts, and a missing $250 million in crypto: The strange tale of Quadriga, Vanity Fair, 22 November, https://www. vanityfair. com/news/2019/11/the-strange-tale-of-quadriga-gerald-cotten (아 카이브 주소: https://perma. cc/K6C9-RWU2)

29 Markay, L (2018) Feds seized a fortune from #Resistance icons accused of boosting online Ponzi schemes, The Daily Beast, May 22, https://www. thedailybeast. com/feds-seized-a-fortune-from-resistance-icons-accused- of-boosting-online-ponzi-schemes (아카이브 주소: https://perma. cc/D7T8- EGNX)

30 Castaldo, J (2019) Before Quadriga: How shady ventures in Gerald Cotten's youth led to the creation of his ill-fated cryptocurrency exchange, The Globe and Mail, 24 November, https://www. theglobeandmail. com/business/article- before-quadriga-how-shady-ventures-in-gerald-cottens-youth-led-to/ (아카 이브 주소: https://perma. cc/U5DF-GNNP)

31 Castaldo, J (2019) Before Quadriga: How shady ventures in Gerald Cotten's youth led to the creation of his ill-fated cryptocurrency exchange, The Globe and Mail, 24 November, https://www. theglobeandmail. com/business/article- before-quadriga-how-shady-ventures-in-gerald-cottens-youth-led-to/ (아카 이브 주소: https://perma. cc/U5DF-GNNP)

32 Castaldo, J (2019) Before Quadriga: How shady ventures in Gerald Cotten's youth led to the creation of his ill-fated cryptocurrency exchange, The Globe and Mail, 24 November, https://www. theglobeandmail. com/business/article- before-quadriga-how-shady-ventures-in-gerald-cottens-youth-led-to/ (아카 이브 주소: https://perma. cc/U5DF-GNNP)

33 Castaldo, J (2019) Before Quadriga: How shady ventures in Gerald Cotten's youth led to the creation of his ill-fated cryptocurrency exchange, The Globe and Mail, 24 November, https://www. theglobeandmail. com/business/article- before-quadriga-how-shady-ventures-in-gerald-cottens-youth-led-to/ (아카

이브 주소: https://perma.cc/U5DF-GNNP)

34 Castaldo, J (2019) Before Quadriga: How shady ventures in Gerald Cotten's youth led to the creation of his ill-fated cryptocurrency exchange, The Globe and Mail, 24 November, https://www.theglobeandmail.com/business/article-before-quadriga-how-shady-ventures-in-gerald-cottens-youth-led-to/ (아카이브 주소: https://perma.cc/U5DF-GNNP)

35 Alexander, D (2019) Criminal past haunts surviving founder of troubled crypto exchange, Bloomberg, 19 March, https://www.bloomberg.com/news/articles/2019-03-19/from-fraud-to-fintech-quadriga-co-founder-s-past-crimes-emerge (아카이브 주소: https://perma.cc/A9HD-8FDS)

36 Kumar, N (2013) Founders of 'PayPal for criminals' Liberty Reserve are charged with money laundering, Independent, 29 May, https://www.independent.co.uk/news/world/americas/founders-paypal-criminals-liberty-reserve-are-charged-money-laundering-8635248.html (아카이브 주소: https://perma.cc/9TEQ-JU8S)

37 Castaldo, J (2019) Before Quadriga: How shady ventures in Gerald Cotten's youth led to the creation of his ill-fated cryptocurrency exchange, The Globe and Mail, 24 November, https://www.theglobeandmail.com/business/article-before-quadriga-how-shady-ventures-in-gerald-cottens-youth-led-to/ (아카이브 주소: https://perma.cc/U5DF-GNNP)

38 Castaldo, J (2019) Before Quadriga: How shady ventures in Gerald Cotten's youth led to the creation of his ill-fated cryptocurrency exchange, The Globe and Mail, 24 November, https://www.theglobeandmail.com/business/article-before-quadriga-how-shady-ventures-in-gerald-cottens-youth-led-to/ (아카이브 주소: https://perma.cc/U5DF-GNNP)

39 Dhanani, O (2019) TalkGold - the Ponzi forum where Quadriga's Patryn and Cotten first met, Amy Caster, 12 February, https://amycastor.com/tag/omar-dhanani/ (아카이브 주소: https://perma.cc/ZVT4-UFLU) 다음도 참조하라. Rich, N (2019) Ponzi schemes, private yachts, and a missing $250 million in crypto: The strange tale of Quadriga, Vanity Fair, 22 November, https://www.vanityfair.com/news/2019/11/the-strange-tale-of-quadriga-gerald-cotten (아

암호화폐 전쟁

카이브 주소: https://perma.cc/K6C9-RWU2)

40 Rich, N (2019) Ponzi schemes, private yachts, and a missing $250 million in crypto: The strange tale of Quadriga, Vanity Fair, 22 November, https://www.vanityfair.com/news/2019/11/the-strange-tale-of-quadriga-gerald-cotten (아카이브 주소: https://perma.cc/K6C9-RWU2)

41 Rich, N (2019) Ponzi schemes, private yachts, and a missing $250 million in crypto: The strange tale of Quadriga, Vanity Fair, 22 November, https://www.vanityfair.com/news/2019/11/the-strange-tale-of-quadriga-gerald-cotten (아카이브 주소: https://perma.cc/K6C9-RWU2)

42 Posadzki, A (2019) Quadriga monitor's report offers strongest evidence yet of fraud, experts say, The Globe and Mail, 20 June, https://www.theglobeandmail.com/business/article-deceased-quadrigacx-ceo-gerald-cotten-moved-customer-funds-to-personal/ (아카이브 주소: https://perma.cc/D6J5-TH4T)

43 Macdonald, M (2019) FBI reaching out to Quadriga users as it steps up investigation, The Globe and Mail, 4 June, https://www.theglobeandmail.com/business/article-fbi-reaching-out-to-quadriga-users-as-it-steps-up-investigation/ (아카이브 주소: https://perma.cc/Q4N9-YTHN)

44 De, N (2020) QuadrigaCX users' law firm launches blockchain analytics investigation, Yahoo News, 8 September, https://uk.news.yahoo.com/quadrigacx-users-law-firm-launches-080104467.html?guccounter=1 (아카이브 주소: https://perma.cc/X9K4-UH3Z)

45 Rich, N (2019) Ponzi schemes, private yachts, and a missing $250 million in crypto: The strange tale of Quadriga, Vanity Fair, 22 November, https://www.vanityfair.com/news/2019/11/the-strange-tale-of-quadriga-gerald-cotten (아카이브 주소: https://perma.cc/K6C9-RWU2)

46 Rich, N (2019) Ponzi schemes, private yachts, and a missing $250 million in crypto: The strange tale of Quadriga, Vanity Fair, 22 November, https://www.vanityfair.com/news/2019/11/the-strange-tale-of-quadriga-gerald-cotten (아카이브 주소: https://perma.cc/K6C9-RWU2)

47 Rich, N (2019) Ponzi schemes, private yachts, and a missing $250 million in crypto: The strange tale of Quadriga, Vanity Fair, 22 November, https://www.vanityfair.com/news/2019/11/the-strange-tale-of-quadriga-gerald-cotten (아카이브 주소: https://perma.cc/K6C9-RWU2)

48 OSC (2020) QuadrigaCX: A review by staff of the Ontario Securities Commission, Ontario Securities Commission, 14 April, https://www.osc.gov.on.ca/quadrigacxreport/web/files/QuadrigaCX-A-Review-by-Staff-of-the-Ontario-Securities-Commission.pdf (아카이브 주소: https://perma.cc/F92R-9FKN)

49 Murphy, M (2015) Revealed: London bank accounts could hold key dead crypto tycoons, Telegraph, 15 March, https://www.telegraph.co.uk/technology/2020/03/15/revealed-london-bank-accounts-could-hold-key-dead-crypto-tycoons/ (아카이브 주소: https://perma.cc/LU2G-Q4EP)

50 Posadzki, A (2019) Quadriga monitor's report offers strongest evidence yet of fraud, experts say, The Globe and Mail, 20 June, https://www.theglobeandmail.com/business/article-deceased-quadrigacx-ceo-gerald-cotten-moved-customer-funds-to-personal/ (아카이브 주소: https://perma.cc/D6J5-TH4T)

51 Hochstein, M and De, N (2019) QuadrigaCX CEO set up fake crypto exchange accounts with customer funds, Coindesk, 20 June, https://www.coindesk.com/quadrigacx-ceo-set-up-fake-crypto-exchange-accounts-with-customer-funds (아카이브 주소: https://perma.cc/B6MF-LFH5)

52 Rich, N (2019) Ponzi schemes, private yachts, and a missing $250 million in crypto: The strange tale of Quadriga, Vanity Fair, 22 November, https://www.vanityfair.com/news/2019/11/the-strange-tale-of-quadriga-gerald-cotten (아카이브 주소: https://perma.cc/K6C9-RWU2)

53 Beedham, M (2019) Report: QuadrigaCX CEO used fake trades to misappropriate users' cryptocurrency, TNW, 20 June, https://thenextweb.com/hardfork/2019/06/20/quadrigacx-fraudulent-cryptocurrency-exchange/ (아카이브 주소: https://perma.cc/A7FF-BMDA)

54 Rich, N (2019) Ponzi schemes, private yachts, and a missing $250 million in crypto: The strange tale of Quadriga, Vanity Fair, 22 November, https://www.

vanityfair.com/news/2019/11/the-strange-tale-of-quadriga-gerald-cotten (아카이브 주소: https://perma.cc/K6C9-RWU2)

55 Kimberley, D (2019) QuadrigaCX CEO made 67,000 trades with client funds, Finance Magnates, https://www.financemagnates.com/cryptocurrency/exchange/quadrigacx-ceo-made-67000-trades-with-client-funds/ (아카이브 주소: https://perma.cc/T47N-KB44)

56 Kimberley, D (2019) QuadrigaCX CEO made 67,000 trades with client funds, Finance Magnates, https://www.financemagnates.com/cryptocurrency/exchange/quadrigacx-ceo-made-67000-trades-with-client-funds/ (아카이브 주소: https://perma.cc/T47N-KB44)

57 OSC (2020) QuadrigaCX: A review by staff of the Ontario Securities Commission, Ontario Securities Commission, 14 April, https://www.osc.gov.on.ca/quadrigacxreport/web/files/QuadrigaCX-A-Review-by-Staff-of-the-Ontario-Securities-Commission.pdf (아카이브 주소: https://perma.cc/F92R-9FKN)

58 Rich, N (2019) Ponzi schemes, private yachts, and a missing $250 million in crypto: The strange tale of Quadriga, Vanity Fair, 22 November, https://www.vanityfair.com/news/2019/11/the-strange-tale-of-quadriga-gerald-cotten (아카이브 주소: https://perma.cc/K6C9-RWU2)

59 Castaldo, J (2019) Before Quadriga: How shady ventures in Gerald Cotten's youth led to the creation of his ill-fated cryptocurrency exchange, The Globe and Mail, 24 November, https://www.theglobeandmail.com/business/article-before-quadriga-how-shady-ventures-in-gerald-cottens-youth-led-to/ (아카이브 주소: https://perma.cc/U5DF-GNNP)

60 Castaldo, J (2019) Before Quadriga: How shady ventures in Gerald Cotten's youth led to the creation of his ill-fated cryptocurrency exchange, The Globe and Mail, 24 November, https://www.theglobeandmail.com/business/article-before-quadriga-how-shady-ventures-in-gerald-cottens-youth-led-to/ (아카이브 주소: https://perma.cc/U5DF-GNNP)

61 Rich, N (2019) Ponzi schemes, private yachts, and a missing $250 million in crypto: The strange tale of Quadriga, Vanity Fair, 22 November, https://www.

vanityfair.com/news/2019/11/the-strange-tale-of-quadriga-gerald-cotten (아카이브 주소: https://perma.cc/K6C9-RWU2)

62 Vanderklippe, N (2019) How did Gerald Cotten die? A Quadriga mystery, from India to Canada and back, The Globe and Mail, 1 March, https://www.theglobeandmail.com/world/article-how-did-gerald-cotten-die-a-quadriga-mystery-from-india-to-canada/ (아카이브 주소: https://perma.cc/9Y39-H6EW)

63 BBC (2019) Quadriga: Lawyers for users of bankrupt crypto firm seek exhumation of founder, BBC, 13 December, https://www.bbc.com/news/world-us-canada-50751899 (아카이브 주소: https://perma.cc/4NTL-ULWC)

64 OSC (2020) QuadrigaCX: A review by staff of the Ontario Securities Commission, Ontario Securities Commission, 14 April, https://www.osc.gov.on.ca/quadrigacxreport/web/files/QuadrigaCX-A-Review-by-Staff-of-the-Ontario-Securities-Commission.pdf (아카이브 주소: https://perma.cc/F92R-9FKN)

65 OSC (2020) QuadrigaCX: A review by staff of the Ontario Securities Commission, Ontario Securities Commission, 14 April, https://www.osc.gov.on.ca/quadrigacxreport/web/files/QuadrigaCX-A-Review-by-Staff-of-the-Ontario-Securities-Commission.pdf (아카이브 주소: https://perma.cc/F92R-9FKN)

66 OSC (2020) QuadrigaCX: A review by staff of the Ontario Securities Commission, Ontario Securities Commission, 14 April, https://www.osc.gov.on.ca/quadrigacxreport/web/files/QuadrigaCX-A-Review-by-Staff-of-the-Ontario-Securities-Commission.pdf (아카이브 주소: https://perma.cc/F92R-9FKN)

7장

1 Gibbs, S (2017) Head of Mt. Gox Bitcoin exchange on trial for embezzlement and loss of millions, Guardian, 11 July, https://www.theguardian.com/technology/2017/jul/11/gox-bitcoin-exchange-mark-karpeles-on-trial-japan-embezzlement-loss-of-millions (아카이브 주소: https://perma.cc/5QGM-

JS44)

2 Cook, J (2018) The CEO of Bitcoin exchange Mt. Gox described what it was like to discover he had been hacked: 'It felt like I was about to die', Business Insider, 7 March, https://www.businessinsider.com/mt-gox-ceo-mark-karpeles-hacked-i-was-about-to-die-2018-3?r=US&IR=T (아카이브 주소: https://perma.cc/AW6Q-CARE)

3 McMillan, M (2014) The inside story of Mt. Gox, Bitcoin's $460 million disaster, Wired, 3 March, https://www.wired.com/2014/03/bitcoin-exchange/ (아카이브 주소: https://perma.cc/KSV2-QJ58)

4 Hajdarbegovic, N (2014) Mt. Gox founder claims he lost $50k in exchange's collapse, Coindesk, 2 May, https://www.coindesk.com/mt-gox-founder-claims-lost-50000-exchanges-collapse (아카이브 주소: https://perma.cc/JVV8-LQ87)

5 Beedham, M (2019) A brief history of Mt. Gox, the $3B Bitcoin tragedy that just won't end, TNW, 9 December, https://thenextweb.com/hardfork/2019/03/14/a-brief-history-of-mt-gox-the-3b-bitcoin-tragedy-that-just-wont-end/ (아카이브 주소: https://perma.cc/G9YS-UZR5)

6 McMillan, M (2014) The inside story of Mt. Gox, Bitcoin's $460 million disaster, Wired, 3 March, https://www.wired.com/2014/03/bitcoin-exchange/ (아카이브 주소: https://perma.cc/KSV2-QJ58)

7 Magazine, B (2020) Infographic: An overview of compromised Bitcoin exchange events, Merian Ventures, 24 February, https://www.merianventures.com/perspectives/infographic-an-overview-of-compromised-bitcoin-exchange-events (아카이브 주소: https://perma.cc/N28G-QLLA)

8 Magazine, B (2020) Infographic: An overview of compromised Bitcoin exchange events, Merian Ventures, 24 February, https://www.merianventures.com/perspectives/infographic-an-overview-of-compromised-bitcoin-exchange-events (아카이브 주소: https://perma.cc/N28G-QLLA)

9 Schwartz, M (2014) Mt. Gox Bitcoin meltdown: What went wrong,

Darkreading, 3 March, https://www.darkreading.com/attacks-and-breaches/mt-gox-bitcoin-meltdown-what-went-wrong/d/d-id/1114091 (아카이브 주소: https://perma.cc/Q88V-6R7L) 다음도 참조하라. Cybereason (nd) The fall of Mt. Gox: Part 1, https://malicious.life/episode/ep-40-the-fall-of-mt-gox-part-1/ (아카이브 주소: https://perma.cc/DL3C-9SZC)

10   Cybereason (nd) The fall of Mt. Gox: Part 1, https://malicious.life/episode/ep-40-the-fall-of-mt-gox-part-1/ (아카이브 주소: https://perma.cc/DL3C-9SZC)

11   Sedgwick, K (2019) Bitcoin history part 17: That time Mt. Gox destroyed 2,609 BTC, Bitcoin.com, 20 September, https://news.bitcoin.com/bitcoin-history-part-17-that-time-mt-gox-destroyed-2609-btc/ (아카이브 주소: https://perma.cc/BGB6-9J8Q)

12   Smolaks, M (2013) CoinLab sues Mt. Gox Bitcoin exchange for $75 million, Silicon, 3 May, https://www.silicon.co.uk/workspace/coinlab-sues-mt-gox-bitcoin-exchange-for-75-million-115238?cmpredirect (아카이브 주소: https://perma.cc/TL8E-7DN8)

13   Dillet, R (2013) Feds seize another $2.1 million from Mt. Gox, adding up to $5 million. TC, 23 August, https://techcrunch.com/2013/08/23/feds-seize-another-2-1-million-from-mt-gox-adding-up-to-5-million/ (아카이브 주소: https://perma.cc/2GZ6-Y8SG)

14   Associated Press (2017) Mt. Gox CEO facing trial in Japan as Bitcoin gains traction, Business Insider, 10 July, https://www.businessinsider.com/ap-mt-gox-ceo-facing-trial-in-japan-as-bitcoin-gains-traction-2017-7?r=US&IR=T (아카이브 주소: https://perma.cc/U3N5-D8XK)

15   AGP Law Firm/AG Paphitis & Co LLC (2019) Cyprus: Defending reputation is priceless⋯ €38 million compensation for our clients Mayzus being the victims of BTC-E, Mondaq, 30 October, https://www.mondaq.com/cyprus/white-collar-crime-anti-corruption-fraud/858376/defending-reputation-is-priceless-38-million-compensation-for-our-clients-mayzus-being-the-victims-of-btc-e (아카이브 주소: https://perma.cc/G9EX-DTLG)

16   Wong, J (2014) 68 per cent of Mt. Gox users still awaiting their funds, survey

reveals, Coindesk, 25 July, https://www.coindesk.com/mt-gox-users-awaiting-funds-survey-reveals (아카이브 주소: https://perma.cc/U7CC-T728)

17 BBC (2014) MtGox gives bankruptcy details, BBC, 4 March, https://www.bbc.co.uk/news/technology-26420932 (아카이브 주소: https://perma.cc/BTC4-K3C6)

18 Hornyak, T (2014) FAQ: What happened to Mt. Gox, Computerworld, 6 March, https://www.computerworld.com/article/2488322/faq--what-happened-to-mt--gox.html (아카이브 주소: https://perma.cc/BX7D-W65Q)

19 Nilsson, K (2020) The 80,000 stolen MtGox Bitcoins, Wizsec, 19 June, https://blog.wizsec.jp/2020/06/mtgox-march-2011-theft.html (아카이브 주소: https://perma.cc/NC2U-JHGA)

20 Tuwiner, J (2020) What was the Mt. Gox hack? Buy Bitcoin Worldwide, 22 March, https://www.buybitcoinworldwide.com/mt-gox-hack/ (아카이브 주소: https://perma.cc/WF49-YGKS)

21 Wieczner, J (2018) Mt. Gox and the surprising redemption of Bitcoin's biggest villain, Fortune, 19 April, https://fortune.com/longform/bitcoin-mt-gox-hack-karpeles/ (아카이브 주소: https://perma.cc/KC6D-4F8C)

22 Byford, S (2014) 'Mt. Gox, where is our money?' The Verge, 19 February, https://www.theverge.com/2014/2/19/5425220/protest-at-mt-gox-bitcoin-exchange-in-tokyo (아카이브 주소: https://perma.cc/9BKW-DPE2)

23 Wieczner, J (2018) Mt. Gox and the surprising redemption of Bitcoin's biggest villain, Fortune, 19 April, https://fortune.com/longform/bitcoin-mt-gox-hack-karpeles/ (아카이브 주소: https://perma.cc/KC6D-4F8C)

24 Wieczner, J (2018) Mt. Gox and the surprising redemption of Bitcoin's biggest villain, Fortune, 19 April, https://fortune.com/longform/bitcoin-mt-gox-hack-karpeles/ (아카이브 주소: https://perma.cc/KC6D-4F8C)

25 Wieczner, J (2018) Mt. Gox and the surprising redemption of Bitcoin's biggest villain, Fortune, 19 April, https://fortune.com/longform/bitcoin-mt-gox-hack-karpeles/ (아카이브 주소: https://perma.cc/KC6D-4F8C)

26 Wieczner, J (2018) Mt. Gox and the surprising redemption of Bitcoin's biggest villain, Fortune, 19 April, https://fortune.com/longform/bitcoin-mt-gox-hack-karpeles/ (아카이브 주소: https://perma.cc/KC6D-4F8C)

27 Nilsson, K (2015) The missing MtGox Bitcoins, Wizsec, 19 April, https://blog. wizsec.jp/2015/04/the-missing-mtgox-bitcoins.html (아카이브 주소: https:// perma.cc/8AES-XM9U)

28 Nilsson, K (2017) Breaking open the MtGox case, part 1, Wizsec, 27 July, https://blog.wizsec.jp/2017/07/breaking-open-mtgox-1.html (아카이브 주소: https://perma.cc/P4RH-VZRZ)

29 Wieczner, J (2018) Mt. Gox and the surprising redemption of Bitcoin's biggest villain, Fortune, 19 April, https://fortune.com/longform/bitcoin-mt-gox-hack-karpeles/ (아카이브 주소: https://perma.cc/KC6D-4F8C)

30 Patterson, J (2017) Recently arrested, Alexander Vinnik suspected of ties to MtGox theft, Finance Magnates, 26 July, https://www.financemagnates.com/ cryptocurrency/news/recently-arrested-alexander-vinnik-suspected-ties-mtgox-theft/ (아카이브 주소: https://perma.cc/4EF9-GJUY)

31 Patterson, J (2017) Recently arrested, Alexander Vinnik suspected of ties to MtGox theft, Finance Magnates, 26 July, https://www.financemagnates.com/ cryptocurrency/news/recently-arrested-alexander-vinnik-suspected-ties-mtgox-theft/ (아카이브 주소: https://perma.cc/4EF9-GJUY)

32 Brandom, R (2017) Why the feds took down one of Bitcoin's largest exchanges, The Verge, 29 July, https://www.theverge. com/2017/7/29/16060344/btce-bitcoin-exchange-takedown-mt-gox-theft-law-enforcement (아카이브 주소: https://perma.cc/WC2R-XYBF)

33 Wieczner, J (2018) Mt. Gox and the surprising redemption of Bitcoin's biggest villain, Fortune, 19 April, https://fortune.com/longform/bitcoin-mt-gox-hack-karpeles/ (아카이브 주소: https://perma.cc/KC6D-4F8C)

34 Wieczner, J (2018) Mt. Gox and the surprising redemption of Bitcoin's biggest villain, Fortune, 19 April, https://fortune.com/longform/bitcoin-mt-gox-hack-karpeles/ (아카이브 주소: https://perma.cc/KC6D-4F8C)

35 Baydakova, A (2020) BTC-e operator Vinnik sentenced to 5 years in prison on money laundering charges, Coindesk, 7 December, https://www. coindesk.com/btc-e-operator-vinnik-sentenced-to-5-years-in-prison-onmoney-laundering-charges (아카이브 주소: https://perma.cc/U3AQ-T9TB)

36 The Willy Report (2014) The Willy Report: Proof of massive fraudulent trading activity at Mt. Gox, and how it has affected the price of Bitcoin, 25 May, https://willyreport.wordpress.com/2014/05/25/the-willy-report-proof-of-massive-fraudulent-trading-activity-at-mt-gox-and-how-it-has-affected-the-price-of-bitcoin/ (아카이브 주소: https://perma.cc/KPZ2-PMBC)

37 The Willy Report (2014) The Willy Report: Proof of massive fraudulent trading activity at Mt. Gox, and how it has affected the price of Bitcoin, 25 May, https://willyreport.wordpress.com/2014/05/25/the-willy-report-proof-of-massive-fraudulent-trading-activity-at-mt-gox-and-how-it-has-affected-the-price-of-bitcoin/ (아카이브 주소: https://perma.cc/KPZ2-PMBC)

38 Floyd, D (2019) Fraudulent trading drove Bitcoin's $150-to-$1,000 rise in 2013: Paper, Investopedia, 25 June, https://www.investopedia.com/news/bots-drove-bitcoins-150to1000-rise-2013-paper/ (아카이브 주소: https://perma.cc/WM6Z-MG99)

39 Floyd, D (2019) Fraudulent trading drove Bitcoin's $150-to-$1,000 rise in 2013: Paper, Investopedia, 25 June, https://www.investopedia.com/news/bots-drove-bitcoins-150to1000-rise-2013-paper/ (아카이브 주소: https://perma.cc/WM6Z-MG99)

40 Floyd, D (2019) Fraudulent trading drove Bitcoin's $150-to-$1,000 rise in 2013: Paper, Investopedia, 25 June, https://www.investopedia.com/news/bots-drove-bitcoins-150to1000-rise-2013-paper/ (아카이브 주소: https://perma.cc/WM6Z-MG99)

41 Leising, M (2021) Trillian dollar Mt. Gox demise as told by a Bitcoin insider, Bloomberg, 31 January, https://www.bloomberg.com/news/articles/2021-01-31/-trillion-dollar-mt-gox-demise-as-told-by-a-bitcoin-insider (아카이브 주소: https://perma.cc/MWR8-GHNU)

42 Wieczner, J (2018) Mt. Gox and the surprising redemption of Bitcoin's biggest villain, Fortune, 19 April, https://fortune.com/longform/bitcoin-mt-gox-hack-karpeles/ (아카이브 주소: https://perma.cc/KC6D-4F8C)

43 Pick, L (2015) Report: Karpeles rearrested again, allegedly spent Bitcoins on prostitutes, Finance Magnates, 2 November, https://www.financemagnates.com/cryptocurrency/news/report-karpeles-rearrested-again-allegedly-spent-bitcoins-on-prostitutes/ (아카이브 주소: https://perma.cc/NS97-VEXY)

44 Moon, M (2019) Mt. Gox CEO Mark Karpeles cleared of embezzlement, Engadget, 15 March, https://www.engadget.com/2019-03-15-mt-gox-ceo-mark-karpeles-cleared-embezzlement.html (아카이브 주소: https://perma.cc/7Z5T-KZNX)

45 Leising, M (2021) Trillian dollar Mt. Gox demise as told by a Bitcoin insider, Bloomberg, 31 January, https://www.bloomberg.com/news/articles/2021-01-31/-trillion-dollar-mt-gox-demise-as-told-by-a-bitcoin-insider (아카이브 주소: https://perma.cc/MWR8-GHNU)

46 Moneyweek (2015) Mark Karpeles: The rise and fall of the cat-loving Baron of Bitcoin, Moneyweek, 12 August, https://moneyweek.com/403576/profile-of-mark-karpeles (아카이브 주소: https://perma.cc/SL8J-Q3CD)

47 Moneyweek (2015) Mark Karpeles: The rise and fall of the cat-loving Baron of Bitcoin, Moneyweek, 12 August, https://moneyweek.com/403576/profile-of-mark-karpeles (아카이브 주소: https://perma.cc/SL8J-Q3CD)

48 Dent, S (2021) Mt. Gox exchange users may finally get to recover some of their lost Bitcoin, Engadget, 18 January, https://www.engadget.com/mt-gox-bitcoin-users-recovery-153025831.html (아카이브 주소: https://perma.cc/JHQ6-3MFN)

8장

1 US Department of Justice (2019) Three men arrested in $722 million cryptocurrency fraud scheme, US Department of Justice, 10 December, https://www.justice.gov/usao-nj/pr/three-men-arrested-722-million-cryptocurrency-fraud-scheme (아카이브 주소: https://perma.cc/8FTJ-KX49)

2 Morelli, B (2018) 50 states in 42 days: Baby Liberty becomes the youngest to travel the US, The Gazette, 7 December, https://www.thegazette.com/50-states-in-42-days-baby-liberty-becomes-the-youngest-to-travel-the-us-20181207 (아카이브 주소: https://perma.cc/2Z6V-B6FY)

3   Instagram (nd) I'm the youngest person to visit all 50 states. I did it in 42 days at 43 days old! I've been to 45 countries and 4 continents. These are my adventures, Instagram, https://www.instagram.com/liberty.weeks/ (아카이브 주소: https://perma.cc/AA36-BWKC)

4   Morelli, B (2018) 50 states in 42 days: Baby Liberty becomes the youngest to travel the US, The Gazette, 7 December, https://www.thegazette.com/50-states-in-42-days-baby-liberty-becomes-the-youngest-to-travel-the-us-20181207 (아카이브 주소: https://perma.cc/2Z6V-B6FY)

5   Morelli, B (2018) 50 states in 42 days: Baby Liberty becomes the youngest to travel the US, The Gazette, 7 December, https://www.thegazette.com/50-states-in-42-days-baby-liberty-becomes-the-youngest-to-travel-the-us-20181207 (아카이브 주소: https://perma.cc/2Z6V-B6FY)

6   Guthrie, A (2019) Anarchy, Bitcoin, and murder in Acapulco, Wired, 1 March, https://www.wired.com/story/anarchy-bitcoin-and-murder-in-mexico/ (아카이브 주소: https://perma.cc/BB9L-2KAY)

7   Prendergast, A (2018) The rise and fall of a Bitcoin mining scheme that was 'too big to fail', Westword, 18 February, https://www.westword.com/news/bitclub-network-was-too-big-to-fail-but-cost-investors-722-million-11642618 (아카이브 주소: https://perma.cc/68E2-8A2N)

8   Prendergast, A (2018) The rise and fall of a Bitcoin mining scheme that was 'too big to fail', Westword, 18 February, https://www.westword.com/news/bitclub-network-was-too-big-to-fail-but-cost-investors-722-million-11642618 (아카이브 주소: https://perma.cc/68E2-8A2N)

9   Weill, K (2019) 'It needs to look real': The Bitcoin scam that took buyers for a $722 million ride, The Daily Beast, 16 December, https://www.thedailybeast.com/bitclub-network-and-the-bitcoin-scam-that-took-buyers-for-a-billion-dollar-ride (아카이브 주소: https://perma.cc/8LA9-CWM2)

10   Prendergast, A (2018) The rise and fall of a Bitcoin mining scheme that was 'too big to fail', Westword, 18 February, https://www.westword.com/news/bitclub-network-was-too-big-to-fail-but-cost-investors-722-million-11642618 (아카이브 주소: https://perma.cc/68E2-8A2N)

11 Nikolova, M (2020) Programmer admits helping create cryptocurrency scam BitClub Network, Finance Feeds, 10 July, https://financefeeds.com/programmer-admits-helping-create-cryptocurrency-scam-bitclub-network/ (아카이브 주소: https://perma.cc/M273-XP93)

12 Prendergast, A (2018) The rise and fall of a Bitcoin mining scheme that was 'too big to fail', Westword, 18 February, https://www.westword.com/news/bitclub-network-was-too-big-to-fail-but-cost-investors-722-million-11642618 (아카이브 주소: https://perma.cc/68E2-8A2N)

13 Prendergast, A (2018) The rise and fall of a Bitcoin mining scheme that was 'too big to fail', Westword, 18 February, https://www.westword.com/news/bitclub-network-was-too-big-to-fail-but-cost-investors-722-million-11642618 (아카이브 주소: https://perma.cc/68E2-8A2N)

14 Barber, G (2019) This alleged bitcoin scam looked a lot like a pyramid scheme, Wired, 10 December, https://www.wired.com/story/alleged-bitcoin-scam-like-pyramid-scheme/ (아카이브 주소: https://perma.cc/GSR6-56MP)

15 Barber, G (2019) This alleged bitcoin scam looked a lot like a pyramid scheme, Wired, 10 December, https://www.wired.com/story/alleged-bitcoin-scam-like-pyramid-scheme/ (아카이브 주소: https://perma.cc/GSR6-56MP)

16 Levenson, M (2019) 5 charged in New Jersey in $722 million cryptocurrency Ponzi scheme, The New York Times, 11 December, https://www.nytimes.com/2019/12/11/us/cryptocurrency-ponzi-scheme-nj.html (아카이브 주소: https://perma.cc/YJ9A-AZPB)

17 United States Attorneys Office District of New Jersey (2019) Three men arrested in $722 million cryptocurrency fraud scheme, United States Department of Justice, 10 December, https://www.justice.gov/usao-nj/pr/three-men-arrested-722-million-cryptocurrency-fraud-scheme (아카이브 주소: https://perma.cc/8FTJ-KX49)

18 Prendergast, A (2018) The rise and fall of a Bitcoin mining scheme that was 'too big to fail', Westword, 18 February, https://www.westword.com/news/

bitclub-network-was-too-big-to-fail-but-cost-investors-722-million-11642618 (아카이브 주소: https://perma.cc/68E2-8A2N)

19 Prendergast, A (2018) The rise and fall of a Bitcoin mining scheme that was 'too big to fail', Westword, 18 February, https://www.westword.com/news/ bitclub-network-was-too-big-to-fail-but-cost-investors-722-million-11642618 (아카이브 주소: https://perma.cc/68E2-8A2N)

20 Prendergast, A (2018) The rise and fall of a Bitcoin mining scheme that was 'too big to fail', Westword, 18 February, https://www.westword.com/news/ bitclub-network-was-too-big-to-fail-but-cost-investors-722-million-11642618 (아카이브 주소: https://perma.cc/68E2-8A2N)

21 Nikolova, M (2020) Programmer admits helping create cryptocurrency scam BitClub Network, Finance Feeds, 10 July, https://financefeeds.com/ programmer-admits-helping-create-cryptocurrency-scam-bitclub-network/ (아카이브 주소: https://perma.cc/M273-XP93)

22 Prendergast, A (2018) The rise and fall of a Bitcoin mining scheme that was 'too big to fail', Westword, 18 February, https://www.westword.com/news/ bitclub-network-was-too-big-to-fail-but-cost-investors-722-million-11642618 (아카이브 주소: https://perma.cc/68E2-8A2N)

23 Prendergast, A (2018) The rise and fall of a Bitcoin mining scheme that was 'too big to fail', Westword, 18 February, https://www.westword.com/news/ bitclub-network-was-too-big-to-fail-but-cost-investors-722-million-11642618 (아카이브 주소: https://perma.cc/68E2-8A2N)

24 Levenson, M (2019) 5 charged in New Jersey in $722 million cryptocurrency Ponzi scheme, The New York Times, 11 December, https://www.nytimes. com/2019/12/11/us/cryptocurrency-ponzi-scheme-nj.html (아카이브 주소: https://perma.cc/YJ9A-AZPB)

25 Bitcoin Revolution Philippines (2019) Joe Abel is no longer in BitClub find out why, Bitcoin Revolution Philippines, 1 June, https://www.youtube.com/ watch?v=_0WnJOyvzxQ&t=3s (아카이브 주소: https://perma.cc/RS5K-NZV3)

26 Prendergast, A (2018) The rise and fall of a Bitcoin mining scheme that was 'too big to fail', Westword, 18 February, https://www.westword.com/news/

bitclub-network-was-too-big-to-fail-but-cost-investors-722-million-11642618
(아카이브 주소: https://perma.cc/68E2-8A2N)

27 Prendergast, A (2018) The rise and fall of a Bitcoin mining scheme that was
'too big to fail', Westword, 18 February, https://www.westword.com/news/
bitclub-network-was-too-big-to-fail-but-cost-investors-722-million-11642618
(아카이브 주소: https://perma.cc/68E2-8A2N)

28 Network, B (2020) BitClub Network scammers plead not guilty, Weeks wants
out, Behind MLM, 17 January, https://behindmlm.com/mlm/regulation/
bitclub-network-scammers-plead-not-guilty-weeks-want-out/ (아카이브 주
소: https://perma.cc/C8DR-2GFA)

29 Levenson, M (2019) 5 charged in New Jersey in $722 million cryptocurrency
Ponzi scheme, The New York Times, 11 December, https://www.nytimes.
com/2019/12/11/us/cryptocurrency-ponzi-scheme-nj.html (아카이브 주소:
https://perma.cc/YJ9A-AZPB)

30 Prendergast, A (2018) The rise and fall of a Bitcoin mining scheme that was
'too big to fail', Westword, 18 February, https://www.westword.com/news/
bitclub-network-was-too-big-to-fail-but-cost-investors-722-million-11642618
(아카이브 주소: https://perma.cc/68E2-8A2N)

31 United States Attorneys Office District of New Jersey (2019) Three men
arrested in $722 million cryptocurrency fraud scheme, United States
Department of Justice, 10 December, https://www.justice.gov/usao-nj/pr/
three-men-arrested-722-million-cryptocurrency-fraud-scheme (아카이브 주
소: https://perma.cc/8FTJ-KX49)

9장

1 Barkham, P (2012) John McAfee: 'I don't see myself as paranoid', Guardian,
20 November, https://www.theguardian.com/world/2012/nov/20/john-
mcafee-dont-see-myself-as-paranoid (아카이브 주소: https://perma.cc/X7V5-
5V6P)

2 Bates, D (2013) Exclusive: Meet the harem of seven women who lived with
fugitive software tycoon John McAfee before he fled Belize, Mail Online, 14

January, https://www.dailymail.co.uk/news/article-2262413/John-McAfee-Meet-SEVEN-women-lived-eccentric-software-tycoon-fled-Belize.html (아카이브 주소: https://perma.cc/4992-XSW2)

3 Althaus, D (2012) Girls, guns and yoga: John McAfee's odd life in 'pirate haven', Reuters, 16 November, https://uk.reuters.com/article/belize-mcafee-murder-yoga/girls-guns-and-yoga-john-mcafees-odd-life-in-pirate-haven-idINDEE8AF03B20121116 (아카이브 주소: https://perma.cc/6RDF-YV49)

4 Wise, J (2018) 'My power to demolish is ten times greater than my power to promote': How John McAfee became the spokesman for the crypto bubble, New York, 17 December, https://nymag.com/intelligencer/2018/12/bath-salts-to-bitcoin-john-mcafees-bizarre-crypto-hustle.html (아카이브 주소: https://perma.cc/6FXZ-Y3NL)

5 Barkham, P (2012) John McAfee: 'I don't see myself as paranoid', Guardian, 20 November, https://www.theguardian.com/world/2012/nov/20/john-mcafee-dont-see-myself-as-paranoid (아카이브 주소: https://perma.cc/X7V5-5V6P)

6 Rodrick, S (2015) John McAfee: The prophet of paranoia, Men's Journal, 9 September, https://www.mensjournal.com/features/the-prophet-of-paranoia-20150909/ (아카이브 주소: https://perma.cc/SX8T-RYQS)

7 Yahoo (2017) John McAfee's lab in Belize raided on suspicions he was making meth, Yahoo, 13 May, https://news.yahoo.com/john-mcafees-lab-belize-raided-011637364.html (아카이브 주소: https://perma.cc/J8Y4-SVQG)

8 Musil, S (2012) Fugitive John McAfee arrested by police in Guatemala, Cnet, 5 December, https://www.cnet.com/news/fugitive-john-mcafee-arrested-by-police-in-guatemala/ (아카이브 주소: https://perma.cc/4AGU-DYWG)

9 Honan, M (2012) How trusting in vice led to John McAfee's downfall, Wired, 12 June, https://www.wired.com/2012/12/how-vice-got-john-mcafee-caught/ (아카이브 주소: https://perma.cc/R5FZ-64RM)

10 Zarrella, J (2012) John McAfee says he faked heart attack to avoid deportation to Belize, CNN, 13 December, https://edition.cnn.com/2012/12/13/justice/florida-john-mcafee/index.html (아카이브 주소: https://perma.cc/6WRH-

L4MC)

11 Griffith, K (2017) 'It was magical': Wife of eccentric cybersecurity millionaire John McAfee opens up about their first meeting - when he hired her as a prostitute while on the run from murder accusations, Mail Online, 12 May, https://www.dailymail.co.uk/news/article-4500686/John-McAfee-s-wife-opens-life-prostitute.html (아카이브 주소: https://perma.cc/P6ZZ-6CY6)

12 White, D (2019) Fugitive anti-virus guru John McAfee, 73, arrested with cache of firearms in the Dominican Republic while fleeing rape and murder allegations, The Sun, 26 July, https://www.thesun.co.uk/news/9571247/fugitive-anti-virus-guru-john-mcafee-arrested-cache-firearms-dominican-republic/ (아카이브 주소: https://perma.cc/4JSA-FMB5)

13 Wise, J (2018) 'My power to demolish is ten times greater than my power to promote': How John McAfee became the spokesman for the crypto bubble, New York, 17 December, https://nymag.com/intelligencer/2018/12/bath-salts-to-bitcoin-john-mcafees-bizarre-crypto-hustle.html (아카이브 주소: https://perma.cc/6FXZ-Y3NL)

14 Wise, J (2018) 'My power to demolish is ten times greater than my power to promote': How John McAfee became the spokesman for the crypto bubble, New York, 17 December, https://nymag.com/intelligencer/2018/12/bath-salts-to-bitcoin-john-mcafees-bizarre-crypto-hustle.html (아카이브 주소: https://perma.cc/6FXZ-Y3NL)

15 SEC (2020) Case 1:18-cv-08175-ER document 233, SEC, 16 March, https://www.sec.gov/litigation/complaints/2020/comp24771.pdf (아카이브 주소: https://perma.cc/5ABT-TCHU)

16 Wise, J (2018) 'My power to demolish is ten times greater than my power to promote': How John McAfee became the spokesman for the crypto bubble, New York, 17 December, https://nymag.com/intelligencer/2018/12/bath-salts-to-bitcoin-john-mcafees-bizarre-crypto-hustle.html (아카이브 주소: https://perma.cc/6FXZ-Y3NL)

17 Bryan, B (2016) John McAfee's mysterious new company is the hottest stock in America right now, Yahoo Finance, 18 May, https://finance.yahoo.com/

news/john-mcafees-mysterious-company-most-183103324.html (아카이브 주소: https://perma.cc/8X2V-VFFE)

18 Wise, J (2018) 'My power to demolish is ten times greater than my power to promote': How John McAfee became the spokesman for the crypto bubble, New York, 17 December, https://nymag.com/intelligencer/2018/12/bath-salts-to-bitcoin-john-mcafees-bizarre-crypto-hustle.html (아카이브 주소: https://perma.cc/6FXZ-Y3NL)

19 Wise, J (2018) 'My power to demolish is ten times greater than my power to promote': How John McAfee became the spokesman for the crypto bubble, New York, 17 December, https://nymag.com/intelligencer/2018/12/bath-salts-to-bitcoin-john-mcafees-bizarre-crypto-hustle.html (아카이브 주소: https://perma.cc/6FXZ-Y3NL)

20 Wise, J (2018) 'My power to demolish is ten times greater than my power to promote': How John McAfee became the spokesman for the crypto bubble, New York, 17 December, https://nymag.com/intelligencer/2018/12/bath-salts-to-bitcoin-john-mcafees-bizarre-crypto-hustle.html (아카이브 주소: https://perma.cc/6FXZ-Y3NL)

21 Wise, J (2018) 'My power to demolish is ten times greater than my power to promote': How John McAfee became the spokesman for the crypto bubble, New York, 17 December, https://nymag.com/intelligencer/2018/12/bath-salts-to-bitcoin-john-mcafees-bizarre-crypto-hustle.htm (아카이브 주소: https://perma.cc/6FXZ-Y3NL)

22 McAfee, J (2017) Bitcoin bouncing back fast from it technical correction, Twitter, 17 July, https://twitter.com/officialmcafee/status/887024683379544065?lang=en (아카이브 주소: https://perma.cc/HP9V-48WG)

23 Canellis, D (2019) [Best of 2019] Find out how long until John McAfee must eat his own dick (cos Bitcoin), TNW, 17 July, https://thenextweb.com/hardfork/2019/07/17/john-mcafee-bitcoin-bet-million-dick-eat-twitter-cryptocurrency/ (아카이브 주소: https://perma.cc/MJ7L-WNHK)

24 Wise, J (2018) 'My power to demolish is ten times greater than my power to promote': How John McAfee became the spokesman for the crypto bubble,

New York, 17 December, https://nymag.com/intelligencer/2018/12/bath-salts-to-bitcoin-john-mcafees-bizarre-crypto-hustle.html (아카이브 주소: https://perma.cc/6FXZ-Y3NL)

25 Wise, J (2018) 'My power to demolish is ten times greater than my power to promote': How John McAfee became the spokesman for the crypto bubble, New York, 17 December, https://nymag.com/intelligencer/2018/12/bath-salts-to-bitcoin-john-mcafees-bizarre-crypto-hustle.html (아카이브 주소: https://perma.cc/6FXZ-Y3NL)

26 Stead, C (2018) Verge cryptocurrency reportedly blackmailed by John McAfee ahead of Wraith launch, Finder, 1 January, https://www.finder.com.au/verge-mcafee-blackmail (아카이브 주소: https://perma.cc/N2K9-R926)

27 Stead, C (2018) Verge cryptocurrency reportedly blackmailed by John McAfee ahead of Wraith launch, Finder, 1 January, https://www.finder.com.au/verge-mcafee-blackmail (아카이브 주소: https://perma.cc/N2K9-R926)

28 Pearson, J (2018) John McAfee appears to move cryptocurrency markets with a single tweet, Vice, 1 October, https://www.vice.com/en/article/9knnpz/john-mcafee-twitter-coin-of-the-day-cryptocurrency-markets (아카이브 주소: https://perma.cc/W9XK-4GJW)

29 McAfee, J (2017) Since there are over 100 new ICOs each week, and since you cannot pump and dump them (longer term investment) it makes no sense to do only one per week. Many of them are gems. I will do at least three per week on a random basis, Twitter, 4 January, https://twitter.com/officialmcafee/status/948684154174099461?lang=en (아카이브 주소: https://perma.cc/FG6F-MG4D)

30 Liao, S (2018) John McAfee reveals he charges $105,000 per promotional cryptocurrency tweet, The Verge, 2 April, https://www.theverge.com/2018/4/2/17189880/john-mcafee-bitcoin-cryptocurrency-twitter-ico (아카이브 주소: https://perma.cc/9QYP-QDZF)

31 US Securities and Exchange Commission (2020) SEC charges John McAfee With fraudulently touting ICOs, US Securities and Exchange Commission, 5 October, https://www.sec.gov/news/press-release/2020-246 (아카이브 주소:

https://perma.cc/9Y9Z-YGVV)

32 US Securities and Exchange Commission (2020) SEC charges John McAfee With fraudulently touting ICOs, US Securities and Exchange Commission, 5 October, https://www.sec.gov/news/press-release/2020-246 (아카이브 주소: https://perma.cc/9Y9Z-YGVV)

33 Kelion, L (2017) John McAfee says his Twitter account was hacked, BBC, 28 December, https://www.bbc.co.uk/news/technology-42502770 (아카이브 주소: https://perma.cc/BM5E-2T5R)

34 US Securities and Exchange Commission (2020) SEC charges John McAfee With fraudulently touting ICOs, US Securities and Exchange Commission, 5 October, https://www.sec.gov/news/press-release/2020-246 (아카이브 주소: https://perma.cc/9Y9Z-YGVV)

35 Kelion, L (2017) John McAfee says his Twitter account was hacked, BBC, 28 December, https://www.bbc.com/news/technology-42502770 (아카이브 주소: https://perma.cc/DL7G-C9BV)

36 McAfee, J (2018) Due to SEC threats, I am no longer working with ICOs nor am I recommending them, and those doing ICOs can all look forward to arrest. It is unjust but it is reality. I am writing an article on an equivalent alternative to ICOs which the SEC cannot touch. Please have patience, Twitter, 19 June, https://twitter.com/officialmcafee/status/1008957156819914752 (아카이브 주소: https://perma.cc/28MY-WJ8V)

37 SEC (2020) Case 1:20-cv-08281 document 1, SEC, 5 October, https://www.sec.gov/litigation/complaints/2020/comp-pr2020-246.pdf (아카이브 주소: https://perma.cc/B4LN-TQAK)

10장

1 NBC News (2018) See how many bills it took to buy a chicken in Venezuela, NBC News, 22 August, https://www.nbcnews.com/slideshow/see-how-many-bills-it-took-buy-chicken-venezuela-n902491 (아카이브 주소: https://perma.cc/9YJX-M8VG)

2 Maduro, N (2020) Venezuela mulls 100,000 bolivar bill. Guess how much it's worth? Aljazeera, 5 October, https://www.aljazeera.com/economy/2020/10/5/venezuela-mulls-100000-bolivar-bill-guess-how-much-its-worth (아카이브 주소: https://perma.cc/EM3M-H2NW)

3 Martinez, A (2018) Salary + 144 eggs: Venezuelan firm offers unusual monthly compensation, Reuters, 16 February, https://www.reuters.com/article/us-venezuela-economy-eggs/salary-144-eggs-venezuelan-firm-offers-unusual-monthly-compensation-idUSKCN1G02B5 (아카이브 주소: https://perma.cc/JR54-8V3E)

4 Martinez, A (2018) Salary + 144 eggs: Venezuelan firm offers unusual monthly compensation, Reuters, 16 February, https://www.reuters.com/article/us-venezuela-economy-eggs/salary-144-eggs-venezuelan-firm-offers-unusual-monthly-compensation-idUSKCN1G02B5 (아카이브 주소: https://perma.cc/R3W7-GFXB)

5 Sanchez, V (2019) Venezuela hyperinflation hits 10 million percent. 'Shock therapy' may be only chance to undo the economic damage, CNBC, 3 August, https://www.cnbc.com/2019/08/02/venezuela-inflation-at-10-million-percent-its-time-for-shock-therapy.html (아카이브 주소: https://perma.cc/9JG8-AFKV)

6 Maduro, N (2020) Venezuela mulls 100,000 bolivar bill. Guess how much it's worth? Aljazeera, 5 October, https://www.aljazeera.com/economy/2020/10/5/venezuela-mulls-100000-bolivar-bill-guess-how-much-its-worth (아카이브 주소: https://perma.cc/YW4P-N4CR)

7 Araujo, F (2019) Bitcoin v bolivar: Can cryptos save Venezuela? Raconteur, 17 December, https://www.raconteur.net/finance/cryptocurrency/venezuela-cryptocurrencies/ (아카이브 주소: https://perma.cc/H9B6-63WG)

8 Bello, C (2019) Half a burger? Here's what one month's pay will get you in Venezuela, Euronews, 15 January, https://www.euronews.com/2018/07/02/half-a-burger-here-s-what-one-month-s-pay-will-get-you-in-venezuela (아카이브 주소: https://perma.cc/JA76-HSVS)

9 Martinez, A (2018) Salary + 144 eggs: Venezuelan firm offers unusual monthly compensation, Reuters, 16 February, https://www.reuters.com/

article/us-venezuela-economy-eggs/salary-144-eggs-venezuelan-firm-offers-unusual-monthly-compensation-idUSKCN1G02B5 (아카이브 주소: https://perma.cc/U4K8-G2J6)

10 Laya, P and Zerpa, F (2018) The cost of a cup of coffee in Caracas just hit 2,000,000 bolivars, BNN Bloomberg, 26 July, https://www.bnnbloomberg.ca/the-cost-of-a-cup-of-coffee-in-caracas-just-hit-2-000-000-bolivars-1.1114321 (아카이브 주소: https://perma.cc/V9ZS-AJHP)

11 Laya, P and Yapur, N (2020) Venezuela's Maduro vows to revive petro coin in his annual address, Bloomberg, 15 January, https://www.bloomberg.com/news/articles/2020-01-14/venezuela-s-maduro-vows-to-revive-petro-in-his-annual-address (아카이브 주소: https://perma.cc/7XF4-HSPS)

12 BBC (2020) PayPal allows Bitcoin and crypto spending, BBC, 21 October, https://www.bbc.co.uk/news/technology-54630283 (아카이브 주소: https://perma.cc/QHU3-8SF4)

13 Statista (2021) Number of daily active Facebook users worldwide as of 3rd quarter 2020, Statista, 2 February, https://www.statista.com/statistics/346167/facebook-global-dau/ (아카이브 주소: https://perma.cc/MT5N-KXR6)

14 Cecchetti, S and Schoenholtz, K (2018) The stubbornly high cost of remittances, Vox EU, 27 March, https://voxeu.org/article/stubbornly-high-cost-remittances (아카이브 주소: https://perma.cc/K3ZZ-8E84)

15 World Bank (2019) Record high remittances sent globally in 2018, World Bank, 8 April, https://www.worldbank.org/en/news/press-release/2019/04/08/record-high-remittances-sent-globally-in-2018 (아카이브 주소: https://perma.cc/R964-VEKM)

암호화폐 전쟁

초판1쇄 발행 · 2022년 6월 15일

지은이 · 에리카 스탠포드
펴낸이 · 김승헌
외주 책임편집 · 이희원
외주 디자인 · 유어텍스트
외주 교정교열 · 염현정

펴낸곳 · 도서출판 작은우주 | 주소 · 서울특별시 마포구 양화로 73, 6층 MS-8호
출판등록일 · 2014년 7월 15일(제2019-000049호)
전화 · 031-318-5286 | 팩스 · 0303-3445-0808 | 이메일 · book-agit@naver.com

정가 18,000원 | ISBN 979-11-87310-50-1 03320

| 북아지트는 작은우주의 성인 단행본 브랜드입니다. |